John P. Spielman Leopold I.

John P. Spielman

LEOPOLD I.

Zur Macht nicht geboren

Verlag Styria

Ins Deutsche übertragen von Gerald und Uta Szyszkowitz
Der Titel der englischen Originalausgabe lautet
Leopold I. of Austria
und erschien © 1977 bei Thames und Hudson Ltd., London, in der Reihe „Men in Office“,
Herausgeber: Professor Ragnhild Hatton
Umschlagbild: Leopold I. Bildnis im Harnisch mit Feldherrenstab von Benjamin von Block,
Kniestück (Inv. No. 6745); Kunsthistorisches Museum, Wien

CIP-Kurztitelaufnahme der Deutschen Bibliothek

Spielman, John P.:
Leopold der Erste
Leopold I.: Zur Macht nicht geboren /
John P. Spielman.
Ins Dt. übertr. von Uta Szyszkowitz.
Graz; Wien; Köln: Verlag Styria, 1981.
Einheitssacht.: Leopold the First of Austria ‹dt.›
ISBN 3-222-11339-4

1981 Verlag Styria Graz Wien Köln

Printed in Austria
Umschlaggestaltung: Christoph Albrecht
Satz und Druck:
Druck- und Verlagshaus Styria, Graz
Bindung: Wiener Verlag, Himberg
ISBN 3-222-11339-4

Inhalt

Vorwort

Eine gründliche historische Untersuchung des Aufstiegs der habsburgischen Monarchie in Zentraleuropa bleibt noch immer eins der vielen unerledigten Geschäfte der Geschichtswissenschaft. Diese Studie will nicht den Anspruch erheben, auch nur den Beginn eines so ehrgeizigen Unternehmens darzustellen, sie bietet aber die willkommene Gelegenheit, sich näher mit dem Monarchen zu beschäftigen, der auf Grund eines dynastischen Zufalls plötzlich auf der wichtigsten Stelle des Schachbretts der europäischen Mächtepolitik am Ende des 17. Jahrhunderts stand und durch die Umstände gezwungen wurde, gegen und mit den profiliertesten Persönlichkeiten seiner Zeit ein gewagtes Spiel zu spielen, mit Ludwig XIV., Johann Sobieski, Innozenz XI., Kara Mustafa und einer Reihe von fanatischen ungarischen Aufständischen wie Peter Zrinyi, Emmerich Thököly und Franz II. Rákóczi.

Sachkundige Leser werden sofort bemerken, wieviel ich den Arbeiten der großen österreichischen Gelehrten wie Oswald Redlich, Alfred Francis Pribram und anderen zu verdanken habe. Ich habe hier lediglich versucht, die Ereignisse dieser stürmischen Epoche chronologisch zu ordnen und zu zeigen, wie die Männer, die damals in Wien an der Macht waren, auf sie reagiert haben und sich dabei als mehr oder weniger vorurteilsfrei und mehr oder weniger fähig erwiesen.

I. Das habsburgische Familienunternehmen

Einer seiner ersten Biographen nannte ihn „Leopold den Großen“,[1] aber dieser stolze Titel konnte sich nicht durchsetzen. Bis heute wissen wir im Grunde recht wenig über den Charakter dieses Kaisers, während dessen langer Regierung sich eine neue Weltmacht bilden konnte, ein multinationales Imperium mit festem dynastischem Besitzstand in Mitteleuropa. Warum fesselte dieser Kaiser so wenig das Interesse der Historiker? Vermutlich war er ihnen zu sanft und zu passiv, zog er es doch in der Regel vor, Entscheidungen aus dem Weg zu gehen und sich nach den Umständen zu richten. Andererseits sind auch Historiker nicht frei von Vorurteilen. Generationenlang sind die Habsburger entweder verachtet oder romantisiert worden.

Ein großer Teil Europas erlebte im 17. Jahrhundert den Höhepunkt des absolutistischen Regierungsstils. Die Schicksale von Ländern, Königreichen und Kaiserreichen hingen von den Heiraten, Geburten und Todesfällen innerhalb weniger Familien ab. Und von all diesen Familien repräsentierte keine den dynastischen Aspekt der europäischen Politik besser als die Familie Habsburg, deren Mitglieder seit dem 13. Jahrhundert Herzöge bzw. Erzherzöge von Österreich waren.

Die „Casa d’ Austria“ leitete ihre Herkunft in ununterbrochener Folge seit fast vier Jahrhunderten vom „Stammvater“ Kaiser Rudolf I. (1273–91) ab. Damit verglichen waren die Bourbonen, Stuarts, Wasas und Romanows Emporkömmlinge. Im 15. Jahrhundert benutzten Friedrich III. (1440 bzw. 1452–93) und Maximilian I. (1493–1519) ihr Prestige als Heiliger Römischer Kaiser, um ihr Haus durch Heirat mit den Erbinnen der reichen burgundischen Grafschaften in den Niederlanden und des Thrones von Kastilien zu verbinden. Als während Maximilians Regierung diese verwandten Herrscherfamilien ausstarben, wurden Spanien und die Niederlande Teile des habsburgischen Erbes.

Die reichen Früchte dieser geglückten Familienpolitik erbte Maximilians Enkel, Karl I. von Spanien (1516–56), der als Kaiser Karl V. (1519–56) war. Er konfrontierte Europa mit der Gefahr einer universellen Monarchie, die sich aus mehreren erblichen Machtbereichen zusammensetzte und in den Reichtümern Kastiliens eine mächtige Basis hatte. Die Probleme, die diese Erbschaft mit sich brachte, waren allerdings ihrer Größe und Vielfalt angemessen. Karl und seine Räte mußten bald feststellen, daß ein Monarch allein dieses riesige Reich nicht regieren konnte. Die Entfernungen und die daraus erwachsenden Kommunikationsschwierigkeiten waren zu groß.

Karl nahm als Erstgeborener und Haupt der Familie den Kaisertitel, die burgundischen Staaten der Niederlande und die Krone Spaniens mit ihren überseeischen und italienischen Besitzungen für sich in Anspruch. Seinem jüngeren Bruder Ferdinand, der zuerst in Spanien aufgewachsen war, übergab er den Kern des Familienbesitzes, die österreichischen Herzogtümer, welche die östliche Barriere des Reiches gegen die Türken darstellten. Nach 1526 vergrößerte sich plötzlich Ferdinands Anteil, als Ludwig II., der letzte Erbe der vereinigten Kronen von Böhmen und Ungarn, in der Schlacht bei Mohács gegen die Türken fiel. Da Ferdinand mit Anna von Ungarn verheiratet war, der Schwester des unglücklichen Ludwig, des letzten Jagellonen, der seinerseits Ferdinands Schwester Maria geheiratet hatte, machte er seinen Anspruch auf beide Kronen geltend und brachte es fertig, daß ihm dieser Anspruch durch die Wahl bestätigt wurde.

Bei seiner Abdankung 1556 bestätigte Karl V. diese Teilung seiner Dynastie in zwei mehr oder weniger gleichrangige Zweige. Seinem Bruder Ferdinand überließ er zusätzlich zu seinen östlichen Besitzungen die Kaiserkrone, seinem Sohn Philipp II. gab er Spanien und die Niederlande. Trotz dieser Besitzaufteilung blieb die Familie ein fester Verband. Dieser „Traditionsverband", wie Adam Wandruszka ihn genannt hat,[2] trug bereits die Züge eines modernen Familienbetriebes oder einer Dachorganisation. Wie diese dirigierte sie auf höchster Ebene die Geschicke mehrerer verschiedener Tochtergesellschaften, wie diese verbarg sie die internen Zwiste sorgfältig vor der Öffentlichkeit, solange es ging. Die beiden Führungszentren, Madrid im Westen und Wien oder Prag im Osten, standen stets in enger Verbindung, unterstützten einander gegen jeweilige Feinde und waren sich im großen und ganzen einig, daß die dynastischen Interessen Vorrang vor den Interessen des einen oder anderen Teils hatten.

Jeder, der in diese Familie geboren wurde, hatte, gleichgültig welchen Geschlechts er war, die Aufgabe, den Zusammenhalt zu wahren und den Familienbetrieb durch Heirat, Statthalterschaft oder höhere Kirchenämter zu stützen. Die meisten Habsburger erfüllten diese ihre Aufgabe sehr ordentlich und widerspruchslos.

Es war nicht leicht, den Besitz zusammenzuhalten. Selbstverständlich mußte er gegen seine vielen Feinde militärisch verteidigt werden, aber militärische Stärke allein genügte nicht zur Bewahrung der ererbten Rechte. Wenn es der Familie nicht gelang, in jeder Generation wieder genügend männliche Erben hervorzubringen, dann war das Erbe in Gefahr verlorenzugehen, weil nun anderen Familien die Möglichkeit gegeben war, ihre Ansprüche anzumelden, Ansprüche, die auf Heiraten mit Habsburgertöchtern basierten. Da das meiste, was die Familie besaß, auf diese Weise erworben worden war, brauchte es keinen besonderen Scharfsinn, um sich vorzustellen, wie schnell es auf dieselbe Weise wieder verlorengehen könnte. Die habsburgische Heiratspolitik mußte also nicht nur aggressiv, sie mußte auch defensiv sein. Das adäquateste Mittel einer defensiven Heiratspolitik aber war die Heirat innerhalb der Familie.

An sich war es Aufgabe der Kirche, die europäische Gesellschaft vor der angeblich moralischen Gefahr inzestuöser Verbindungen zu bewahren, sie war jedoch durchaus bereit, gegen Geld den Dispens zu erteilen, wenn aus politischen Gründen eine an sich verbotene Heirat zu empfehlen war. Für das 17. Jahrhundert war dies noch kein genetisches Problem, sondern eine Gewissensfrage. Und bei den Habsburgern hatte sich die Heirat innerhalb der Familie nur allzu oft als äußerst gewinnbringend erwiesen, sozusagen als Sicherheitsmaßnahme gegen das eventuelle Aussterben eines Astes. In den letzten Generationen aber, spätestens seit Mitte des 17. Jahrhunderts, waren die genetischen Gefahren dieser Politik deutlich hervorgetreten. Am meisten litt die spanische Linie unter den Folgen des Inzests.

Philipp II. von Spanien hatte viermal geheiratet; erst seine vierte Frau war eine Habsburgerin: Anna war seine eigene Nichte, die Tochter seiner Schwester Maria, der Ehefrau seines Cousins ersten Grades, Maximilians II. Aus dieser vierten Ehe stammte der männliche Thronfolger Philipp III. (1598–1621), der seinerseits seine Cousine Margareta von Steiermark heiratete, die Schwester des zukünftigen Kaisers Ferdinand II. Ihr Sohn Philipp IV. (1621–65) heiratete zuerst die Bourbonin Isabella, dann nach ihrem Tod die Tochter seiner Schwester Maria Anna, welche mit seinem Cousin Ferdinand III. verheiratet war. Und wieder entstammte wie bei seinem Großvater dieser letzten Ehe zwischen Onkel und Nichte der Thronfolger: der halb debile, impotente Karl II. (1665–1700), mit dem die spanischen Nachkommen Kaiser Karls V. ruhmlos verlöschten.

Den österreichischen Habsburgern erging es etwas besser. Ferdinand I. hatte drei Söhne. Der älteste, Maximilian II. (1564–76), heiratete seine Cousine ersten Grades, Maria, die Schwester Philipps II. Auf Grund der Familienstatuten, der sogenannten Hausordnung, erbte er die österreichischen Herzogtümer und durch das Erstgeburtsrecht, die Primogenitur, den Anspruch auf Böhmen und Ungarn. Ferdinand I. konnte nicht der Versuchung widerstehen, auch für seine jüngeren Söhne vorzusorgen, und sprach Ferdinand und Karl Tirol und Steiermark (Innerösterreich) zu. Von den Kindern Maximilians II. überlebten sieben das Kindesalter: Anna, die vierte Frau Philipps II.; Rudolf und Matthias, diese unglückseligen Brüder, die hintereinander die Königs- und Kaiserkrone trugen und sich so bekämpften, daß ihre gegenseitigen Kriege fast die Erbländer zugrunde gerichtet hätten; Elisabeth, die Frau Karls IX. von Frankreich, und schließlich Albrecht, der die Tochter Philipps II., Isabella Klara Eugenia, heiratete, sowie Ernst und Maximilian, die unvermählt blieben.

Rudolf und Matthias zeigten beide Anzeichen geistiger Verwirrung und körperlicher Gebrechlichkeit. Ihre Streitereien über Ungarn, Böhmen und die

Kaiserkrone hätten sehr leicht zum Auseinanderbrechen des Familienunternehmens in Osteuropa führen können. Nur durch das energische Einschreiten ihres Cousins Ferdinand, des starken Herzogs der Steiermark, wurde dies verhindert. Ferdinand gelang es, sich die Anerkennung als einziger Erbe aller Erbländer im Osten und 1619 die Wahl zum Kaiser zu verschaffen. Dieser Ferdinand war der Sprößling einer fruchtbaren jüngeren Seitenlinie und holte sich seine Frau aus der bayrischen Herzogsfamilie, mit der die steirischen Herzöge seit Generationen freundschaftliche Beziehungen unterhielten und gemeinsam dem Werk der katholischen Gegenreformation gedient hatten. Kaum aber war er zum Haupt der österreichischen Habsburger avanciert, kehrte Ferdinand zum alten Familienbrauch zurück und verheiratete seinen Erben, Erzherzog Ferdinand, später Kaiser Ferdinand III., mit Maria Anna von Spanien, der Tochter Philipps III., der wiederum mit seiner eigenen Schwester Margareta verheiratet war. Ihr jüngerer Sohn, Leopold I., war der letzte Habsburger, dessen männliche Erben die Kindheit überlebten.

Ferdinand II. sicherte wenigstens eine Zeitlang den Fortbestand des Familienbesitzes in Osteuropa, aber seine Wahl zum König von Böhmen provozierte einen Aufstand seiner protestantischen Untertanen, der das Reich und später ganz Europa in den Dreißigjährigen Krieg stürzen sollte. Dieser Krieg war in gewissem Sinn ein habsburgischer Krieg, ein Konflikt zwischen dem Haus Österreich und seinen Rivalen in Europa. Diese beneideten Österreich wegen seiner Macht oder haßten es wegen seiner Liaison mit der katholischen Kirche. Anfangs schien es, als handelte es sich um einen religiösen Krieg, und für die Habsburger blieb es ein solcher bis zum Schluß: So sehr waren die religiösen Differenzen für die darunterliegenden politischen und sozialen Probleme zum Symbol geworden.

Das Haus Österreich befand sich im Zentrum der Leidenschaften, welche die Reformation hochgespült hatte, ab dem Moment, da Luther in Anwesenheit Kaiser Karls auf dem Reichstag zu Worms 1521 seine Stimme erhoben hatte. Sowohl protestantische als auch katholische Historiker haben seitdem die Habsburger als zielbewußte, ja fanatische Verteidiger der päpstlichen Sache gegenüber den von Luther entfesselten Kräften geschildert. Diese vereinfachende Sicht wird aber der Rolle der Dynastie, die sie in der religiösen Kontroverse gespielt hat, und auch der sehr eigenartigen Frömmigkeit dieser Familie nicht gerecht.

Karl V. und Ferdinand I. waren beide zur Mäßigung neigende Charaktere, obwohl Ferdinand spanisch erzogen worden war und daher in Glaubensfragen weniger kompromißbereit war als sein Bruder. Auf beide hatte die Kritik des Erasmus an den üblen Praktiken der Kirche ihre Wirkung ausgeübt, ebenso wie der zurückhaltende Skeptizismus des italienischen und nordeuropäischen Humanismus. Beide lehnten den politischen und sozialen Radikalismus ab, der so oft die Doktrinen der Reformer begleitete; denn es war ihnen zum Beispiel klar, daß die Verweltlichung des kirchlichen Besitzes in Deutschland einen vernichtenden Schlag für die dahinschwindende Autorität des Kaisers bedeuten würde. Sie bedauerten die beunruhigenden Folgen der reformatorischen Bewegung, aber sie wußten, daß sie verhandlungsbereit bleiben mußten. Im Religionsfrieden von Augsburg 1555 gab Karl V. nach: Ferdinand mußte den lutherischen Fürsten das Recht zuerkennen, den Glauben ihrer Untertanen zu bestimmen.

Ebensowenig konnte Ferdinand I. der Ausbreitung der lutherischen Lehre unter den Stadtbevölkerungen Böhmens, Österreichs und Ungarns Einhalt gebieten. Denn auch hier hatten die Institutionen der traditionellen Kirche es nicht geschafft, die geistigen Bedürfnisse einer kleinen, aber ständig wachsenden Bürgerschaft zu befriedigen.[3] Auf dem Trienter Konzil versuchten Ferdinands Stellvertreter die Versammlung zu bewegen, der böhmischen Kirche den Kelch für die Laien zu gestatten, weil er glaubte, durch diesen kleinen Kompromiß das von Unruhen geplagte Königreich wieder mit Rom versöhnen zu können. Die Versammlung pochte jedoch auf die Tradition, und Ferdinand mußte versuchen, das Beste aus der verfahrenen Situation zu machen. Er förderte, wo er nur konnte, die römische Kirche und unterstützte die ersten gegenreformatorischen Bemühungen der Jesuiten, sah sich jedoch andererseits gezwungen, den Protestanten zu erlauben, so lange in seinem Herrschaftsbereich zu bleiben, als sie seine zivile Oberherrschaft anerkannten.

Ferdinands Nachfolger, Maximilian II., zeigte so wenig Interesse an Konfessionsstreitereien, daß einige seiner Zeitgenossen annahmen, er sei dem Luthertum beigetreten. Eine derartig tolerante Haltung in doktrinären Fragen konnte jedoch dem Druck der Familie nicht lange standhalten. Maximilians Söhne wurden nach Spanien geschickt, um unter dem strengen Auge Philipps II. erzogen zu werden. Als sie nach Österreich zurückkehrten, zeigten sie, daß sie in Spanien neben den steifen Formalitäten des spanischen Hofzeremoniells auch die Intoleranz gelernt hatten.

Während nun kein Zweifel mehr daran bestand, daß die österreichischen Habsburger beabsichtigten, in ihrem Herrschaftsbereich die Autorität Roms wiederherzustellen, lag doch die Lösung der Probleme noch in weiter Zukunft. So war Rudolf II. (1576–1612) zu sehr auf den protestantischen böhmischen Adel angewiesen – angesichts der türkischen Gefahr und angesichts des Konflikts mit seinem rebellischen Bruder Matthias –, um irgendwelche Schritte gegen ihn unternehmen zu können. Und Böhmen blieb ihm treu, auch nachdem Matthias sich zum König von Ungarn hatte wählen lassen, womit er die Einheit der Erbländer spaltete. Aus Dankbarkeit gab Rudolf 1609 seine Zustimmung zu dem sogenannten Majestätsbrief, in dem den Protestanten die Religionsfreiheit garantiert wurde. Als Matthias ihm 1612 auf dem Thron folgte, blieb ihm nichts anderes übrig, als diesen religiösen Kompromiß zu übernehmen, um Böhmen wieder mit Ungarn zu vereinen.

Da Matthias über keinen direkten Erben für seine Kronen verfügte, bot das Nachfolgeproblem reichlich Nahrung für diverse konfessionelle und dynastische Ansprüche. Die katholische Aristokratie Böhmens trat für Ferdinand von Steiermark ein. Dieser tüchtige und intelligente Fürst war bei den Jesuiten in Ingolstadt erzogen worden und unterhielt eine enge freundschaftliche und verwandtschaftliche Beziehung (durch seine Ehe) mit dem Herzog von Bayern, dem Führer der Katholischen Liga in Deutschland. Ferdinand hatte schon bei der Vertreibung der Protestanten aus der Steiermark seinen religiösen Eifer unter Beweis gestellt und plante nun die triumphierende Wiederherstellung des Katholizismus in allen Erbländern und in Deutschland, sobald er die böhmische und die kaiserliche Krone in seinen Händen hatte. 1617 wurde er mit Hilfe von Matthias und trotz einer protestantischen Mehrheit im Landtag zum König von Böhmen gewählt. Aber als Matthias zwei Jahre später starb, zog der protestantische Adel seine Zustimmung zur Wahl Ferdinands wieder zurück und wählte 1619 einen calvinistischen deutschen Fürsten, den Kurfürsten Friedrich V. von der Pfalz, zu seinem König. Die Rebellion breitete sich in allen habsburgischen Staaten aus, ja sogar in Wien konnte sich Ferdinand II. nur knapp vor dem Pöbel in Sicherheit bringen.

Aber keines der Widerstandszentren stellte für Ferdinands Truppen eine ernste Gefahr dar, zumal sie bald durch bayerische Truppen unterstützt wurden. 1620 schlug er die böhmischen Aufständischen vernichtend in der Schlacht am Weißen Berg und zwang Böhmen mit großer Strenge zum Gehorsam. Die adligen Führer des Aufstands wurden hingerichtet, ihre protestantischen Hintermänner enteignet, und Böhmen bekam einen neuen Adel, der sich aus Katholiken und loyalen Anhängern des Hauses Österreich zusammensetzte. Ferdinand belohnte sie für ihre Treue mit dem konfiszierten Besitz der Rebellen.

Die „Befriedung" Böhmens sollte nur der Beginn eines viel größeren Krieges sein.[4] Ferdinands Blitzsieg setzte die protestantischen Staaten in Europa in panische Furcht, und der Krieg weitete sich Jahr um Jahr immer mehr aus; denn auch die Vereinigten Provinzen, Dänemark, Schweden und schließlich Frankreich traten der Koalition gegen die Habsburger bei. Im Laufe dieses Krieges schien Ferdinand zweimal fast sein Ziel erreicht zu haben, nämlich einen Frieden, der die kaiserliche Macht in Deutschland wiederherstellte und das Gleichgewicht zugunsten der katholischen, habsburgischen Sache verschieben würde. Aber sowohl 1629 als auch 1635 verspielte Ferdinand die errungenen Vorteile, indem er mehr forderte, als seine Alliierten ihm geben wollten. Nach seinem Tod 1637 schleppte sich der Krieg noch weitere zehn Jahre bis zum allgemeinen Patt hin. Während des blutigen Kampfes war Spanien die militärische und finanzielle Hauptstütze der habsburgischen Sache gewesen. Aber 1640 stellte sich heraus, daß auch der spanische Koloß gegen so viele Feinde nicht länger standhalten konnte, ohne seine letzten Ressourcen zu erschöpfen. Eine erfolgreiche Rebellion in Portugal, Aufstände in Katalonien, die Entlassung von Olivarez aus dem Ministeramt und schließlich die militärische Niederlage bei Rocroi 1643 waren Zeichen für die wachsende Schwäche Spaniens. 1648 schloß daher Ferdinand III. im Namen des Reiches Frieden, während Spanien und Frankreich noch zehn weitere Jahre allein weiterkämpften.

Im Westfälischen Frieden bestätigte Ferdinand III. (1637–57) erneut die Augsburger Beschlüsse von 1555, indem er nun auch den Calvinismus auf die Liste der geduldeten Konfessionen setzte. So schwand der habsburgische Traum eines mit neuem Leben erfüllten katholischen Reiches dahin, wieder hatte sich das Prinzip des „cuius regio, eius religio" durchgesetzt. Aber immerhin erleichterte dieses Prinzip, sosehr es die kaiserliche Autorität in Deutschland schwächte, die Restauration des Katholizismus in den Erbländern. Die kräftige Zunahme der monarchischen Macht in Österreich und Ungarn war in gewissem Sinn ein Ausgleich für die fortschreitende Auflösung der kaiserlichen Autorität.

Ferdinand II. und seine beiden Nachfolger, Ferdinand III. und Leopold I., sind häufig als schwache Komplizen der militanten Jesuiten porträtiert worden. Aber die katholische Frömmigkeit der Habsburger war immer ein Teil der Familientradition gewesen, es ist falsch zu behaupten, sie sei der Dynastie von den Jesuiten aufoktroyiert worden. Tatsächlich erhielten die Jesuiten viele Vergünstigungen von seiten der Habsburger und erwiesen durch bedeutende Dienste ihre Dankbarkeit, aber genau das läßt sich von den meisten der traditionellen Orden sagen. Überall, wo die Jesuiten sich besonders hervortaten, besonders in der Erziehung, erfreuten sie sich besonderer Zuwendung. Aber die Habsburger hatten es nicht nötig, sich Unterricht über ihre göttliche Mission in der Welt erteilen zu lassen.

Die Familientradition verband ihren Glauben an das göttliche Recht mit einem ausgeprägten Sinn für göttlichen Schutz.[5] Der Erfolg der Dynastie diente stets dazu, den Glauben zu stärken, daß die Vorsehung direkt, oft und wohlwollend in die Angelegenheiten der Familie eingriff. Die „Wunder des Hauses Österreich" waren die göttlichen Belohnungen für die tüchtige Erfüllung der den Habsburgern gestellten weltlichen Aufgaben und besonders für die Verteidigung des wahren Glaubens und christlichen Verhaltens unter ihren Untertanen. Die Glaubensvielfalt war demnach politisch und ideologisch nicht zu rechtfertigen, und die Einheit des Glaubens empfahl sich demnach aus Gründen der Klugheit und nicht aus Fanatismus. Der nun schon eine Generation dauernde Krieg schien ein Beweis zu sein, daß Häretik und Rebellion Hand in Hand gingen.

Aber das Naheverhältnis zur römischen Kirche zog keineswegs politischen Ultramontanismus nach sich, obwohl es manchmal den Anschein hatte. Der Kaiser konnte, wenn es um seine weltlichen Rechte ging, unmöglich zwischen sich und Gott einen Mittler dulden.[6] Denn die Abhängigkeit vom päpstlichen Stuhl brachte immer spezielle politische Gefahren mit sich. Die Kirche war eine wichtige, ja eine unerläßliche soziale Institution, ihre Rolle wurde jedoch von den Habsburgern immer als partnerschaftlich gesehen.

Die habsburgischen Herrscher des 17. Jahrhunderts, am meisten wohl Leopold I., nahmen die Vorstellung der göttlichen Berufung sehr ernst, sie sahen die Kirche keineswegs als eine Waffe des Staates und auch nicht als ideologische Autorität, die dem Monarchen Pflichten und Lasten aufzuerlegen hatte. Monarchen und Päpste dienten jeder für sich und einander gleichberechtigt Gott und der Kirche. Und die katholische Tradition und ihr Ritus lieferten dem Staat den ideologischen Rahmen, die konkrete Darstellung der abstrakten Ideologie, die jede Gesellschaft braucht, um an ihre eigene Unsterblichkeit glauben zu können. Die kirchlichen Feiertage wurden vom Hof festlich begangen, und die Heiligen der Kirche übernahmen bereitwillig die Schutzherrschaft über jeden beliebigen Vorgang und Ort.[7] Das Familienunternehmen, das sich über so viele Kulturen und Nationalitäten erstreckte, brauchte eben eine universelle und kosmopolitische Doktrin.

Da sich sowohl in Spanien als auch in Österreich starke Spuren von Kreuzfahrermentalität erhalten hatten, war die Frömmigkeit der Familie nicht in Gefahr, zu einer passiven und rituellen Formalität zu erstarren. Beide Linien sahen sich mit Recht als die Hüter der westlichen Christenheit gegenüber der protestantischen Häresie und dem militanten Islam. Da die Gefahren sehr real waren, ist es kein Wunder, daß sie eine gewisse Intoleranz hervorriefen. Die Habsburger sahen im römisch-katholischen Glauben die einzig mögliche Verkörperung der christlichen Idee, und diese Überzeugung wiederum rechtfertigte ihre Stellung in der Welt und erfüllte das komplexe Familienunternehmen mit einem alles verbindenden Sinngehalt.

II. Das österreichische Erbe

Während des 16. Jahrhunderts lag die Führung der politischen und dynastischen Angelegenheiten der Familie beim älteren spanischen Zweig der Habsburger. Im 17. Jahrhundert verlagerte sich die Führungskapazität nach und nach von Madrid nach Wien, und nach dem Tod Philipps IV. von Spanien 1665 war Leopold das unbestrittene Oberhaupt der Familie. Diese Autoritätsverlagerung von der älteren auf die jüngere Linie war nicht nur Ausdruck für die sich ändernden Machtverhältnisse in Europa, sondern auch für die genetischen Schwierigkeiten des spanischen Hauses. Daß es mit der spanischen Macht während des 17. Jahrhunderts bergab ging, war schon den Zeitgenossen vollkommen klar. Die Diskussion über die Gründe dieses Niedergangs ist jedoch noch immer im Gange.

Da war einmal der erfolgreiche holländische Unabhängigkeitskrieg, der dem blühenden Handel der spanischen Monarchie einen empfindlichen Schlag versetzte, zum zweiten eine inflationäre Wirtschaft im Mutterland und eine schwache Finanzverwaltung. Aber immerhin besaß Spanien noch immer wertvollen Besitz in Europa und Übersee. Und obwohl der Dreißigjährige Krieg der spanischen Vorherrschaft in Europa ein Ende bereitete und den Traum eines in Deutschland wiedererrichteten katholischen Reiches endgültig zerstörte, hatte er die habsburgischen Besitzansprüche auf alle Teile der großen Erbschaft nicht schwächen können.

Allerdings hatte sich in Osteuropa die Macht der Habsburger niemals so stark entwickelt wie innerhalb der spanischen Monarchie. Nur in den österreichischen Ländern und nach 1627 auch in Böhmen war die Krone erblich. Ungarns König wurde immer wieder neu gewählt.

Als Leopold den Thron bestieg, waren die wirtschaftlichen und demographischen Folgen des Dreißigjährigen Krieges in Mittel- und Osteuropa noch überall zu spüren. Eine in dem Maße bisher unbekannte Besteuerung, die Vertreibung vieler protestantischer Bürger, Seuchen und Bauernaufstände hatten zum wirtschaftlichen Niedergang der Steiermark und der anderen österreichischen Herzogtümer geführt. Ungarn wurde abwechselnd von den Türken und Christen überrannt und verwüstet. Auch in Böhmen und Schlesien hatten Kriege, Seuchen und Auswanderung zu einer empfindlichen Bevölkerungsabnahme geführt, und infolgedessen ging die Wirtschaftsproduktivität dieses reichsten der habsburgischen Länder stark zurück. Um wieviel ist heute schwer zu sagen, da es regional große Unterschiede gab, aber wahrscheinlich ist ein Produktionsrückgang um ein Drittel nicht zu hoch gegriffen, wobei man sagen muß, daß die Marktstädte Böhmens und Schlesiens als Kommunikationszentren am meisten gelitten hatten.[1] Auf dem Land variierte der Bevölkerungsrückgang zwischen proportional unbedeutenden Zahlen und einer Höhe von zwei Drittel der Gesamtbevölkerung, je nach Gegend.

Trotz dieser Rückschläge verfügte die Donauregion über riesige Kräftereserven. Ober- und Niederösterreich waren wie die Steiermark, Böhmen und Mähren fruchtbare Landwirtschaftsgebiete mit Viehzucht und Ackerbau. Und die wirtschaftlichen Probleme, die der Bevölkerungsrückgang aufwarf, waren vorübergehender, nicht permanenter Natur.[2] Der Ruin der kleineren Grundbesitzer führte besonders in Böhmen zum wachsenden Wohlstand der mächtigeren und erfolgreicheren. Die Großgrundbesitzer zogen Siedler ins Land und entwickelten nach und nach ein ertragreiches Produktionssystem zur Belieferung der umliegenden Märkte. Dabei stützten sie sich auf die Zwangsarbeit der Bauern, die Robot. Mit Hilfe dieser unbezahlten Arbeitskräfte gelang es ihnen, die durch den Krieg verwüsteten Felder zu kultivieren und die Landwirtschaft neu aufzubauen.

Ungarn war trotz der im letzten Jahrhundert erlittenen Überfälle und Verwüstungen noch immer das Land mit der größten Viehwirtschaft. Riesige Herden wurden die Donau aufwärts nach Deutschland getrieben, wo der wachsende Bedarf der Städte nicht mehr durch den eigenen Viehbestand gedeckt werden konnte. Schlesisches Leinen war ein begehrter Handelsartikel in Westeuropa, ebenso wie böhmisches Glas. Mit Hilfe der Silberminen von Oberungarn (Slowakei) und Tirol konnten ungünstige Handelsbilanzen durch Münzprägung wieder ausgeglichen werden, und schließlich stellte das steirische Eisen, aus dem Sensenblätter und andere landwirtschaftliche Geräte geschmiedet wurden, ebenfalls einen wichtigen Exportartikel für Österreichs Handel mit Europa dar.[3]

Abgesehen also vom Luxusartikelsektor erwiesen sich die habsburgischen Länder als wirtschaftlich autark.[4] Damals wie heute war in Osteuropa eine gewisse Rückständigkeit im technischen Bereich zu konstatieren, aber in der vorindustriellen Gesellschaft spielte ein so relativer und keineswegs unbestrittener Mangel keine allzu große Rolle, und immer wieder ist es tüchtigen Staatsmännern gelungen, auf der Basis dieses Reichtums an Bodenschätzen und der Landwirtschaft ein funktionierendes System aufzubauen.

Die österreichische Monarchie unterschied sich in mancher Hinsicht von anderen europäischen Staaten des 17. Jahrhunderts, einmal durch die universalistischen, katholischen und imperialen Herrschaftsansprüche der habsburgischen Dynastie,[5] den ungesicherten Status der Ostgrenzen und die besonderen wirtschaftlichen Möglichkeiten des Donaubeckens, zum anderen durch die Macht der adligen Großgrundbesitzer, den Provinzialismus in allen Lebensbereichen und den konservativen Respekt vor dem Gewohnheitsrecht, welcher auch die bescheidensten Ansätze zu Reformen meist mit Erfolg ersticken konnte.

So wie die Habsburger das menschliche Dasein ganz aus dem christlichen, genauer gesagt, römisch-katholischen Gesichtswinkel betrachteten, so selbstverständlich betrachteten sie die menschliche Gesellschaft als eine hierarchische Ständeordnung mit bestimmten sozialen Privilegien. Rechte waren Besitz und als solcher erbliches Eigentum des Adels oder Gesellschaftsbesitz der Kirche und der Städte. Diese Elite stellte die Ständevertreter für die Landtage, die Obrigkeit, welche das Volk, die Untertanen, regierte.

Anders als andere europäische Monarchen jener Zeit haben die Habsburger sich kaum bemüht, die traditionellen Privilegien des Adels aufzulösen. Die Monarchie hatte die Aufgabe, für das Überleben der Gesellschaft zu sorgen, und soziale Privilegien waren die anerkannte Belohnung für militärische und politische, der Krone geleistete Dienste, ebenso wie vorausgesetzt wurde, daß man für den für Gott geleisteten Dienst mit dem ewigen Heil belohnt werden würde. Die erblichen Privilegien und Rechte der Großgrundbesitzer wurden durch dasselbe Gesetz geschützt, welches auch die erbliche Monarchie schützte. Die Habsburger hatten sich dazu entschlossen, Privilegien als Stützen der königlichen Macht anzusehen und nicht als eine Bedrohung für eben diese.

Die Krone konnte jede beliebige Person mit Privilegien auszeichnen, aber zurückfordern konnte sie die einmal verliehenen Privilegien und Besitzrechte nur mittels eines äußerst komplizierten juristischen Prozesses. Und die Tatsache, daß es viel leichter war, gute Dienste zu belohnen, als schlechte zu bestrafen, erklärt viele Ungeschicklichkeiten der habsburgischen Regierung im 17. Jahrhundert, andererseits aber auch ihre Stärke und Menschlichkeit, besonders während der langen Regierung von Leopold I., dessen Persönlichkeit diesem System genau entsprach. Die großzügige Verteilung von Belohnungen und die kaum jemals vorgenommenen Güterkonfiszierungen bildeten einen recht aufwendigen Regierungsstil, aber er erwies sich als wirksam und bemerkenswert stabil.

Einer erfolgreichen politischen Zentralisierung widersetzten sich die diversen lokalen Institutionen und Gebräuche mit Erfolg. Leopold I. pflegte charakteristischerweise von seiner Monarchie im Plural zu reden, von den „Erbländern" und den verschiedenen Kronen. Seine Weltsicht hatte wie die seiner Vorfahren noch nichts von der Vorstellung eines einheitlichen Rechtsstaates. Wie alle mittelalterlichen europäischen Herrscher sah auch er das Weltengebäude als aufeinandergetürmte Bündel von Privilegien und Rechten, deren Sanktion das Gewohnheitsrecht, die Tradition oder der eigene monarchische Eid war. Während die Angelegenheiten der Dynastie durch einige wenige Gesetze, die „Hausordnung“, geregelt wurden, gab es für jedes noch so kleine Element des habsburgischen Erbes eine Fülle von Verfügungen, Verträgen und Institutionen, wodurch sich jeder Einzelteil innerhalb des Ganzen seinen spezifischen Charakter bewahren konnte.

Das hieß praktisch, daß durch die Fülle von lokalen Institutionen die Macht der Krone stark beschränkt wurde. Adel und Geistlichkeit waren von normalen Steuern befreit und gebrauchten ihren enormen Reichtum, um in den Landtagen und sonstigen Provinzausschüssen ihre Interessen gegenüber den Interessen des niederen Adels, der Städte oder der Bauernschaft durchzusetzen, und die Krone war gezwungen, über jeden Schritt mit ihnen zu verhandeln und ihre Zustimmung einzuholen, meistens durch Versprechen zukünftiger Belohnungen.

Leopold gründete seine kaiserliche Würde und seinen Anspruch auf die Position des höchsten Monarchen Europas auf seine Wahl und Krönung zum Kaiser des Heiligen Römischen Reiches Deutscher Nation. Als dieser war er der Herrscher über alle jene Länder, die einst die Lehen des großen mittelalterlichen deutschen Reiches von Otto I., Friedrich Barbarossa und Friedrich II. gewesen waren. In Wirklichkeit stand die reale Macht dieser Position hinter ihrer zeremoniellen Würde zurück. Denn seit den Bürgerkriegen des 13. Jahrhunderts hatten sich die noblen Reichsvasallen in souveräne Fürsten mit einem ausgeprägten Unabhängigkeitsdrang verwandelt. Als 1648 der Westfälische Friede die „Libertäten“ der deutschen Nation bestätigte und international garantierte, besaßen die deutschen Fürsten praktisch die komplette Verfügungsgewalt über ihre lokalen Angelegenheiten.

Zwischen dem gekrönten Kaiser und seinen unabhängigen deutschen Vasallen bestanden also nur noch sehr lose Beziehungen. Obwohl sie untereinander häufig zerstritten waren, widersetzten sie sich erfolgreich der Zentralisierung der kaiserlichen Regierung und duldeten nur ein Minimum von Regierungsorganen. So repräsentierten lediglich zwei Institutionen die gesamte Reichsregierung: der Reichshofrat und der Reichstag.

Die wichtigsten Funktionen des Monarchen waren seit alters her die oberste Kriegführung und die Wahrung der Gesetze. Alle direkten Vasallen des Kaisers besaßen das Recht, an die Krone zu appellieren, und der Reichshofrat diente als höchstes Appellationsgericht. Theoretisch konnten seine Entscheidungen nur durch die persönliche Intervention des Kaisers umgestoßen werden. Praktisch handelte es sich nur um ein weiteres Organ innerhalb eines schwerfälligen Systems von Gerichtshöfen, an denen einzig das Feudalrecht galt. Jeder Rechtsfall entwickelte sich zu einer unglaublich komplizierten Prozedur, die dadurch nur noch komplizierter wurde, daß die Reichshofkanzlei geteilt wurde: in die Hofkanzlei in Wien und die Reichskanzlei in Mainz, deren Leiter der Fürsterzbischof von Mainz war.[6] Ein starker Reichsvizekanzler konnte sehr wohl den Prozeßverlauf zugunsten des Kaisers beeinflussen. So benutzte von 1669 bis 1694 Graf Leopold Wilhelm von Königsegg sein Amt dazu, die kaiserliche Autorität in Deutschland zu stärken. In den meisten Fällen arbeitete das Justizsystem so langsam, daß wenig Möglichkeiten bestanden, es wirksam einzusetzen.

Ohne ein starkes stehendes Heer, welches für die Durchführung der Rechtsbeschlüsse gesorgt hätte, blieb dem Kaiser nichts anderes übrig, als gegen seine eigenen Vasallen mit Waffengewalt vorzugehen, wenn die erlassenen Urteile nicht befolgt wurden. Aber schon Karl V. und Ferdinand II. waren gescheitert, als sie mit Gewalt ihren Willen in Deutschland durchsetzen wollten. Leopold I. dagegen versuchte wie sein Vater, seine Ziele auf dem Verhandlungsweg zu erreichen. Es ist bezeichnend für die damalige politische Entwicklung in Deutschland, daß die Stärke des Kaisers nicht in seiner Position als Oberhaupt des Reiches lag, sondern in seiner Stellung als König von Böhmen und als Kurfürst. Die Diplomatie erwies sich als wesentlich wirksamer als das Pochen auf die kaiserliche Oberhoheit.

Der Reichstag besaß verfassungsgemäß das Recht, Kriege zu erklären und die dafür nötigen Steuern festzusetzen. Aber es kam selten dazu. Wie überhaupt der Reichstag nur bei seltenen Anlässen vollständig, das heißt mit dem Kurfürstenkollegium, den Fürsten, Rittern und Vertretern der Städte, zusammentrat. Ein solcher Anlaß war zum Beispiel die feierliche Kaiserkrönung. Lokale Angelegenheiten aber wurden hier nicht behandelt, sie wurden von den Ländern selbst geregelt beziehungsweise von den Verwaltungen der zehn „Kreise" des Reiches, die meistens einem oder zwei größeren Fürstentümern entsprachen.

Als Leopold 1663 den Reichstag zusammenrief, um ihn um Hilfe gegen die Invasion der Türken in Ungarn zu bitten, sollte er bis zu seiner Auflösung 1806 nicht mehr auseinandergehen. Auf diesem „Immerwährenden Reichstag" trafen in Regensburg Vertreter der deutschen Staaten und der Kreise mit den Gesandten anderer europäischer Staaten zusammen, die Fürsten selber besuchten ihn nur zu seltenen zeremoniellen Anlässen. Die ununterbrochen tagende politische Konferenz versank immer mehr in einen sanften Halbschlaf, aus dem sie nur durch vereinzelte Krisen wachgerüttelt wurde: Sie war ein lebendiges Denkmal für die Zersplitterung Deutschlands.

In den österreichischen Herzogtümern, die mit Böhmen integrale Teile des Heiligen Römischen Reiches Deutscher Nation bildeten, regierte Leopold auf Grund des Erbrechts als absoluter Herrscher. Alle vier österreichischen Länder, Ober- und Niederösterreich, Innerösterreich (Steiermark und Kärnten) und Tirol (wo Leopold erst 1665, als die hier regierende jüngere habsburgische Linie ausgestorben war, die Herrschaft antrat),[7] besaßen zwar ihre eigenen Landtage und beträchtliche administrative Autonomie, in juristischen und politischen Fragen waren jedoch Ober- und Niederösterreich der Hofkanzlei und damit direkt dem Herrscher unterstellt, in der Steuerabrechnung der Hofkammer. Steiermark und Tirol unterhielten eigene „Stellen" in Graz und Innsbruck, aber Leopold hatte das Recht, auch hier direkt einzugreifen.

Die Beamten wurden vom Hof ernannt und dirigiert; der Wille des Monarchen war hier oberstes Gesetz.[8] Im Laufe der Jahre bildete sich eine Vielzahl von Kommissionen und Räten, welche dem Herrscher die Regierungsgeschäfte erleichtern sollten. Seit Ferdinand I. gab es zum Beispiel eine juristische Kommission, den Geheimen Rat, der als Appellationsgericht für Ober- und Niederösterreich diente, aber auch als zentraler politischer Rat, als eine Art primitives Kabinett also. In der Mitte des 17. Jahrhunderts aber war der Geheime Rat über seine ursprünglichen Funktionen längst weit hinausgewachsen. Statt der ursprünglich fünf oder sechs Mitglieder gab es nun mehrere Dutzend. Aus dem kleinen Beraterstab war eine schwerfällige Versammlung geworden, die ihre wichtigste Funktion, den Herrscher in rechtlichen und politischen Fragen zu beraten, nicht mehr erfüllen konnte. Leopolds Vater Ferdinand III. ging zu der Gewohnheit über, sich regelmäßig mit einigen wenigen Hofbeamten zu beraten; sie bildeten sozusagen eine Art Vorstand des Geheimen Rates. Und Leopold folgte darin seinem Vater. Dieser kleine Kreis von Spitzenberatern, man würde heute von einem Ministerrat sprechen, bekam von Leopold erst 1669 seinen offiziellen Status; er bestand aber von Beginn seiner Regierung an als Geheime Konferenz.[9] Die Mitglieder der Konferenz wurden entsprechend den zu behandelnden Fragen stets neu berufen, kamen aber immer aus dem Kreis jener Männer, welche die höheren Verwaltungsorgane leiteten.

Der wichtigste Beamte des Hofes war 1657 der Obersthofmeister. Nach alter höfischer Tradition konnte dieses Amt nur von einem Aristokraten besetzt werden. Obwohl es formal keinen Vorrang unter den Ministern gab, besaß der Obersthofmeister unbestritten die meisten Vorrechte. Er allein hatte ungehinderten Zutritt zum Kaiser und kontrollierte das Kommen und Gehen aller jener, die mit der Krone zu tun hatten. Als oberster Verwalter des königlichen Haushalts überwachte er das gesamte Personal und übte einen enormen Einfluß bei Neueinstellungen auf allen Ebenen aus. Nur wenige Sitzungen der Geheimen Konferenz fanden in seiner Abwesenheit statt, und kaum je drang etwas zum Ohr des Kaisers vor, das der Obersthofmeister nicht bereits wußte.

Leiter der politischen Angelegenheiten war der Hofkanzler. Er erledigte die diplomatische Korrespondenz und war für alle rechtlichen Belange zuständig. Im Gegensatz zum Obersthofmeister mußte der Kanzler nicht adliger Abstammung sein, und tatsächlich stammten die meisten Kanzler Leopolds aus dem Rechtsanwaltstand. Wie lange er im Amt blieb und wie groß sein Einfluß war, hing bei einem bürgerlichen Kanzler viel mehr vom Wohlwollen des Kaisers ab als bei einem adligen Beamten. Gewöhnlich konnte man sich darauf verlassen, daß er der Dynastie loyal und unparteiisch diente. Und im Verlauf von Leopolds Regierung verdrängte der Kanzler immer mehr den Obersthofmeister aus dem Zentrum der Regierungsmacht.

Die wichtigste Aufgabe des Herrschers war traditionsgemäß die Führung der

Armee in Kriegszeiten. Und so verschieden sonst die Rechte der Länder waren, in militärischen Angelegenheiten wurden sie alle gleich behandelt. Rekrutenaushebung, Proviantbeschaffung und strategische Planung, für den ganzen militärischen Komplex war allein die Krone verantwortlich. Zur Koordinierung der militärischen Operationen und zu seiner Beratung hatte Ferdinand I. den Hofkriegsrat geschaffen, dessen Präsident unter den Beratern des Kaisers eine sehr wichtige Position einnahm. Der Hofkriegsrat selbst, diese Gruppe von professionellen Militärs und Bürokraten, besaß sowohl beratende als auch ausübende Funktionen. Über die militärische Routine hinaus vertraute man dem Hofkriegsrat auch die politischen und diplomatischen Beziehungen mit dem Osmanischen Reich an, wodurch es oft zu Konflikten mit dem Kanzleramt kam.

Im Gegensatz zu den juristischen, politischen und militärischen Abteilungen erschien die Finanzverwaltung selbst den Zeitgenossen als außerordentlich chaotisch, und während Leopolds ganzer Regierung war sie ständig der Gegenstand von Hofskandalen, Klagen und Beschuldigungen. Leopold verstand wie sein Vater und Großvater selbst wenig von Finanzen, obwohl an diesem Punkt die Ansprüche der Krone und die der Untertanen aufs empfindlichste kollidierten.

Die Krone bezog ihr Einkommen aus den verschiedensten Quellen. In allen Ländern gab es zum Beispiel große königliche Güter, außerdem königliche Monopole im Bergwerkswesen, Regalienrechte bei der Ämtervergabe, Beerbungen, Lehensvergabe und Münzprägung, besondere Zölle und Verbrauchssteuern, Abgaben bei Lizenzen und bei Vereinsgründungen. Jede Einkommensquelle pflegte separat verwaltet und an die verschiedenen Kammern in Böhmen, Ungarn und Wien (die Hofkammer) weitergeleitet zu werden.

Theoretisch arbeitete die Hofkammer als zentrales Rechnungsbüro für die finanziellen Transaktionen der ganzen Monarchie, aber über Böhmen und Ungarn hatte sie wenig Macht. Wie der Hofkriegsrat war die Hofkammer eine kollegiale Körperschaft, deren Zusammensetzung sich von Zeit zu Zeit änderte, aber meistens einige Mitglieder des Hochadels neben Karrierebeamten aufwies. Ihre Aufgabe umfaßte die Budgetplanung, die Überwachung der verschiedenen Einkommensquellen, die Überprüfung von Auszahlungsbefehlen, Handelsanleihen und natürlich die Aufstellung genauer Abrechnungen. Aber die Unübersichtlichkeit der untergeordneten Abteilungen, das archaische Rechnungssystem und die Unerfahrenheit vieler Beamter machten eine geordnete Finanzverwaltung unmöglich.

Die Belastungen der öffentlichen und der privaten kaiserlichen Geldmittel waren immer höher als die zur Verfügung stehenden Geldsummen, auch die unzähligen Finanzbüros konnten diese Tatsache nicht verschleiern. Die militärischen Ausgaben wurden nicht zu den normalen Ausgaben des Hofes gezählt, und einige bestimmte Einnahmequellen blieben besonderen Zwecken vorbehalten. Dafür gab es zirka zwanzig Auszahlungskassen. War eine leer, wurden die Bittsteller automatisch zur nächsten geschickt, bis ihnen irgendwo das Geld ausgezahlt werden konnte. Die Kreditaufnahme war in diesem System die gebräuchlichste Form der Geldbeschaffung, aber die schlechte Verwaltung trieb die Zinsen so hinauf, daß die Hofkammer dazu überging, Darlehen als Steuervorauszahlungen aufzunehmen. Und dadurch wurde die Verwirrung nur immer größer, denn von den besonderen, von den Landtagen genehmigten Steuerzahlungen wurden nun zunächst diese Schulden abgezogen, mit dem Resultat, daß nur ein kleiner Teil der ursprünglichen Summe an die Hofkammer kam.

Der ganze Finanzapparat war personell überfrachtet, schwerfällig, unwirksam und durch und durch korrupt. In regelmäßigen Abständen taumelte er am Abgrund des totalen Bankrotts dahin, widersetzte sich aber erfolgreich gegen alle Reformversuche. Der Präsident der Hofkammer nahm zwar regelmäßig als oberster Finanzbeamter der Krone an den Sitzungen der Geheimen Konferenz teil, aber auch dadurch besserte sich die Situation nicht.

Der Kern der Geheimen Konferenz wurde also vom Obersthofmeister, dem Kanzler und den Präsidenten der Hofkammer und des Hofkriegsrats gebildet. Dazu wurden andere eingeladen oder auch nicht, je nachdem, wie der Kaiser entschied. Und am Kaiser lag es auch, ob die Konferenzen mit ihm oder ohne ihn stattfanden. Normalerweise berief der Obersthofmeister die Sitzungen ein und legte eine Tagesordnung vor, die aus Anfragen des Kaisers an die Konferenz bestand. Die Teilnehmer studierten die betreffenden Dokumente und diskutierten danach die Angelegenheit in aller Offenheit, wobei der Ton manchmal an Schärfe nichts zu wünschen übrigließ. Der Kanzler, oder vielmehr einer seiner Sekretäre, brachte die verschiedenen Meinungen (Vota) zu Protokoll und entwarf ein Gutachten. Wenn die Meinungen zu sehr auseinandergingen, reichte jede anwesende Person ihr Gutachten gesondert ein. War der Kaiser nicht anwesend, sandte ihm der Sekretär die Gutachten und Vota, damit er daraufhin seine Entscheidung treffen konnte. Hatte der Kaiser seine Entscheidung getroffen, wurde sie vom Kanzleramt formell beurkundet und mit den entsprechenden Anordnungen versehen.

Das zentrale Verwaltungssystem war bei aller Langsamkeit und Schwerfälligkeit für heutige Begriffe erstaunlich informell organisiert. Alle Entscheidungen wurden vom Kaiser selbst und einigen wenigen Ratgebern getroffen, wodurch sich die Dinge natürlich oft willkürlich verzögerten. In dem Maße, wie die Probleme für die Monarchie immer komplizierter wurden, zeigte auch die Geheime Konferenz wie fast alle derartigen Körperschaften die fatale Neigung, sich immer mehr zu vergrößern, weil die politischen Probleme einen immer größeren Kreis von Fachleuten zu verlangen schienen.

Die Königreiche Böhmen und Ungarn hatten ihre separaten Verwaltungssysteme, und Ungarn war in dieser Hinsicht unabhängiger als Böhmen.

Eifersüchtig wachte die ungarische Kanzlei über ihre Unabhängigkeit, und daher kam es sehr selten vor, daß sich der Oberste Gerichtshof in Wien mit einer Klage eines ungarischen Provinzgerichtes zu befassen hatte. Wenn der Kaiser sich nicht innerhalb der Grenzen Ungarns befand, übernahm ein Palatin, ein vom ungarischen Reichstag gewählter Magnat, die vizekönigliche Macht in Ungarn. Und kraft seiner bewundernswerten Verfassung, dem mittelalterlichen „tripartitum", gelang es Ungarn, sich größtenteils selbst zu regieren, ohne daß der Kaiser eingreifen konnte und durfte. Wenn freilich der ungarische Adel sich entschloß, Gebrauch von seinem in der Verfassung verankerten Recht der Rebellion Gebrauch zu machen, und das kam immer häufiger vor, dann sah sich die Krone gezwungen, mit loyalen Truppen das eigene Königreich zu besetzen. Leopold I. und seine Räte legten im Laufe der Regierung die Grundlage zu einem königlichen Absolutismus in Ungarn, aber erst unter Karl VI. (1711–1740), nachdem die Türken endgültig aus dem Donaubecken vertrieben waren und der größte der ungarischen Aufstände niedergeschlagen war, entwickelten die Habsburger einen eigenen Regierungsstil für ihr am schwersten zu regierendes Königreich.

Ganz anders verhielt es sich in Böhmen, wo die Loyalität zur Krone nach 1620 kein Problem mehr darstellte. Eine böhmische Kanzlei unter der Leitung eines vom Kaiser ernannten tschechischen Adligen befaßte sich mit allen rechtlichen Angelegenheiten und kaiserlichen Erlässen, und es gab wenig Anlaß zur Intervention der Krone. In Zusammenhang mit der böhmischen Kanzlei hatte also der Adel wenig Grund, sich über österreichische Einmischung in die eigenen Angelegenheiten zu beklagen. Leider läßt sich nicht dasselbe auf dem Finanzsektor sagen. Eine separate böhmische Kammer in Prag verwaltete die regulären Steuern und Sonderabgaben für die Krone. Sie war nach dem Modell der Hofkammer eingerichtet und verbrauchte ein gut Teil ihrer Energie damit, mit der Hofkammer in Wien über ihren unabhängigen Status innerhalb der Finanzverwaltung zu streiten.

Selbst die zentralen Organe des kaiserlichen Verwaltungsapparates wurden ständig mit dem komplizierten Problem provinzieller Eigenständigkeit konfrontiert. Neben den zentralen höfischen Behörden gab es eine Vielzahl von nationalen, provinziellen und lokalen Institutionen, die alle auf ihre echten und eingebildeten Rechte zu pochen pflegten. Eine zentrale Leitung konnte unter diesen Umständen nur beschränkte Resultate erreichen. Insubordination war an der Tagesordnung.

Ein Herrscher von anderem Format, als Leopold I. es war, wäre wahrscheinlich den Weg gegangen, den der große Kurfürst Friedrich Wilhelm von Brandenburg gewählt hatte, der, ohne irgendwelche Rücksicht zu nehmen, alle lokalen Institutionen der zentralen Macht der Krone unterordnete. Leopold dagegen nahm die Dinge so, wie sie sich ihm boten: Seine Regierung brachte keine bedeutenden Revolutionen innerhalb der Bürokratie hervor, außer vielleicht in Ungarn, wo er das Glück hatte, nach 1683 praktisch neu anfangen zu können. Und selbst hier kam es nur zu bescheidenen Resultaten. Im allgemeinen zeichnete sich die Entwicklung durch langsame Anpassung an die Umstände aus. Das Reich, zu dem sich Österreich entwickelte, hatte viel zu tun mit der nachgiebigen Persönlichkeit Leopolds I. und mit der Tatsache, daß der Knabe Leopold nicht zum Herrscher, sondern zum Priester ausgebildet worden war.

III. Die schwierige Thronfolge

Am 24. Mai 1654 beendete das Kurfürstenkollegium in Regensburg die Wahlsession. Kaiser Ferdinand III. hatte seiner mittelmäßigen Regierung einen krönenden Abschluß gegeben: Es war ihm gelungen, die Wahl seines ältesten Sohnes, Erzherzog Ferdinands, zum Römischen König und Nachfolger auf dem Kaiserthron durchzusetzen, ohne daß er im voraus einer Wahlkapitulation zuzustimmen hatte. Er hatte einen günstigen Moment gewählt. Frankreich und Schweden, die beiden Mächte, die am meisten daran interessiert waren, die Macht der Fürsten gegen die Rechtsansprüche der Krone zu unterstützen, steckten zu sehr in eigenen Schwierigkeiten, um die Kurfürsten gegen die Habsburger aufzuhetzen. So machte sich Ferdinand III., ein frühzeitig gealterter Mann von sechsundvierzig Jahren und schlechter Konstitution, tief befriedigt über den errungenen Sieg, auf die Heimreise. 164 Kähne trugen den Hofstaat die Donau abwärts nach Wien.

Aber der junge Ferdinand überlebte seine triumphale Rückkehr nur um einige Wochen. Am 9. Juli starb er plötzlich an den Pocken. Von den fünf Kindern war er dem Vater das liebste gewesen, ein vielversprechendes, aufgewecktes Kind.[1] Er war zum Herrscher erzogen und von einem der erfahrensten Staatsmänner Europas in der Politik unterwiesen worden. Nun waren in einem einzigen Augenblick alle Hoffnungen des Vaters zerstört. Der Kaiser erlitt einen solchen Schock, daß man am Hof an seinen Überlebenschancen zweifelte. Jetzt, da höchste Eile geboten war, um die Nachfolge von Ferdinands jüngerem Bruder, dem Erzherzog Leopold Ignatius, einem vierzehnjährigen, für die geistliche Laufbahn bestimmten Jüngling, zu sichern, verfiel Ferdinand III. in tiefe Lethargie und schob alle dringenden Geschäfte auf. Die Trauerfeierlichkeiten für seinen ersten Sohn hielten ihn so gefangen, daß er kostbare Wochen und Monate verstreichen ließ. Damit war der Sieg in Regensburg verspielt.

Zu Beginn des Jahres 1655 hatte sich die Situation in Europa in vieler Hinsicht verändert. In Frankreich war es Mazarin gelungen, mit der „Fronde" fertig zu werden, so daß er sich nun eilends daranmachen konnte, Frankreichs Sicherheit im Osten wiederherzustellen, indem er die französischen Allianzen mit den Kurfürsten und Fürsten wieder aufbaute. In Schweden hatte Königin Christine zugunsten von Karl Gustav von Zweibrücken auf den Thron verzichtet, und der neue König war kein Freund der Habsburger. Beiden Mächten lieferte der plötzliche Tod des Thronfolgers eine willkommene Gelegenheit, den

Habsburgern die Kaiserkrone streitig zu machen oder zumindest ihren Einfluß in Deutschland empfindlich zu schwächen, indem man den neuen Thronfolger zur Annahme einer harten Wahlkapitulation zwang. So schlugen Schweden und Frankreich durch ihren Mittelsmann, den Wittelsbacher Kurfürsten von Köln, die Wahl des Herzogs Ferdinand Maria von Bayern vor. Für den Fall, daß dieser ablehnte, hatten die beiden Mächte bereits andere Kandidaten in Erwägung gezogen, unter anderen den jungen König von Frankreich, Ludwig XIV. Angesichts dieser Intrigen stiegen natürlich die Kosten für eine Unterstützung der habsburgischen Thronfolge.

Während Frankreich und Schweden die Kurfürsten umwarben, raffte sich Ferdinand III. endlich dazu auf, Leopolds Nachfolge zumindest in den Erbländern sicherzustellen. Während die österreichische Thronfolge eine automatische Angelegenheit war, konnten die Kronen Böhmens und Ungarns erst nach stattgefundener Wahl der Landtage und nach langwierigen Vorbereitungen für die Krönungsfeierlichkeiten verliehen werden. Am 27. Juni 1655, zwei Wochen nach seinem fünfzehnten Geburtstag, wurde der schüchterne junge Erzherzog, wie es sich gehört, zum König von Ungarn gewählt und gekrönt. Im folgenden Jahr, am 14. September 1656, wurde er König von Böhmen. Der Reichskanzler, Erzbischof Johann Philipp von Schönborn von Mainz, wandte nun seinen ganzen Einfluß auf, die Kurfürsten dazu zu bringen, so schnell wie möglich einen neuen Römischen König zu wählen, aber die deutschen Fürsten waren mehr für die Verzögerungstaktik.[2] Als Ferdinand III. am 2. April 1657 starb, stand der kaiserliche Thron leer.

Nach Ferdinands Tod war sich sogar seine eigene Familie in der Frage der kaiserlichen Nachfolge uneins. Während die meisten Familienmitglieder Leopold als nunmehr ältesten Sohn unterstützten, traten andere dafür ein, daß Ferdinands Bruder, Erzherzog Leopold Wilhelm, ein aus mehreren Gründen attraktiverer Kandidat, die Kaiserkrone tragen sollte. Dieser Leopold Wilhelm hatte viele Vorzüge, er war erfahren und tüchtig und würde sicher das Interesse der Dynastie vertreten. Als kinderloser Kirchenmann hätte er den Thron so lange für die Familie besetzen können, bis Leopold alt genug sein würde, daß ihm die Kurfürsten die Thronfolge nicht länger aus Altersgründen streitig machen könnten. Für Leopold Wilhelm sprach weiter, daß die spanische Linie ohne männlichen Erben dastand und Leopolds geplante Heirat mit der ältesten Tochter Philipps IV. ihn zum unbestrittenen Erben des spanischen Throns machen würde. Die spanische Krone aber, darüber waren sich alle einig, konnte unmöglich mit der Kaiserwürde vereinigt werden. Durch alle diese Berechnungen machte jedoch Leopold einen Strich, indem er nicht bereit war, auf seine Ansprüche auf die Kaiserkrone zu verzichten. Sein Onkel akzeptierte seine Entscheidung, und der siebzehnjährige Leopold ging aus dem Familiendisput als nunmehr unangefochtenes Familienoberhaupt hervor.

Am 4. August 1657 trat das Kurfürstenkollegium endlich in Frankfurt zusammen. Im Gegensatz zu anderen Versammlungen, wo das Wahlergebnis bereits feststand und nur mehr ratifiziert werden mußte, war diese Zusammenkunft eine politische Konferenz von entscheidender Bedeutung. Hier stand viel mehr als nur ein leerer Titel auf dem Spiel. Nach Frankfurt waren nicht nur die Kurfürsten mit ihrem Gefolge gekommen, sondern auch die Gesandtschaften Frankreichs, Spaniens, Schwedens, Dänemarks, Polens, Savoyens, Mantuas, Modenas und des Heiligen Stuhls. Fürst Wenzel Lobkowitz führte die Delegation Böhmens an, eine wichtige Stimme für die habsburgischen Interessen.

Die Fronten waren klar gezogen. Gegen die habsburgischen Ansprüche stritten die Gesandten Frankreichs und Schwedens. In der Mitte stand eine Gruppe von neutralen Kurfürsten, immerhin die Mehrheit von den acht Wahlberechtigten. Köln war von Anfang an auf Frankreichs Seite, während Karl Ludwig, Kurfürst von der Pfalz, seine Stimme Frankreich nur gegen eine reichliche „Subvention" verkaufte. Böhmen war Leopolds eigene Stimme, die er aber erst im Juni 1658 abgeben konnte, nachdem er achtzehn geworden war. Ferdinand Maria von Bayern versprach nun heimlich, dem Habsburger seine Stimme zu geben, wenn er dafür mit ihm ein festes Verteidigungsbündnis einginge, so daß Frankreich und Schweden ohne einen wirklich guten Alternativkandidaten dastanden. Lobkowitz begann daraufhin, mit den neutralen Kurfürsten zu verhandeln, um die erforderliche Mehrheit zusammenzubringen.

Ursprünglich war Johann Philipp von Mainz ein starker Befürworter der habsburgischen Kandidatur gewesen, hatte aber 1655 seine Meinung geändert. Als gerissener und erfahrener Staatsmann wußte er, daß er, ebenso wie alle anderen Herrscher eines kleinen und exponierten Staates, stets für Frieden und Gleichgewicht zwischen seinen mächtigen Nachbarn sorgen mußte, wenn er nicht das Opfer ihrer Konflikte werden wollte. So hatte er mitgeholfen, den Westfälischen Frieden auszuarbeiten, der ihm einige Sicherheit dafür zu bieten schien, daß französischer und habsburgischer Ehrgeiz sich in Grenzen hielten. Aber zusätzlich dazu hatte er mitgeholfen, die Rheinliga zu gründen, eine Koalition von deutschen Staaten, die als Gegengewicht zu Frankreich und Österreich dienen sollte. Johann Philipp von Mainz war also bereit, jeden Kandidaten zu begrüßen, wenn er nur nicht Habsburger oder Bourbone war. Die Schwierigkeit bestand lediglich darin, einen zu finden.

Ferdinand Maria von Bayern hielt sich eisern an das Abkommen, das er mit Leopold geschlossen hatte, und ließ sich weder durch französische Bestechungsgelder noch durch seine ehrgeizige Frau davon abbringen. Unter diesen Umständen willigte Johann Philipp schließlich ein, für Leopold zu stimmen, aber nur unter der Bedingung, daß die Wahl so lange aufgeschoben würde, bis Frankreich mit Spanien Frieden geschlossen habe. Um hier nachzuhelfen, bot er sogar seine Dienste als Vermittler an. Aber weder

Frankreich noch Spanien wollten etwas davon wissen, so beschränkte sich der Kurfürst auf die Forderung, daß die Wahlkapitulation zur strengsten Neutralität in diesem Krieg verpflichten sollte.

Eine weitere Schwierigkeit löste sich von selbst, als sich in Frankfurt die Nachricht verbreitete, Philipp IV. habe wieder einen Sohn gezeugt. Die Gefahr einer Verbindung Spaniens mit Österreich unter einem einzigen Monarchen war damit für eine Zeitlang gebannt, und nun brauchte man nur noch über zwei Dinge zu verhandeln: über die genauen Bedingungen der Kapitulation und über die Art der Bestechung, die Leopold für die fehlenden Stimmen zu bieten hatte. Für die Kurfürsten, die auf diese Weise sowohl von Österreich als auch von Frankreich fette Summen einstreichen durften, war dies eine überaus gewinnbringende Wahlversammlung.

Leopold beauftragte Lobkowitz mit der Verhandlungsführung in Frankfurt und hielt sich bis Ende Januar 1658 in Prag auf. Dann machte er sich in aller Ruhe auf den Weg nach Frankfurt, wo er im März eintraf. Auf vier der fünf weltlichen Stimmen konnte er nun sicher zählen: Böhmen, Bayern, Sachsen und Brandenburg. Brandenburg war die teuerste und letzten Endes die entscheidende Stimme. So hatte Kurfürst Friedrich Wilhelm seine Absicht kundgetan, seine Stimme dem Höchstbietenden zu verkaufen, aber nur Leopold konnte ihm bieten, woran ihm am meisten gelegen war und was Frankreich ihm nicht geben konnte: den Angriffspakt gegen Schweden. Denn da er im Krieg gegen Polen, den er zusammen mit Schweden geführt hatte, alles Erreichbare gewonnen hatte, war der Kurfürst nun bereit, sich gegen seinen früheren Verbündeten zu wenden.

Auf einige ihm noch fehlende Stimmen mußte Leopold vier weitere Monate in Frankfurt warten, während Lobkowitz inzwischen die Bedingungen seiner Kapitulation aushandelte. Als die Franzosen und Schweden sahen, daß Leopolds Wahl nicht mehr verhindert werden konnte, versuchten sie mit aller Kraft, seine Hände so zu binden, daß seine Wahl für sie eine bedeutungslose Formalität darstellte. Und obwohl es gegen seine natürlichen dynastischen Gefühle und seine starke Anhänglichkeit an Spanien verstieß, unterzeichnete Leopold schließlich einen Vertrag mit Frankreich, in dem beide Partner versprachen, nicht den Gegnern der anderen zu helfen. Dieser Nichteinmischungspakt befriedigte auch Johann Philipp von Mainz, so daß man ziemlich rasch zur Fertigstellung der Wahlkapitulation schreiten konnte. Das Dokument unterschied sich von den bisherigen nur dadurch, daß es etwas stärker als gewöhnlich auf die Freiheiten der deutschen Fürsten pochte und unmißverständlich die Souveränität dieser Staaten betonte.

In der sicheren Annahme, daß sie ihren Herrscher zur Hilflosigkeit verdammt hatten, wählten am 18. Juli 1658 die Kurfürsten einstimmig Leopold I. zu ihrem Kaiser, „durch Gottes Gnade gewählter Römischer Kaiser Deutscher Nation und Mehrer des Reiches". Als knapp Achtzehnjähriger ließ er sich am 1. August in die symbolträchtigen Krönungsgewänder hüllen und erduldete unter der Last der Insignien die Krönungszeremonie mit den anschließenden Festivitäten, zu denen auch ein Volksfest auf dem Frankfurter Römer gehörte. Eine Woche später verließ er Frankfurt und machte sich auf die langwierige Heimreise nach Wien mit Zwischenstationen in Nürnberg, Augsburg und München, bis er am 1. Oktober endlich seinen feierlichen Einzug in der Hauptstadt hielt.

Fast fünf Jahre lang hatte sich der Wiener Hof mit ganzer Kraft auf die dynastischen Ansprüche der regierenden Familie konzentriert, und die wichtigsten Männer dieses Hofes hatten sich samt ihrem Monarchen lange Zeit im Ausland aufgehalten. Zwar wurde die Routinearbeit weiter von den Büros erledigt, aber es fehlte die zentrale politische Linie. Eine neue Regierung bedeutete nun ein neues Regime und neue Direktiven für die Ausübung der Geschäfte. Ein neues Regime bedeutete aber auch neue Männer. Der neue Kaiser war außerhalb eines kleinen Kreises von Freunden und Ratgebern nahezu unbekannt, und sein unerwarteter Regierungsantritt rief natürlich Neugierde und Unbehagen unter den Höflingen, Beamten und Diplomaten hervor. Die Mitarbeiter Ferdinands III. hatten sich bereits mit Ferdinand IV. identifiziert, auch auf die Gefahr hin, damit den jüngeren Bruder zu brüskieren. Nun hing alles vom Charakter des neuen Monarchen und von der Wahl seiner Ratgeber ab.

Der achtzehnjährige junge Kaiser Leopold erschien dem venezianischen Gesandten als ein außergewöhnlich ruhiger und bescheidener junger Mann, „vom Schicksal begünstigt, wenn auch nicht von der Natur“.[3] Seine Gesichtszüge boten nichts Ungewöhnliches, abgesehen von der vorstehenden Unterlippe und dem langen Kinn, dem charakteristischen Merkmal der Familie. Er hatte große dunkle, tiefliegende Augen und einen von den Pocken noch unberührten gesunden Teint. Er musizierte und jagte leidenschaftlich gern und mit Talent.

Seine Kindheit verbrachte Leopold meistens bei seiner spanischen Mutter Maria Anna, der Schwester Philipps IV. Sie hatte Ferdinand III. drei Kinder geboren: 1633 Ferdinand IV., 1635 Maria Anna, die später ihren Onkel, Philipp IV., heiraten sollte, und am 9. Juni 1640 Leopold Ignatius. Für ihr letztes Kind empfand die Kaiserin eine besonders starke Zuneigung, die von Leopold auch erwidert wurde. Aber er war noch nicht sechs Jahre alt, als seine Mutter am 13. Mai 1646 starb. Zwei Jahre später heiratete Ferdinand III. seine sechzehnjährige Cousine, Maria Leopoldine von Tirol, auf die Leopold jetzt seine Liebe übertrug. Als auch diese 1649 starb, heiratete Ferdinand 1651 Eleonore von Gonzaga, eine kecke, lebhafte italienische Prinzessin. Sie war schon Leopolds Patin gewesen und betrachtete ihn nun als ihren Sohn. Auch dieser Stiefmutter wandte Leopold seine Zuneigung zu und behandelte sie später mit großer Nachsicht, ja gestattete ihr sogar, ihrer Passion für Familienpolitik zu frönen, was normalerweise nur dem Familienoberhaupt erlaubt war.

Als Maria Anna 1646 starb, bekam Leopold seinen eigenen Hofstaat, Erzieher und Lehrer, die ihn auf sein zukünftiges Leben vorbereiten sollten. Wie zu erwarten, umgab Ferdinand III. Leopold mit Männern, die sich mehr durch Frömmigkeit, Bildung und Ergebenheit auszeichneten als durch politische Fähigkeiten. Denn Frömmigkeit, Bildung und Ergebenheit waren genau die Eigenschaften, die man von einem Mann erwartete, der innerhalb einer Dynastie einmal eine untergeordnete Rolle spielen würde. So wie Ferdinands Bruder Leopold Wilhelm lebte, so stellte sich der Vater die Laufbahn seines zweiten Sohnes vor: Hochdotierte kirchliche Ämter sorgten für ein Leben im großen Stil, während man sich als Statthalter der spanischen Niederlande oder in Italien nützlich machte.

Möglicherweise war der Jesuit Philipp Miller der einflußreichste von Leopolds ersten Lehrern. Er hatte als Professor der Moraltheologie, Philosophie und Mathematik in Graz und Wien gelehrt, und sein Unterricht gab nun der naiven, stark vom Aberglauben geprägten Frömmigkeit Leopolds den akademischen Schliff und weckte in ihm ein lebenslanges Interesse für die Naturphilosophie.

Auch die weltlichen Lehrer waren Vorbilder in Milde, Loyalität, Ehrenhaftigkeit und Bildung. Sowohl Graf Lamberg, der den Erzherzog zwischen 1651 und 1653 unterrichtete, als auch Graf Portia, der 1652 an Leopolds „Hof" kam, waren Männer, deren Treue zwar erwiesen war, aber deren politische Kompetenz zu wünschen übrig ließ. Ferdinand III. dachte wohl, daß er ihre Ergebenheit am besten mit der Erziehung seines jüngeren Sohnes belohnte und nicht mit Positionen, wo ihre Inkompetenz womöglich den Staat in Gefahr bringen konnte.

In dieser Atmosphäre, in der mehr Wert auf Gelehrsamkeit und moralische Werte als auf kriegerischen Ruhm und königliche Würde gelegt wurde, entwickelte sich Leopold ganz in der gewünschten Weise. Allerdings zeigte er schon damals, wenn man einigen Anekdoten Glauben schenken kann,[4] des öfteren gewisse Temperamentsausbrüche, die gar nicht zu der für ihn bestimmten Rolle paßten. Obgleich sich seine Persönlichkeit im Lauf der Jahre änderte, blieb ihm ein eigenartiger Charakterzug von frühester Kindheit erhalten, die Neigung, sein eigenes und das Verhalten der anderen genau zu registrieren und in seinen „Krakauer Kalender" alle großen und kleinen Begebenheiten mit der Leidenschaftslosigkeit eines Statistikers einzutragen.

Da er intelligent war und ein ungewöhnlich gutes Gedächtnis besaß, glänzte er bei allen schulischen Übungen, die sich seine Lehrer für ihn ausgedacht hatten. Er beherrschte Latein, Italienisch, Spanisch und Deutsch, bediente sich jedoch später einer undefinierbaren Mischung all dieser Sprachen, ohne sich viel um die Syntax zu kümmern. Eine gewisse Stubengelehrsamkeit zeichnete ihn sein ganzes Leben lang aus, er unterhielt sich mit seinen Beichtvätern, Bibliothekaren und Ärzten wesentlich lieber als mit seinen Ministern.

Seine Liebhabereien entsprachen denen eines jungen Prinzen, von dem man erwartete, daß er die Position, die die Familie ihm zugedacht hatte, mit Anstand ausfüllen würde. So war er ein exzellenter Reiter und passionierter Jäger und konnte ebenso gut zeichnen wie schnitzen. Maschinen aller Art übten eine große Faszination auf ihn aus, und man kann sich vorstellen, daß er zu einer anderen Zeit und unter anderen Umständen ein ausgezeichneter Ingenieur oder zumindest ein begabter Bastler geworden wäre. Alle diese Interessen waren jedoch sekundär im Vergleich zu seiner Liebe zur Musik.

Überall in Europa spielte die Musik bei höfischen und kirchlichen Festen eine große Rolle, aber in Österreich war die Musik die beliebteste Freizeitbeschäftigung, ja zuzeiten eine verzehrende Leidenschaft des regierenden Hauses. Wien wurde zum musikalischen Zentrum Europas. Es ist erstaunlich, wie viele bedeutende Werke der europäischen Musikliteratur in Wien komponiert und uraufgeführt wurden. Spätestens unter Ferdinand II. begann die Musik im Unterrichtsplan der kleinen Habsburger eine wichtige Rolle zu spielen. Schon Ferdinand III. hatte einige respektable Werke im melodramatischen italienischen Stil seiner Zeit komponiert, und nun ermunterte er Leopold, zu komponieren und zu musizieren.

Die Musik war für einen Hof, der so viele verschiedene Nationen zu regieren und in so vielen Sprachen zu reden hatte, das weitaus beste künstlerische Medium, viel geeigneter als zum Beispiel die Dichtkunst. Mit ihrem kosmopolitischen Flair und ihrer vollkommen unpolitischen Abstraktheit lieferte die Musik einen neutralen Unterhaltungswert für alle. Sie diente aber auch dazu, die theatralischen Produkte eines barocken Hofs über seine Grenzen hinaus bekannt zu machen, der wie der französische Hof es liebte, die Größe der Monarchie in prunkvollen dramatischen Allegorien kundzutun.

Von allen habsburgischen Musikdilettanten war Leopold sicher der begabteste. Die beeindruckende Liste seiner uns erhalten gebliebenen Kompositionen enthält Oratorien, Requiemmessen, musikalische Komödien, die von den Damen des Hofes aufgeführt wurden, und eine nicht enden wollende Reihe von Arien und Intermezzos, die bei Opernaufführungen bei Hof eingefügt wurden.[5] Leopold verhätschelte seine Musiker dermaßen, daß ihm das manchmal vorgehalten wurde. Wenn er knapp bei Kasse war, was meistens der Fall war, dann wurden zuerst seine Musiker bezahlt.

Die habsburgische Frömmigkeit fand in Leopold wohl ihren idealsten Vertreter. In seiner auf eine geistliche Laufbahn abgestimmten Erziehung nahmen die religiösen Übungen weit mehr Platz ein als das für einen jungen Prinzen sonst normale soldatische Training. So reagierte er zeit seines Lebens auf Krisen eher mit dem Gebet als mit einem Konzept zur Bewältigung der Krise. Lieber wartete er auf das Urteil des Himmels oder auf das wunderbare Eingreifen der Vorsehung – denn der Wunderglaube war ein fester Bestandteil seiner Frömmigkeit –, als daß er sich selbst in Aktivitäten gestürzt hätte. Er war fest davon überzeugt, daß er über einen heißen Draht zu Gott verfüge. Jeden Sieg, den er als Kaiser einer widerspenstigen und sündigen Welt abringen konnte, wertete er als Beweis göttlicher Gnade, als ein „Wunder des Hauses Österreich". Eine Gegenleistung für die göttliche Gnade war für Leopold die pünktliche Teilnahme an allen Bitt- und Dankfeiern, die dazu dienten, die Untertanen zum wahren Glauben anzuhalten und immer wieder den fast heiligen Charakter seines hohen irdischen Amtes zu betonen. Natürlich erwartete er auch von seinen Räten und dem gesamten Hof, daß sie mit ihm an diesen häufigen und langen Andachten teilnahmen, was viele von ihnen als langweilig und lästig empfanden, da sie lieber ihrem politischen Geschäft oder ihren Vergnügungen nachgegangen wären.

Für eine weniger ritusbetonte Religionsausübung, wie sie von den mystischen Sekten und skeptischen Rationalisten angeboten wurde, hatte Leopold ganz und gar keine Sympathie. Überhaupt fand er jeden Kompromiß mit der Häresie abscheulich, so notwendig er auch manchmal erscheinen mochte. Solange es sich um die heidnischen Türken handelte, war diese Haltung für jedermann akzeptabel, aber zum Protestantismus war die Beziehung nicht so eindeutig. Nicht nur, daß Leopold über viele protestantische Fürsten in Deutschland regierte, seine natürlichen Verbündeten in dem nicht enden wollenden Konflikt mit Frankreich waren protestantische Mächte, die Seemächte England und Holland. Meistens siegte in diesem Fall die Staatsräson über das katholische Gewissen, aber nirgendwo in Europa hatte es die Vernunft so schwer wie in Wien.

Alle, die 1658 erwartungsvoll auf den jungen Herrscher blickten und in seinen Zügen die Zukunft zu lesen versuchten, müssen übereingekommen sein, daß nichts darauf schließen ließ, unter ihm würde es zu dramatischen Veränderungen kommen. Vor ihnen stand ein junger Mann, der zwar einen gesunden und intelligenten Eindruck machte, dessen Höflichkeit aber ein wenig schüchtern und steif wirkte. Er schien sich nicht ganz wohl in dem Bewußtsein zu fühlen, für seine Rolle eigentlich nicht vorbereitet zu sein. Daß er sich gewissenhaft seiner Aufgabe unterziehen würde, war wohl allen klar, und das, obwohl ihm jede Spur von Ehrgeiz abzugehen schien. So mancher Höfling, der sich mit der letzten Regierung aufs angenehmste arrangiert hatte, atmete erleichtert auf. Dies war kein hitziger junger Kaiser, der unbedingt Geschichte machen wollte, dies war der vollkommene Herrscher einer traditionsgebundenen Dynastie und einer konservativen aristokratischen Gesellschaft: bescheiden, klug, zurückhaltend und fromm, weder Wüstling noch Asket, ein ruhiger junger Mann, dem daran gelegen war, daß alles so weiterging wie bisher.

In Anbetracht seiner Jugend und Unerfahrenheit wandte sich Leopold I. mit der Bitte um Rat und Hilfe zunächst an die beiden Männer, für die er am meisten Liebe und Respekt empfand: an seinen Onkel, den Erzherzog Leopold Wilhelm, und an seinen „Ajo", Graf Johann Ferdinand Portia, seinen Erzieher.

So wie Leopold Wilhelms Karriere wäre wohl auch die von Leopold verlaufen, wenn nicht sein Bruder gestorben wäre. Nachdem man ihn zum

Geistlichen ausgebildet hatte, übertrug man ihm nacheinander die Bistümer Passau, Straßburg, Olmütz und Breslau. Dieser ekklesiastische Pluralismus diente den Interessen seines Vaters, Ferdinands II., und später seines Bruders während des Dreißigjährigen Krieges, als dieser mit den Schwierigkeiten einer sich ständig ändernden Religionspolitik in Deutschland zu kämpfen hatte. Nach einer kurzen militärischen Lehrzeit unter Piccolomini hielt man ihn für genügend qualifiziert, um Generalissimus zu werden. Mit halbem Herzen führte er 1641 und nochmals 1645–46 zwei erfolglose Feldzüge gegen die Schweden. 1647 vertrat er die spanische Linie der Familie als Statthalter der Niederlande, eine Position, die er außerordentlich genoß, da sie ihm erlaubte, seiner Passion fürs Bildersammeln zu frönen. In religiöser Hinsicht hielt er sich an die Tradition der Familie, ohne deshalb ein Asket zu sein. Die immensen Reichtümer, die ihm seine Pfründe einbrachten, ermöglichten es ihm, das Leben eines großen Herrn zu führen, und alle Zeit, die er neben seinen repräsentativen Pflichten erübrigen konnte, verbrachte er in seinen Kuriositätenkabinetten und bei seinen Büchern, vor allem aber in der eigenen Bildergalerie, welche zu den reichsten Galerien der damaligen Zeit in ganz Europa zählte.[6]

Diesem Onkel nun brachte Leopold so viel Vertrauen und Liebe entgegen, wie er sie in dem Maße wahrscheinlich nie für seinen Vater empfunden hatte.[7] Die Beziehung zwischen Onkel und Neffe wurde nun durch die gemeinsame Liebe zur Kunst und durch die gemeinsame Sorge für das Schicksal der Dynastie noch verstärkt. Der Erzherzog diente dem jungen Kaiser mit seinen Erfahrungen in der europäischen Politik und seiner Menschenkenntnis und vertiefte mit seiner Neigung für friedliche Lösungen Leopolds angeborene Scheu vor militärischen Abenteuern. Aber Leopold Wilhelm war wie sein Bruder Ferdinand III. von schwacher Gesundheit und verbrachte nur ein paar kurze Jahre an der Seite Leopolds I. Er starb am 6. Januar 1662 im Alter von nur achtundvierzig Jahren.

Leopolds „Ajo“ Portia stammte aus einer alten adligen Familie aus Friaul sowie von den Patriarchen von Aquileja ab. Er war in Venedig geboren und aufgewachsen, denn hier beim Senat vertrat sein Vater Innerösterreich. Und mit ihm unternahm er weite Reisen, die dieser im Auftrag seiner Herren zu machen hatte. Seine eigene politische Karriere begann in Graz, wo er von 1634 bis 1647 als Mitglied des Regierungsrates tätig war. Danach kehrte er nach Venedig zurück als kaiserlicher Orator in der Signoria. Die Ernennung zum Erzieher ist wohl als Belohnung für seine Loyalität und weniger für seine überragende Tüchtigkeit in dieser Position zu werten. Als nun Leopold überraschenderweise den Platz seines Bruders als Thronerbe einnahm, wurde Portia nun eine der wichtigsten politischen Figuren in Österreich.

Nach dem Tod Ferdinands übertrug Leopold 1657 Portia das Amt des Obersthofmeisters, das er bis zu seinem Tod 1665 ausübte. Acht Jahre lang agierte er also praktisch als leitender Minister und verstand es, seine Mittelmäßigkeit hinter einer hochmütigen aristokratischen Allüre zu verstecken. Da nur die Zuneigung seines einstigen Mündels ihn schützte, entwickelte er sich zu einem Meister der vorsichtigen Winkelzüge und der Verschleppungstaktik. Seine gekonnte Art, Kontroversen auszuweichen, brachte den venezianischen Gesandten dazu, verärgert nach Hause zu schreiben, selbst Portias Feinde könnten ihn nicht hassen. Durch und durch anständig und absolut diskret, litt er an einem nicht zu übersehenden Mangel an Entscheidungsfähigkeit und an Phantasielosigkeit. Seine Funktion als Präsident der Geheimen Konferenz erfüllte er gewissenhaft und pünktlich, aber die politischen Direktiven wurden von anderen Männern ausgegeben.

In einem Punkt hatte Leopold zumindest Glück gehabt bei der Wahl seines Obersthofmeisters: Portia war nicht lange genug in seinem Amt, um eine starke Anhängerschaft aufzubauen. So hatte Leopold freie Hand in der Wahl von fähigen Mitarbeitern. Viele, die später zu hohen Posten aufsteigen sollten, hatten unter Portia auf bescheidenen Verwaltungsposten gedient. Einer der interessantesten von Leopolds Protegés war der spanische Franziskanermönch Cristóbal de Rojas y Spínola. Dieser große Reformer sah in der Festigung der habsburgischen Macht die einzige Möglichkeit, die gespaltenen Religionen Westeuropas wieder zu versöhnen, den Islam im Osten zu bekämpfen und in Europa ein christliches Reich zu gründen.[8] Er war aber auch der erste, der sich für den Merkantilismus einsetzte und unermüdlich Vorschläge zur Förderung von Manufakturen und zur Gründung von Handelsgesellschaften in Kooperation mit Spanien unterbreitete. Da Rojas' diplomatische Fähigkeiten ihm immer mehr Sympathien bei Hof einbrachten, konnte er sich nun seinerseits zum Förderer anderer Reformer entwickeln. So brachte er die beiden bedeutendsten Wirtschaftstheoretiker der Zeit nach Wien: Johann Joachim Becher und Philipp Wilhelm von Hörnigk.

In den meisten Fällen jedoch besetzte Leopold die hohen Posten mit Männern, die schon seinem Vater gedient hatten, auch wenn sie nicht sein volles Vertrauen besaßen, wie Graf Johann Adolf von Schwarzenberg und Fürst Johann Weikhard von Auersperg. Schwarzenberg war gewiß ein fähiger Kopf, aber er hatte 1657 den Fehler begangen, Leopold Wilhelms Kandidatur für die Kaiserkrone zu unterstützen. Dennoch ernannte ihn Leopold 1659 zum Präsidenten des Reichshofrates. Das war die Anerkennung für seine jahrelangen hervorragenden Dienste.

Fürst Auersperg war von allen Ministern Ferdinand III. während seiner letzten Jahre am nächsten gestanden und war vielleicht überhaupt der geschickteste Politiker am Hof.[9] Er war jedoch so betont selbstbewußt und besaß eine so scharfe Zunge, die er besonders gern an Portias frostiger Zurückhaltung wetzte, so daß dieser ihn nicht leiden konnte und seine Abneigung auf den jungen Leopold übertrug. Auersperg hatte es versäumt, die Möglichkeit in Betracht zu ziehen, daß nicht Ferdinand IV., sondern Leopold seinem Vater nachfolgen könnte, und hatte den jungen Leopold nie anders als mit jener Verachtung behandelt, die er für alle außer für sich selbst und den Monarchen empfand. Auf seinen Rat und seine Erfahrung konnte die neue Geheime Konferenz zwar unmöglich verzichten, aber die Titel, die ihm eigentlich auf Grund seiner langen Dienstjahre zustanden, erhielt er nicht.

Fürst Wenzel Lobkowitz war seit 1650 Präsident des Hofkriegsrats, und er blieb auch unter Leopold in diesem Rat, bis Portia 1655 starb und das Amt des Obersthofmeisters vakant wurde, das nun Lobkowitz übernahm. Da er der Hauptverantwortliche für die Wahl Leopolds zum Kaiser 1658 gewesen war, erfreute er sich viele Jahre lang des kaiserlichen Vertrauens, und dann, als dieses geschwunden war, der kaiserlichen Dankbarkeit. Als beleibter Bonvivant mit Witz und Humor war er ständig auf den Beinen und gab sich gerne als der beschäftigtste Politiker Europas aus. Er war auch in allen Salons zu Hause und hielt sich in allen Fragen der Mode und der Kunst für absolut kompetent. Besonders schätzte ihn Leopolds Stiefmutter, die Kaiserinwitwe Eleonore. Im Laufe der Jahre wurde aber immer offensichtlicher, daß alles an ihm nur Fassade war. Trotz seiner zur Schau getragenen Klugheit verstand Lobkowitz nur wenig von dem, was die von ihm geleiteten Büros eigentlich leisteten, überließ er doch fast alles seinen Untergebenen. Und als es in der Konferenz zum dramatischen Zusammenprall der politischen Meinungen kam, zeigte er sich so ahnungslos, daß man ihn entmachtete, ohne daß er wußte, wie es dazu gekommen war.

Weder der Kanzler Graf Hans Joachim Sinzendorf noch der böhmische Kanzler Graf Johann Hartwig Nostiz spielten in der Konferenz eine große Rolle. Außer zu böhmischen und ungarischen Problemen gab Nostiz keine Kommentare ab und konzentrierte sich statt dessen auf seine vordringliche Aufgabe: auf das reibungslose Funktionieren seiner böhmischen Kanzlei. Sinzendorf, übrigens der letzte österreichische Adlige, der den Kanzlerposten während der Regierung Leopolds bekleidete, war nicht mehr als ein Durchschnittspolitiker.

Über einen anderen Sinzendorf, nämlich Georg Ludwig von Sinzendorf, der als Präsident der Hofkammer quasi die Position eines Finanzministers bekleidete, waren sich schon die Zeitgenossen nicht einig: Was war größer, seine Tüchtigkeit oder seine Bestechlichkeit? Gelegenheit zu Unterschlagungen war ja in einem derartig unübersichtlichen System von Finanzabteilungen, über die er präsidierte, jederzeit und überall gegeben. Nach seinem Sturz im Jahr 1680 konnte die eingesetzte Untersuchungskommission nur mehr schätzen, welche Gelder er von den Einnahmen der Krone abgezweigt hatte. Die Summe war enorm und betrug wahrscheinlich zwei Millionen Gulden oder sogar mehr. Trotz seiner unbestrittenen Talente sah sich Leopold nun gezwungen, auf seine Mitarbeit in seiner Regierung, die immerhin noch fünfundzwanzig Jahre dauerte, zu verzichten.

Leopolds lange Regierung erlebte noch die Jahrzehnte der großen europäischen Inflation, die zum Teil auf die Überflutung des europäischen

Kontinents mit amerikanischen Goldbarren und deren immer schnellere Zirkulierung innerhalb des Handels zurückzuführen ist. Jeder europäische Staat war mit den daraus erwachsenen Krisen mehr oder weniger konfrontiert, aber die österreichische Monarchie zeigte sich rückständiger als die meisten anderen in der Behandlung dieses Problems. Leopolds Regierung begann und endete im finanziellen Chaos.

In den Erbländern war die handelsübliche Münze der Gulden mit sechzig Kreuzern. Sein Wert schwankte beträchtlich im Lauf der Jahre, je nachdem, wie groß sein Silbergehalt war, der wieder an dem des Reichstalers gemessen wurde. Dieser Reichstaler war als Münze gar nicht sosehr im Umlauf, sondern stellte mehr eine abstrakte Zahlungseinheit dar. Die Versuchung war unwiderstehlich, bei der Prägung ein wenig zu schwindeln und unterwertige Münzen herzustellen. Auf diese Weise erwies sich die Münzprägung im 17. Jahrhundert als ein äußerst einträgliches Geschäft. 1659 machte die Wiener Münzprägung zum Beispiel einen Profit von anderthalb Millionen Gulden, indem sie Scheidemünzen, das heißt unterwertige Münzen von bescheidenem Nennwert, nämlich von drei, sechs und fünfzehn Kreuzern, prägte, um damit die Truppen zu bezahlen.[10]

Im August 1658 setzte Leopold – er war noch nicht einmal von seiner Krönung zurückgekehrt – eine Kommission ein, welche sich mit den unbezahlten Steuergeldern von Niederösterreich zu beschäftigen hatte. Die Resultate dieser Prüfung machen klar, wie weit das kaiserliche Budget von der Realität enfernt war.[11] Die Kommissionsmitglieder schlugen vor, die Krone sollte die vor 1600 nicht bezahlten Steuern zur Gänze erlassen und nur die halbe Summe der zwischen 1600 und 1617 nicht bezahlten Steuern einziehen, die andere Hälfte könnte durch „lokale Arbeiten" kompensiert werden, wodurch man quasi den Feudalherren die Erlaubnis gab, die Robot zur Wiederherstellung von Straßen und Brücken in der Provinz zu benutzen. Auf die unbezahlten Steuern von 1617–23 sollte verzichtet, die von 1624–47 sollten voll durch zu leistende Arbeiten im öffentlichen Dienst abzuzahlen sein. Die Rückstände aus den Jahren 1641–47 sollten bar eingezogen werden, aber die hierfür fälligen Zinsen könnten auch in Form von Hypotheken auf Grund und Boden bezahlt werden. Lediglich für den Steuerrückstand der Jahre 1648–59 empfahl die Kommission Barzahlung.

Ohnehin pflegte nur ein Teil der von den Ständen festgesetzten Steuern eingezogen zu werden, und von diesem Teil kam nur ein kleinerer Teil in die Hofkammer nach Wien. So berichtete zum Beispiel 1680 die permanente Abgeordnetenkommission des niederösterreichischen Landtags, daß, obwohl die Stände der Krone 498.216 Gulden und weitere 232.242 Gulden für Ausgaben in der Provinz zugebilligt hatten, zusammen also 730.458 Gulden, nur 409.400 tatsächlich eingetrieben worden seien. So sei für ein einziges Jahr ein Defizit von 321.058 Gulden entstanden. Und zu dieser Diskrepanz zwischen dem zu Erwartenden und dem tatsächlich Eingenommenen kam es andauernd. Unter diesen Umständen ist es nicht verwunderlich, daß die Regierung mit den verschiedenen Landtagen verhandelte wie ein Straßenhändler mit seiner Kundschaft, wenn er ihr einen Topf möglichst teuer verkaufen wollte. Immer, wenn die Krone die Landtage um eine außergewöhnliche Kontribution bat, übertrieb sie maßlos ihre Bedürfnisse, weil sie wußte, sie mußte die Summe möglichst hochtreiben, weil sie ohnedies nie zur Gänze ausgezahlt würde.

In Jahren des Friedens und Wohlstands dürfte die Krone dennoch gerade so viel eingenommen haben, daß die Ausgaben gedeckt und womöglich einige Zinsen ihrer enormen Schulden bezahlt werden konnten. Dies war aber nicht oft der Fall, und auch in guten Zeiten war nie genug da, um Rücklagen für Kriege zu schaffen. In schlechten Jahren konnten noch nicht einmal die Ausgaben der lokalen Verwaltung bezahlt werden. Die Leere und die Mißwirtschaft der öffentlichen Kasse lief als Leitmotiv durch die ganze Regierung und bestärkte Leopolds natürlichen Hang zu einer vorsichtigen Politik, die den großen Vorteil hatte, billiger zu sein. Als Leopold I. älter wurde, lernte er es, tüchtigere Minister einzustellen als die, mit denen er seine Regierung begonnen hatte. Aber es lag allein an den Umständen und nicht an seinem oder dem Ehrgeiz seiner Minister, daß Leopold später gezwungenermaßen Risken einging, um sein Erbe zu schützen.

IV. Die ersten Schlachten

Die einzigen wirklichen Gefahren, von denen Leopolds Staatenkonglomerat bedroht war, gingen von den zwei größten Feinden der Habsburger aus, von Frankreich und der Türkei. Beide Mächte glaubten sich in ihrem Ehrgeiz durch das Haus Österreich beengt. Als Leopold I. den Thron bestieg, war es Kardinal Mazarin gerade gelungen, die königliche Autorität in Frankreich wiederherzustellen, und er richtete nun seine ganze Aufmerksamkeit darauf, die spanische Macht in den Niederlanden zu zerstören und den habsburgischen Einfluß in Deutschland zu neutralisieren. Es gab eine habsburgische Festungslinie, die von Norditalien über Savoyen, die Franche-Comté und Lothringen bis in die Niederlande reichte und als wichtige Kommunikations- und Nachschubkette diente. Für die Franzosen aber waren diese Festungen offene Tore, durch die der Feind leicht nach Frankreich einmarschieren konnte.

Mazarin und sein gelehriger Schüler Ludwig XIV. dachten realistisch genug, um zu wissen, daß sie die Habsburger nicht vollständig vernichten konnten. Aber sie beabsichtigten, die Einkreisung Frankreichs zu durchbrechen und einen Keil in die habsburgische Hegemonie entlang der Nordgrenze zu treiben. Am Ende des langen Krieges gegen Spanien konnte Mazarin sogar ein noch höheres Ziel anstreben: die Thronfolge für die Bourbonen in Spanien.

Da gegen das Haus Österreich am Rhein entlang nichts auszurichten war, suchten die Franzosen jenseits des Reiches nach Alliierten, mit deren Hilfe man die habsburgische Macht aufsplittern könnte. Dafür waren im 17. Jahrhundert die Schweden und die Türken die geeignetsten. Mit der türkischen Macht war es nach der ersten Belagerung Wiens von 1529 und noch mehr nach dem spanischen Sieg bei Lepanto 1571 bergab gegangen, und die habsburgische Militärgrenze in Südosteuropa hatte sich als ziemlich stabile Barriere gegen eine erneute Invasion erwiesen.[1] Aber die Türken hielten immerhin noch den größten Teil Ungarns besetzt, und von hier aus brachen immer wieder türkische und magyarische Kriegsbanden in die östlichen Provinzen Österreichs und Mährens ein, wo sie plünderten und mordeten und Frauen für den Sklavenhandel entführten.[2] Obwohl der Kaiser und der Sultan theoretisch Frieden geschlossen hatten, stellte die türkische Präsenz in Ungarn eine permanente Bedrohung für Leben und Besitz der Bevölkerung an der Grenze dar.

Frankreichs Bemühungen konzentrierten sich nun darauf, die türkischen Aggressionen gegen Österreich kräftig zu schüren und die osmanischen

Vorstöße in Ungarn mit französischen Truppenbewegungen am Rhein zu koordinieren. Immer wieder bedrängten die französischen Agenten in Konstantinopel die Pforte, alle ihre Kräfte auf die Westgrenze zu werfen und die anderen Konflikte im Mittelmeer, in Persien, Südrußland und Polen zurückzustellen. Zum Glück für Leopold verhinderte das wechselseitige Mißtrauen zwischen seinen beiden größten Feinden, daß sie sich jemals auf eine gemeinsame Operation gegen sein Reich einigen konnten.

Da am Wiener Hof Menschen aus allen Teilen der Monarchie zusammenlebten, entwickelten sich selbstverständlich in dieser kosmopolitischen Gesellschaft Interessengemeinschaften, die versuchten, die Politik der Geheimen Konferenz zu ihren Gunsten zu beeinflussen. Leopold scheint diese Aufsplitterung als unvermeidlich akzeptiert zu haben und sogar seine Räte ermuntert zu haben, verschiedene Standpunkte einzunehmen.[3] Zwar mag der Parteienstreit seine Regierung in mancher Hinsicht geschwächt haben, zugleich verschaffte er ihm aber persönlich mehr Freiheit zum Manövrieren und gab ihm die Möglichkeit, seine Meinung zu ändern oder, wie es öfter geschah, seine Entscheidung aufzuschieben, bis die Umstände ihn zwangen einzugreifen.

Fürst Lobkowitz und Fürst Auersperg waren die Anführer der sogenannten „Ostpartei", der viele mächtige Mitglieder des österreichischen, böhmischen und ungarischen Adels angehörten. Für sie standen die eigenen Interessen an erster Stelle der Staatsinteressen, für sie war der Türke daher die größte Gefahr für die Monarchie, und die militärischen und politischen Probleme des Ostens hatten für sie weitaus mehr Priorität als die französische Bedrohung im Westen. Mit dieser Sicht befanden sie sich nun ständig im Widerspruch zu der habsburgischen, auf das Wohl der Dynastie ausgerichteten Politik und zu Leopolds eigenen Vorstellungen von europäischer Familienpolitik.

Diese Interessen fanden nun bei der „spanischen Partei" Unterstützung, welche auch die „Westpartei" genannt wurde. Diese Partei setzte sich aus den spanischen Gesandten in Wien und einer Anzahl von einflußreichen Höflingen zusammen, die der Ansicht waren, daß Frankreich und nicht die Türken die größere Gefahr für Österreich darstellte. Die offene Hetze, die Frankreich in Konstantinopel gegen Österreich betrieb, schien ihre Argumente zu bestätigen. Die spanischen Gesandten konnten aber auch auf italienische und deutsche Adlige zählen, die sich ebenfalls von Frankreich bedroht fühlten, und natürlich auf die kaiserliche Familie selbst. 1658 war auch Portia ein Anhänger dieser Partei, ebenso wie Erzherzog Leopold Wilhelm, der als ehemaliger Statthalter der spanischen Niederlande einen sehr klaren Begriff von der Gefahr hatte, in der sich die habsburgischen Besitzungen befanden, die an Frankreich angrenzten.

Von Zeit zu Zeit formierte sich am Hof auch eine rein deutsche „Reichspartei", die Leopold drängte, sich mehr mit den deutschen Angelegenheiten zu beschäftigen und Maßnahmen für den Fall einer schwedischen Intervention zu erwägen. In Fällen akuter Gefahr forderten diese Leute, unter denen sich Leopolds beste Diplomaten und seine Wirtschaftswissenschaftler befanden, eine Stärkung der kaiserlichen Autorität und vor allem eine Reform der archaischen Institutionen des Reiches. Die Ziele dieser Partei lagen also mehr in der Innenpolitik als in der Außenpolitik, und sie stellte niemals eine echte politische Macht, sondern vielmehr eine meinungsbildende Kraft dar. Ihr Einfluß wuchs und schwand im umgekehrten Verhältnis zur Schwäche und Stärke der Reichsfürsten. Fühlten sich diese stark genug, um allein ihre kostbaren „Libertäten" zu verteidigen, dann war die Gefahr für die kaiserliche Autorität nicht so groß, wie wenn die Fürsten sich so schwach fühlten, daß sie sich ausländische Bündnispartner suchten.

Unzweifelhaft übte die Kirche durch den päpstlichen Nuntius und durch viele, mit dem Kaiser eng befreundete Geistliche einen starken Einfluß auf den Monarchen aus. Man kann aber andererseits kaum von einer eigenen „Partei" sprechen. Für eine einheitliche Partei gab es zu viele divergierende Ansichten, vor allem über die päpstliche Politik. Dazu kamen die Eifersucht unter den geistlichen Orden und der Kampf um den Einfluß bei Hof, um Einkünfte und Dotationen. Prominente Geistliche befanden sich in allen Parteien. Als allerdings der französische Einfluß in Rom zunahm, vertraten alle „Päpstlichen" geschlossen die Politik der „Ostpartei".

Die zehn Jahre zwischen dem Westfälischen Frieden und Leopolds Krönung waren für Österreich zehn Jahre des Friedens, der Restauration und der Erholung gewesen. Leopold I. war eine solche Periode der relativen Ruhe nicht vergönnt, wie sehr er sie auch herbeigesehnt haben mochte. Die erste internationale Krise, die das neue Regime zu erschüttern drohte, hatte ihre Wurzeln in dem Handel, den Leopold mit dem Kurfürsten von Brandenburg bei der Kaiserwahl abgeschlossen hatte. Brandenburg hatte damals gerade zusammen mit Schweden gegen Polen und Dänemark Krieg geführt – einen Krieg, der sich nach Osten auszubreiten drohte, als Fürst Georg II. Rákóczi von Siebenbürgen der Koalition gegen Polen beitrat – und dabei Ostpreußen wieder in seinen Besitz gebracht.

Kaum hatte Friedrich Wilhelm von Brandenburg im September 1657 mit Polen Frieden geschlossen, als er sich auch schon mit Österreich und Polen verbündete, um seinen bisherigen Alliierten Schweden anzugreifen, dessen pommersche Besitzungen, besonders der Hafen Stettin, einen gewissen Reiz auf ihn ausübten. So war Lobkowitz zu seinem Handel mit dem Kurfürsten gekommen, und Leopold mußte, sobald seine Wahl als gesichert galt, seinen Verpflichtungen nachkommen und seine Armeen nach Norden marschieren lassen. Seine beiden besten Generäle, Raimund Montecuccoli und Louis de Souches, führten zusammen mit Friedrich Wilhelm einen erfolgreichen Feldzug in Pommern. Ihr Vormarsch konnte von den Schweden erst kurz vor Stettin gestoppt werden. Frankreich konnte seinem Verbündeten nicht zu Hilfe kommen, weil es alle Kraft auf den Krieg mit Spanien konzentrieren mußte. Als jedoch 1659 der Pyrenäenfriede unterzeichnet war, veränderte sich durch die erfolgreiche diplomatische Intervention Frankreichs das Gleichgewicht in Nordeuropa wieder zugunsten Schwedens. Nach monatelangen Verhandlungen wurde am 3. Mai 1660 der Friede von Oliva unterzeichnet, der Preußen lediglich eine Garantie Schwedens für die Freiheit Ostpreußens einbrachte.

Bei der Intervention Österreichs im Nordischen Krieg traten die von Kaiser Leopold I. übernommenen Defekte im administrativen und militärischen System klar zutage. Zwar hatten der diplomatische Dienst und Montecuccolis Feldarmee zufriedenstellend funktioniert, aber zu einem kühneren Spiel auf internationaler Ebene reichten die Mittel nicht, und die Stände waren nicht willens, mehr zu genehmigen. Die Armee murrte, weil ihr der Sold nicht ausbezahlt werden konnte, und Kredit war bei so großen Schulden schwer aufzutreiben.

Der Ruf nach Reformen ertönte immer lauter, und der neue Kaiser ordnete mit jugendlichem Eifer an, Prüfungskommissionen für Finanz und Verwaltung zu gründen. Von allen Seiten ließ er sich Reformprojekte vorlegen, anstatt sie aber sorgfältig zu studieren, begab er sich 1660 auf eine ausgedehnte Reise durch seine Länder.

Prag und Preßburg waren Leopold wohlbekannt, die Steiermark, Kärnten und Triest dagegen hatte er nie besucht. Nun reiste er fünf Monate durch seine südlichen Provinzen, nahm die Huldigung der Landtage entgegen, sammelte Kuriositäten und trug in Provinzen, die ihre Landesherren seit Generationen nicht mehr gesehen hatten, besonders in Kärnten, wo sich noch nie einer seiner Vorfahren gezeigt hatte, sehr zu seiner Popularität bei. Da 1660 mit einer erneuten Invasion der Türken in Ungarn zu rechnen war, hatte sich Erzherzog Leopold Wilhelm gegen die Reise ausgesprochen, aber Leopold war nicht zu halten gewesen. Als er nach seinem erfolgreichen Werbefeldzug nach Wien zurückkehrte, wurde das, was von seinem jugendlichen Reformeifer übriggeblieben war, von der Tagespolitik in den Hintergrund gedrängt. Zwei gefährliche Krisen dominierten die nächsten Jahre: die türkische Invasionsgefahr im Osten und die drohende Vakanz des spanischen Throns. Von den beiden Krisen machte die dynastische dem Kaiser besonders schwer zu schaffen, stand doch die ganze Zukunft des habsburgischen Unternehmens mit dem Verlöschen der spanischen Linie auf dem Spiel.

Die ungelöste spanische Erbfolge, die 1701 ganz Europa in einen Krieg stürzen sollte, stellte schon 1661 ein schwerwiegendes europäisches Problem dar. Obwohl es eigentlich hierbei um die Rivalität zwischen den Habsburgern und Bourbonen ging, interessierte es doch ganz Europa brennend, was mit den weit verstreuten spanischen Besitzungen geschehen würde. Zwar machte das spanische Reich zur Stunde einen geschwächten Eindruck, aber vereint mit Österreich oder mit Frankreich könnte es sich zu einer exorbitanten Weltmacht entwickeln, welche das fragile Gleichgewicht der modernen europäischen Nationalstaaten womöglich ins Wanken bringen würde.

Solange die beiden habsburgischen Familien, die spanische und die österreichische, unabhängig voneinander existierten, war die spanische Politik eine rein auf spanische Interessen ausgerichtete Regierungspolitik gewesen, aber seit einigen Jahren schienen die spanischen Thronerben vom Unglück verfolgt zu sein, und die drohende Vakanz des spanischen Throns wurde zu einer europäischen Angelegenheit. 1629 waren Philipp IV. zwei Söhne geboren worden: der Thronerbe Balthasar Carlos und der uneheliche Don Juan de Austria. Aber 1646 starb Balthasar Carlos: Philipp IV. besaß elf Jahre lang keinen legitimen Erben. 1657 gebar ihm endlich seine zweite Frau und Nichte Maria Anna, die Schwester Leopolds, einen Sohn, Philipp Prosper, der aber ebenfalls nach nur vier hoffnungsvollen Jahren, am 1. November 1661, starb. Fünf Tage später wurde Maria Anna wieder von einem Sohn entbunden, Karl, einem kränklichen Kind, von dem nicht zu erwarten war, daß er die Kindheit überleben würde. Außerdem aber gab es noch zwei Töchter: Maria Teresa, die 1638 geborene Tochter von Philipps erster Frau Isabella, einer Bourbonin, und die jüngere Tochter Margaretha, die 1651 geborene Tochter von Leopolds Schwester Maria Anna.

Von Geburt an war die Infantin Maria Teresa für die Ehe mit dem Erben Ferdinands III. bestimmt gewesen. Das war zunächst Ferdinand IV. und nach seinem Tod Leopold I. Diese Pläne fielen in sich zusammen, da Mazarin auf die Hand dieser älteren Tochter für Ludwig XIV. bestand, als Preis für einen Frieden mit Frankreich, welcher das spanische Reich mehr oder weniger intakt lassen würde. Weder Philipp IV. noch Ludwig XIV. hielten viel von diesem Handel, beide mußten sich jedoch Mazarin beugen. Im Pyrenäenfrieden willigte Ludwig XIV. widerwillig in die Heirat mit Maria Teresa aus politischen Gründen ein. Die neue Königin von Frankreich mußte freilich auf alle ihre spanischen Erbansprüche verzichten. Mazarin schob allerdings eine Klausel ein, in der der Verzicht von der Zahlung der Mitgift abhängig gemacht wurde. So lange Philipp Prosper lebte, blieben alle Pläne Spekulation, aber mit seinem Tod konnte die Thronbesteigung eines Bourbonen in Spanien Wirklichkeit werden.

Philipp IV. beeilte sich, seinem österreichischen Neffen zu versichern, die französische Heirat sei ihm aufgezwungen worden. Nur so habe er den Besitz Neapels und der Niederlande sicherstellen können, und er würde, wenn ein Jahr nach dem Vertrag mit Frankreich vergangen sei, in aller Öffentlichkeit seine Absicht verkünden, seine zweite Tochter Margaretha mit Leopold zu verheiraten. Da die Infantin erst neun Jahre alt war, mußte der formelle Verlobungsvertrag auf 1663 verschoben werden. Leopold sah seine Braut erst im Dezember 1666.

Der österreichische Gesandte in Spanien, Graf Lamberg, kehrte 1660 nach Wien zurück, und unverantwortlicherweise wurde während der nächsten zwei entscheidenden Jahre kein Nachfolger ernannt. Schließlich entsandte Leopold 1662 Franz Eusebius von Pötting, der ein verläßlicher Freund, aber ein unerfahrener Diplomat war, nach Madrid. Die Situation, die dieser hier vorfand, verhieß wenig Gutes für die Dynastie. Der alternde und kränkliche Philipp IV. war kaum noch in der Lage, Einfluß auf seine Nachfolge zu nehmen, und die Franzosen hatten die führenden Persönlichkeiten der Regierung inzwischen auf ihre Seite gebracht. Der Staatsrat war viel zu ängstlich, die geplante Heirat von Margaretha mit dem Kaiser durchzufechten.[4] Trotzdem gelang es Pötting, den Heiratsvertrag 1663 abzuschließen, der die Garantie enthielt, daß die Erbrechte Margarethas vor denen ihrer älteren Schwester galten. Weiter geschah jedoch nichts: Die Infantin blieb in Madrid, und was Pötting auch unternahm, nichts konnte ihre Abreise nach Wien beschleunigen.

Aus Furcht, Philipp IV. könne sterben, bevor seine eigene Heirat vollzogen war, schickte Leopold nun seinen begabtesten Diplomaten, Franz Paul von Lisola, 1664 nach Madrid, um dem phlegmatischen Pötting unter die Arme zu greifen. Lisola war ein Kosmopolit und insofern sehr typisch für die Diplomaten im Dienst der Habsburger. Als Kind italienischer Eltern war er in Besançon, das damals unter spanischer Verwaltung war, geboren worden. Von Haß auf die Franzosen erfüllt, ging er in Madrid sogleich mit großer Energie an die Erfüllung seiner Aufgabe und ermunterte die Königin Maria Anna, mehr Einfluß auf die Staatsaffären zu nehmen. Mit ihrer Hilfe gelang es ihm endlich, Philipp IV. dahin zu bringen, daß er in seinem Testament ausdrücklich die Erbrechte Margarethas bestätigte und Maria Anna und damit der proösterreichischen Partei am spanischen Hof die Kontrolle über die Regentschaft für den jungen Karl II. sicherte. Als im September 1665 Philipp IV. starb, nahm Maria Anna die Zügel der Regierung in die Hand, und Lisola konnte Madrid in dem Bewußtsein verlassen, sein möglichstes für Leopolds Interessen getan zu haben. Wenn man von den bedrohlichen Tatsachen absah, daß die Lebenserwartung des kindlichen Königs äußerst gering war und daß Maria Teresa Ludwig XIV. 1661 einen Sohn geboren hatte, dann konnte man die österreichische Politik tatsächlich als erfolgreich bezeichnen. 1666 begaben sich Margaretha und ihr großes Gefolge endlich auf die Reise nach Wien, wo Leopolds Hochzeit im Dezember mit theatralischem Prunk gefeiert wurde.

Die fast krankhafte Ungeduld, mit der Leopold seine Eheschließung betrieb, ist nur erklärlich, wenn man bedenkt, daß die Dynastie damals Jahr für Jahr von einem anderen Unglück betroffen wurde. Das Mißgeschick der spanischen Linie schien sich auch auf die österreichische übertragen zu wollen. Im November 1662 starb Erzherzog Leopold Wilhelm, einen Monat darauf Erzherzog Karl Ferdinand von Tirol. Im Januar 1664 wurde Leopolds jüngerer Halbbruder, Erzherzog Karl Josef, im Alter von fünfzehn Jahren zu Grabe getragen, und mit dem Tod des Erzherzogs Sigmund Franz am 25. Juni 1665 war die jüngere Tiroler Linie endgültig erloschen. Als nun Philipp IV. im September 1665 starb, waren die einzigen Überlebenden der Dynastie nur mehr der kränkliche Karl II. von Spanien und Leopold I., der mit sechsundzwanzig Jahren immer noch unverheiratet war. Als er dann im Dezember 1666 Margaretha heiratete, bezogen sich die theatralischen Einlagen, welche die feierliche Zeremonie auf unterhaltsame Weise unterbrachen, immer wieder auf das unheilvolle Schwanken der Göttin Fortuna. Die Heirat sollte dem nun ein Ende bereiten.

Neben diesen dynastischen Sorgen mußte sich Kaiser Leopold mit einer neuen Notstandssituation im Osten befassen. Offiziell hatten der Kaiser und der Sultan 1606 in Zsitva Torok einen Waffenstillstand geschlossen, und beide Seiten hatten sich bisher an die hier getroffenen Abmachungen gehalten, nicht, weil sie sich mit ihnen zufriedengaben, sondern weil die Habsburger zu sehr mit westeuropäischen Angelegenheiten beschäftigt waren und die Osmanen mit ihren eigenen. Immer noch neideten sich beide Partner den wechselseitigen Besitz und wollten ihn sich nehmen, sobald die Umstände es erlaubten. Den Anlaß für eine Wiederaufnahme der Feindseligkeiten lieferte wie so häufig das Fürstentum Siebenbürgen.

Die Herrscher Siebenbürgens hatten sich einen Staat zwischen drei kriegführenden Mächten aufgebaut: Polen, Österreich und Türkei. Im vollen Bewußtsein ihrer prekären Situation versuchten sie das Beste daraus zu machen, aber niemals wurde ihre Autonomie ganz respektiert. So blieb ihnen nichts anderes übrig, als die Oberherrschaft des Sultans anzuerkennen und der Pforte Tribut zu zahlen. Als Gegenleistung garantierten ihnen die Türken einen relativ großen politischen Freiraum und die Religionsfreiheit für ihre gemischte Bevölkerung. Des Fürsten Georg II. Rákóczi polnisches Abenteuer zog ihm allerdings den Zorn des neuen, energischen Großwesirs zu: Mehmed Köprülü brachte seinen Onkel, den Sultan, so weit, daß er den Fürsten absetzte. Rákóczi aber dachte nicht daran, sich dem Türken zu beugen, und wandte sich an Leopold, er möge ihm das polnische Fiasko vergeben und ihm Hilfe gegen die Türken schicken. Nun sympathisierte Leopold zwar mit jedem christlichen Herrscher, der Gefahr lief, von den türkischen Armeen überrannt zu werden, aber gerade Rákóczi mißtraute er aus mehreren Gründen. Außerdem glaubte er nicht, daß die kaiserlichen Truppen stark genug wären, um den Einmarsch der Türken in Siebenbürgen zu stoppen. So kämpfte Rákóczi allein weiter. 1659 gelang es ihm, die Türken in einigen Gefechten zu besiegen, aber im Mai 1660 erlag er seinen Wunden, und die Siebenbürger wählten Johann Kemény, der sich noch vor der zweiten Invasion der Türken ins habsburgische Ungarn absetzte. Die Türken ernannten an seiner Statt Michael Apáfi, der ebenfalls aus dem Adel Siebenbürgens stammte, zum Herrscher.

Die Furchtbarkeit der türkischen Strafexpeditionen gegen Siebenbürgen traf die Regierung in Wien wie ein Schock, denn man hatte sich schon an das Bramarbasieren der Türken, dem nie größere Taten auf dem Fuß folgten, gewöhnt. Aber die Unerbittlichkeit, mit der die Türken Rákóczi und Kemény verfolgten, war ein unmißverständliches Zeichen dafür, daß die türkische Macht wieder erstarkt war und über kräftige Wesire verfügte, nämlich Mehmed Köprülü (Wesir von 1656 bis 1661) und seinen geschickten Sohn Ahmed (Wesir von 1661 bis 1676). Der Wiederaufstieg der türkischen Macht hatte dann seinen Höhepunkt (1683) bei der Belagerung Wiens unter Ahmeds Nachfolger Kara Mustafa.[5]

Am Wiener Hof setzten sich die Flüchtlinge aus Siebenbürgen, die ungarischen Adligen und die „Ostler" in Leopolds Geheimer Konferenz für entschiedene Aktionen im Osten ein. Und da er durch den Frieden von Oliva seiner Verpflichtungen im Norden entbunden war, willigte Leopold zögernd ein, Montecuccoli mit ein paar Mann nach Ungarn zu schicken. Da die Staatskasse wieder einmal fast leer war, konnte der Sold nur teilweise ausgezahlt werden, die Stimmung war dementsprechend schlecht, die Ungarn äußerst ungastlich. Montecuccoli blieb nichts anderes übrig, als sein Los zu beklagen und Kemény seinem Schicksal zu überlassen. Es ereilte ihn, als er im Januar 1662 von den Türken in der Schlacht getötet wurde.

Keménys Tod zwang Leopold, zwischen zwei unerfreulichen Alternativen die Wahl zu treffen, nämlich entweder Apáfi als Fürst anzuerkennen und damit die türkische Oberhoheit über eine Provinz zu sanktionieren, auf die er selbst auf Grund ihrer früheren Abhängigkeit von der ungarischen Krone Ansprüche stellte, oder aber Frankreich und dessen deutsche Satelliten um Hilfe in einem eventuellen Krieg gegen die Türken zu bitten. Es wurde immer klarer, daß mit einem solchen Krieg zu rechnen war; die Berichte der kaiserlichen Repräsentanten in Konstantinopel waren voller Alarmzeichen und warnten vor der Aggressivität des neuen Wesirs Ahmed Köprülü. Während sich Montecuccoli 1661 in Ungarn herumärgerte, begann Leopold mit den wenigen wohlgesinnten deutschen Fürsten zu verhandeln. Aber selbst die gutwilligsten bestanden darauf, daß er den Reichstag zusammenriefe.

Der Beistand, den Österreich Kemény geleistet hatte, war zwar nutzlos gewesen, aber hatte gereicht, um die Türken zu verärgern. Und nun stand Leopold ihnen, da Kemény tot und seine Truppen in alle Winde zerstreut waren, allein gegenüber. Es blieb ihm nichts anderes übrig, als nachzugeben und den Reichstag einzuberufen. Fast ein Jahr verging, bis alle Fürsten und Städte im Januar 1663 ihre Vertreter zur Reichsversammlung nach Regensburg schickten. In diesem Jahre besetzten die Türken ganz Siebenbürgen und bauten in Ungarn neue Armeen auf. Die deutschen Fürsten aber hielten, wie Leopold und seine Minister befürchtet hatten, die türkische Invasion für eine kleinere Bedrohung ihrer Sicherheit als eine große Armee unter dem Oberbefehl des Kaisers. In ihrer zögernden Haltung wurden sie nach Kräften von den französischen Agenten unterstützt, die wiederum einen einflußreichen Verbündeten in Johann Philipp von Mainz besaßen. Tatsächlich gelang es diesem, die Mehrheit dazu zu bringen, nicht mehr für die traditionelle allgemeine Kriegssteuer zu stimmen.

Statt dessen machte er das Angebot, daß die mit Frankreich in der Rheinliga verbündeten Staaten eine eigene Truppeneinheit unter unabhängigem Kommando aufstellen sollten.

Im April 1663 erklärten die Türken dem Kaiser den Krieg. Ahmed Köprülü marschierte ins Donaubecken ein und versorgte sich in den Satellitenstaaten Moldau, Walachei, Siebenbürgen und bei den Tataren auf der Krim mit frischen Truppen. Die Zeit drängte, Leopold mußte nehmen, was er kriegen konnte. Im Juli vermittelte der Erzbischof von Salzburg einen Vertrag zwischen dem Kaiser und der Rheinliga. Die Liga erklärte sich bereit, sechstausend Mann zu schicken. Darunter befanden sich jedoch auch einige dem Kaiser höchst unwillkommene französische Truppenkontingente. Leopold hatte dagegen für die Ausrüstung der Artillerie zu sorgen und für den allgemeinen Lebensmittelnachschub. Außerdem mußte er den protestantischen Soldaten der Hilfstruppen Religionsfreiheit gewähren und die absolute Unabhängigkeit ihrer Befehlshaber anerkennen.

Zum Glück bewegten sich die türkischen Armeen so langsam vorwärts, daß es Leopold gelang, weitere Hilfstruppen zusammenzubringen, bevor die Türken auf seine eigenen Verteidigungskräfte gestoßen waren. Im September marschierten preußische und sächsische Truppen durch Österreich, um ihre Winterquartiere in Mähren und Ungarn zu beziehen. Im Januar 1664 stimmte der Reichstag endlich zu, eine 21.000 Mann starke Reichsarmee aufzustellen. Dies war ein großer politischer Sieg für Leopolds Agenten in Regensburg, auch wenn die Armee vorläufig nur auf dem Papier stand.

Die türkische Offensive in Ungarn begann im Frühling 1664. Montecuccoli versuchte verzweifelt, seine weitverstreuten Kräfte zu sammeln, was bei der Aufteilung der Befehlsgewalt keine leichte Aufgabe war. Die für den späten April geplante Truppenzusammenführung fand dann auch erst Mitte Juli statt, als Montecuccoli an die Raab vorrückte, wo ein türkischer Durchbruch zu befürchten war. Glückte dieser Durchbruch, dann stand den Türken der Weg nach Wien und Graz praktisch offen. Auf seinem Marsch zur Raab stieß nun endlich ein Kontingent der französischen Hilfstruppen unter dem Kommando von Prinz Coligny zu Montecuccoli. Aber so dankbar dieser auch angesichts des bevorstehenden Gefechts über die Vermehrung seiner Truppen sein mußte, die Teilung der Befehlsgewalt war für ihn ein schweres Problem, hemmte sie doch die Beweglichkeit seiner Truppen und die Schnelligkeit der Operationen. Prompt nutzten denn auch die Türken die Verwirrung unter den kaiserlichen Armeen und begannen am 1. August mit der Überquerung des Flusses in der Nähe des Klosters Sankt Gotthard. Die schlecht koordinierten und des Terrains unkundigen Kaiserlichen flohen verwirrt, aber Montecuccoli gelang es, Coligny und den Markgrafen Hermann von Baden-Baden, der die Reichstruppen befehligte, dazu zu bringen, die Türken zu gleicher Zeit mit allen zur Verfügung stehenden Kräften in einem Wäldchen anzugreifen, wo sie sich gerade zu einem erneuten Angriff sammelten. Der Überfall glückte, die Türken flohen zurück zum Fluß, und viele von ihnen ertranken in den Fluten. Köprülü mußte die Absicht, die restlichen Truppen über den Fluß zu führen, aufgeben.

Der Sieg bei Sankt Gotthard erwies sich als ein schwerer Schlag für die Türken, auch wenn sie zahlenmäßig in der Oberhand blieben. Ihre Elitetruppen hatten so starke Verluste erlitten, daß dem Großwesir praktisch nur noch eine Armee von schlecht ausgebildeten Hilfstruppen zur Verfügung stand. Bei Montecuccoli war die Situation genau umgekehrt. Seine Verluste lagen hauptsächlich bei den unerfahrenen Reichstruppen, deren Stabsoffiziere zum großen Teil verwundet oder tot waren. Dagegen hatten sich seine eigenen erprobten Einheiten gut gehalten und standen für den nächsten Einsatz bereit.[6] Zwar waren die Türken noch immer zahlenmäßig dreimal so stark wie die Kaiserlichen, aber sonst lagen alle Vorteile bei den Truppen Leopolds: Organisation, Schußkraft und Initiative. Und es gab noch ein hoffnungsvolles Zeichen: Der ungarische und kroatische Adel konnte sich plötzlich für die habsburgische Sache begeistern und war bereit, bei der Befreiung der besetzten Reichsgebiete mitzuhelfen.

Aber zur Überraschung und Empörung der Generäle wollte Leopold auf der Stelle Frieden schließen. Bereits zehn Tage nach dem Sieg vereinbarten seine Agenten, die schon während des Feldzugs mit Köprülü verhandelt hatten, bei Vasvár die Friedenspräliminarien. In dem Vertrag wurde den Türken weiter der Besitz Siebenbürgens und aller Teile Ungarns zugesichert, die sie vor Beginn der Feindseligkeiten besessen hatten. Und nicht nur, daß der Vertrag kein Kapital aus dem Sieg bei Sankt Gotthard schlug, er verpflichtete den Kaiser außerdem noch zu der Zahlung eines jährlichen „Geschenks“ von 200.000 Gulden an die Pforte.[7] Fürst Portia und die meisten Minister der Geheimen Konferenz traten für die Ratifizierung dieses demütigenden Friedens ein, auch wenn es so aussah, als hätte der Sieg nur eine Niederlage gebracht. Leopold hielt sich an ihren Rat und unterzeichnete den Vertrag am 7. September 1664. Die ungarischen Adligen waren außer sich vor Zorn. Jahrzehntelang wirkte sich dieser Vertrag auf die ohnehin komplizierten Beziehungen Leopolds mit diesen seinen unabhängigsten Untertanen nachteilig aus. Im allgemeinen haben selbst Leopolds Apologeten den Vertrag als einen politischen Schnitzer aufgefaßt, mit dem ein wertvoller Sieg für einen illusionären Frieden verspielt wurde.

Leopold selbst schrieb am 1. Oktober 1664 an seinen Cousin, den Erzherzog Sigmund Franz von Tirol, daß er gezwungen worden sei, „aus der Notwendigkeit eine Tugend“ zu machen, angesichts der Gefahr, in der sich Europa und das Haus Österreich durch Frankreich befinde. Denn man müsse damit rechnen, daß Frankreich sogleich seinen Vorteil aus der für Österreich schwierigen Situation ziehen würde. Dazu käme die Sorge um „unser Haus in Spanien“.[8] In diesem Sinn schrieb Portia auch an Pötting in Madrid, damit er den Spaniern die Situation erklären konnte; denn immerhin hatten sie Leopold

Truppen und Geld geschickt und waren jetzt wahrscheinlich ebenfalls enttäuscht über das magere Resultat eines so spektakulären Sieges.

Aber Leopolds Mißtrauen, das er Ludwig XIV. und der französischen Politik ganz allgemein gegenüber empfand, war während der endlosen Debatten auf dem Reichstag in Regensburg nur gewachsen und verstärkte sich, als die ersten französischen Truppen in Ungarn eintrafen. Denn ihre Offiziere hatten nichts Eiligeres zu tun, als mit den ungarischen Adligen zu fraternisieren. Dabei bestärkten sie sie nach Kräften in ihrer Unzufriedenheit mit der Wiener Politik. Leopold mußte feststellen, daß dieselben Magnaten, die jetzt unbedingt den Krieg fortsetzen wollten und heftige Kritik an seinem Frieden mit den Türken übten, sich an Montecuccolis Feldzug nur wenig beteiligt und bei der entscheidenden Schlacht bei Sankt Gotthard überhaupt durch Abwesenheit geglänzt hatten.

Dieses berechtigte Mißtrauen des Kaisers seinen Alliierten gegenüber war wohl das wichtigste Motiv für sein Bestreben, den Krieg so schnell wie möglich zu beenden. Ohne fremde Hilfe konnte er den Krieg nicht fortsetzen, sosehr er die Türken haßte und fürchtete, sowenig konnte er Ludwig XIV. und dem ungarischen Adel vertrauen. Nachdem er seine Entscheidung getroffen hatte, ertrug er in stoischer Ruhe den Sturm der Kritik und erklärte immer wieder geduldig seine Beweggründe. Seine ganze Aufmerksamkeit war bereits auf Frankreich und die Probleme seiner Dynastie gerichtet.

V. Österreich und Frankreich 1659–1673

Man kann sich kaum zwei verschiedenere europäische Herrscher vorstellen als Leopold I. und seinen lebenslangen Rivalen Ludwig XIV. Ihre Feindschaft war ihnen wie eine Blutfehde mitsamt den Traditionen ihrer Familien und den politischen Zielvorstellungen ihrer Reiche vererbt worden. Zu einer persönlichen Begegnung ist es nie gekommen. Der um zwei Jahre jüngere Leopold übernahm schon die Regierung, als Ludwig noch von Kardinal Mazarin in die Kunst der Staatsführung eingeführt wurde.[1] Aus politischen Gründen mit der ursprünglich Leopold zugedachten spanischen Prinzessin verheiratet, behandelte Ludwig seine Frau ihr Leben lang als ungeliebte, aber notwendige Last. Leopold fühlte sich durch diese Verbindung sowohl in seinem dynastischen Stolz als auch in seinem Sinn für Anstand verletzt. Ludwig war für ihn ein unerträglich arroganter Betrüger, dessen Falschheit nur durch seine dünkelhafte Verachtung für alle Regeln des guten Verhaltens übertroffen wurde. Ludwig dagegen hielt Leopold für einen aufgeblasenen Popanz, der ihm auf seinem Weg zum Ruhm nur im Wege stand. Auf Grund dieser gegenseitigen Fehleinschätzung haben sich beide Männer oft zu vorschnellen politischen Schritten hinreißen lassen.

Ihr langer Kampf um die Vorherrschaft begann bei der Kaiserwahl in Frankfurt, wo Leopold zum ersten Mal die Erfahrung machte, in welchem Maße die französische Diplomatie und Bestechungskunst frustrierend auf die habsburgischen Interessen wirken konnten. Seit dem Pyrenäenfrieden von 1659 ging in Europa das Gespenst einer französischen Thronfolge in Spanien um, und als Ludwig XIV., der nach Mazarins Tod 1661 selbst die Regierung in die Hand nahm, alles tat, um Philipp IV. dazu zu bewegen, Maria Teresas Verzicht auf die spanischen Thronrechte zu annullieren, fühlte sich Leopold in seinem Mißtrauen wieder vollauf bestätigt. Frankreich hatte nämlich Spanien einiges zu bieten, unter anderem den militärischen Beistand bei der Rückgewinnung Portugals, das sich 1640 für unabhängig erklärt hatte.

Ludwigs Bemühungen hatten gute Chancen, mit Erfolg gekrönt zu werden. Leopold war schon deshalb im Nachteil, weil er vorübergehend keinen Stellvertreter in Madrid hatte und seine Schwester, die spanische Königin, bisher wenig Einfluß auf politische Entscheidungen genommen hatte. Ganz abgesehen von der Tatsache, daß die Mitgift zwar versprochen, aber nicht bezahlt worden war, bestanden ernsthafte Zweifel darüber, ob eine Prinzessin überhaupt auf ihre Nachfolgerechte verzichten konnte. Im allgemeinen hatten dynastische Rechte vor allen Vertragsrechten Vorrang. Ludwig XIV. aber beschränkte sich nicht einmal auf die vertraglich festgelegten Rechte, sondern unterlegte seine Petition mit Drohungen. So verlangte er, daß Spanien die Franche-Comté und gewisse Teile der Niederlande abtrete. Der spanische Staatsrat aber lehnte es ab, diese Forderung auch nur in Erwägung zu ziehen. Dieser Schlagabtausch von 1662 zwischen Paris und Madrid war nicht mehr als ein erstes Scharmützel in der großen Krise der spanischen Erbfolge, aber er diente dazu, die französischen Ziele klar zu verdeutlichen. Leopolds Sorge um die Zukunft seines Hauses wuchs.

Obgleich es in diesem Duell eigentlich nur um die Interessen der Häuser Habsburg und Bourbon ging, war ganz Europa an seinem Ausgang interessiert. Noch zu Philipps Lebzeiten wurde von zahlreichen Staatsmännern die Möglichkeit erwogen, die verschiedenen Teile des gewaltigen spanischen Erbes so aufzuteilen, daß kein europäischer Staat zu übermächtig werden könnte. Schon 1663 untersuchte Reichskanzler Johann Philipp von Mainz verschiedene Pläne für eine Aufteilung des Erbes zwischen Ludwig XIV. und Leopold I., in der Hoffnung, auf diese Weise einen Krieg zu vermeiden, der sich sicher zum Nachteil der kleineren Staaten am Rhein auswirken würde.[2]

Die Teilung schien die naheliegendste und staatsmännisch einzig vertretbare Lösung des Problems zu sein, aber die Spanier selber dachten darüber ganz anders. Die Teilung des in Spaniens glorreicher Vergangenheit zusammengetragenen Erbes erschien den spanischen Ministern ein so absurder Vorschlag, daß sie jede Debatte darüber ablehnten. Leopold I., der die Spanier besser kannte als der Kurfürst von Mainz, vermutete, daß jeder Teilungsvorschlag den Staatsrat auf die Seite jedes Kandidaten bringen würde, und sei er ein Bourbone, der versprach, alles zusammen behalten zu wollen. Leopold lehnte also ab, einen derartigen Vorschlag zu machen, der seine Anhänger in Madrid um jeden Einfluß bringen und seine Heirat mit Margaretha noch weiter verzögern könnte. Es erschien ihm aber immer dringender, seine Ehe mit Margaretha so schnell wie möglich zu vollziehen, da alle Berichte aus Frankreich keinen Zweifel darüber bestehen ließen, daß Ludwig XIV. die spanischen Niederlande und möglicherweise auch die Franche-Comté an sich reißen würde, sobald Philipp IV. gestorben war. Leopold aber hoffte, daß aus seiner Ehe mit Margaretha zumindest ein Erbe hervorgehen würde, der die habsburgischen Thronrechte, basierend auf Philipps Testament, sicherstellen würde. Der Krieg mit den Türken kam ihm daher höchst ungelegen, und er fühlte sich geradezu verpflichtet, ihn möglichst schnell zu beenden.

Philipp IV. starb früher, als man erwartet hatte, im September 1665. Auf der Stelle verkündete Frankreich seine Ansprüche auf die Provinzen Flandern und Brabant, mit der Begründung, sie fielen Maria Teresa zu, weil ein altes flämisches Gesetz den Kindern aus erster Ehe Vorrang vor denen aus zweiter Ehe gäbe. So umstritten es war, für die Thronfolge privates Recht geltend zu machen,

Ludwig XIV. war dieses Gesetz höchst willkommen, da sowohl Margaretha als auch Karl II. von Spanien Kinder aus zweiter Ehe waren und nur Maria Teresa das einzig überlebende Kind aus der ersten. Mit dieser Initiative gelang es der französischen Regierung, das Gewicht zu ihren Gunsten zu verschieben.

Nach dem Tode Portias im Februar 1665 traf Kaiser Leopold die Entscheidung, ähnlich wie Ludwig XIV. ohne ersten Minister auskommen zu können.[3] Den Posten des Obersthofmeisters besetzte er mit dem Fürsten Lobkowitz, einem eingefleischten Vertreter der Ostpolitik, und machte Don Hannibal Gonzaga, einen lästigen Verwandten seiner Stiefmutter, zum Hofkriegsratspräsidenten. Indem er seinen französischen Rivalen, das Musterbild eines geschäftigen Monarchen, nachzuahmen versuchte, nahm er regelmäßig an den Sitzungen der Geheimen Konferenz teil und bestand auf seinem Recht, alle Entscheidungen selber zu treffen. In seiner Unerfahrenheit verwechselte er allerdings allzu häufig seine oberflächliche Aktivität mit wirklicher Tüchtigkeit und verschwendete viel Zeit und Energie mit den zeremoniellen Details seiner bald stattfindenden Hochzeitsfeierlichkeiten.

Das schwierige Problem, darüber nachzudenken, wie der französischen Herausforderung zu begegnen sei, dieses Problem hatte das diplomatische Korps zu erledigen, und hier vor allem Franz von Lisola, der nicht nur ein gewandter Diplomat, sondern auch ein gewandter Pamphletist war. In einer Reihe von beißenden Druckschriften stellte er Ludwig XIV. als Größenwahnsinnigen hin, der im Begriffe war, mit seiner Gier den Frieden in Europa zu zerstören. Leopold dagegen schilderte er als den Verteidiger der europäischen Freiheit, der dem ehrgeizigen Wunsch der Franzosen, eine universelle Monarchie zu errichten, mit Energie entgegentrat. Auf bescheidenere Weise dienten auch österreichische Agenten der Sache des Kaisers, indem sie Wien mit genauen Informationen über die französischen Truppenbewegungen versorgten, so daß die Wiener Regierung dem spanischen Statthalter in Brüssel, dem Grafen Castel Rodrigo, präzise Details über die französischen Invasionspläne zukommen lassen konnte. All dies nützte freilich nichts, denn Leopold dachte nicht daran, den Spaniern Hilfstruppen zu schicken, und Castel Rodrigo war nicht zu bewegen, seine Provinzen zu verteidigen.

Während die Franzosen sich auf die Invasion in die Niederlande vorbereiteten, nahm Leopold endlich seine spanische Braut in Wien in Empfang. Monatelang hatte der Wiener Hof Theateraufführungen, Prozessionen und Feuerwerke geprobt, und alle Mitglieder des hohen Adels, die noch in der Lage waren, ein Pferd zu besteigen, übten täglich die komplizierten Figuren des Roßballetts. Keiner konnte sich, auch wenn er noch so wichtige Ämter bekleidete, diesem freiwilligen Dienst entziehen, und so hüpften auch der junge Herzog Karl von Lothringen und General Montecuccoli als zwei der „Vier Elemente“ herum. Die Hochzeit selbst fand am 12. Dezember 1666 statt; die Festlichkeiten erstreckten sich über sechs Wochen.

Das Roßballett wurde im inneren Hof der Burg aufgeführt, für die italienischen Opern und die jesuitischen Musikspiele ließ Leopold den Architekten Burnacini ein „Comödien-Hauß“ auf der Cortina bauen. Dieses große Holzgebäude soll mehr als 100.000 Reichstaler gekostet haben[4] und faßte wahrscheinlich 1500 Besucher. In diesem Prunktheater, das 1667 fertig wurde und 1683 während der Türkenbelagerung abbrannte, fand 1667 die Uraufführung der berühmten Oper „Il pomo d'oro“ mit allem Aufwand der barocken Bühnenmaschinerie statt.

„Il pomo d'oro“ wird oft als Inbegriff höfischer Verschwendung zitiert, es war aber auch ein äußerst raffiniertes Mittel, Propaganda für die Habsburger zu treiben. Um die klassische Legende des Zankapfels hatten der italienische Hofdichter Francesco Sbarra und der Komponist Marc Antonio Cesti eine Handlung erfunden, die so reich an Zwischenfällen war, daß sie sogar Burnacinis ausgeklügelte Bühnenmaschinerie strapazierte. Fünfeinhalb Stunden lang stellten die Göttinnen alle möglichen Intrigen an, um für die Schönste von ihnen den begehrten Preis zu gewinnen und am Ende mit Jupiter übereinzustimmen, daß der Preis eigentlich Margaretha, der neuen Kaiserin, zukomme. Dieses hübsche, wenn auch maßlos übertriebene Kompliment war keine Überraschung für Leopold, der von Anfang an bei dieser Produktion mitgemischt und mehrere Arien komponiert hatte.[5]

Die Schlußszene war eine allegorische Verherrlichung des österreichischen Hofes. In der Mitte der Bühne erhoben sich die Statuen Leopolds und Margarethas, umgeben von den Bildern ihrer illustren Vorfahren. Die Szene sollte eine Anspielung auf das Faktum sein, daß Leopold der letzte männliche Sproß einer aussterbenden Dynastie war. Aber hinter dem kaiserlichen Paar reihten sich die Bilder einer reichen und glücklichen Nachkommenschaft, die freudig von allegorischen Figuren begrüßt wurden, und diese stellten nicht nur die Erblande, sondern auch die befreundeten ausländischen Mächte dar, an vorderster Stelle die Besitzungen der spanischen Habsburger.

Während in Wien Feste gefeiert und Propaganda betrieben wurde, bereitete sich Ludwig XIV. darauf vor, seine Ansprüche auf die Niederlande mit militärischer Gewalt durchzusetzen. Im Mai 1667 überschritten seine Truppen die Grenze, marschierten hinter Rodrigos unbesetzten Verteidigungslinien so weit in die Provinz hinein, daß Frankreich am Verhandlungstisch nun die weitaus stärkste Position einnehmen konnte. Daß Ludwig XIV. die Niederlande und die Franche-Comté in seinen Besitz bringen wollte, war nunmehr allen klar. Und noch etwas schien man aus seinem Vorgehen ableiten zu können: daß er zum gegebenen Zeitpunkt auf keinen Fall wegen dieser beiden Provinzen einen allgemeinen Krieg riskieren wollte.

Kaiser Leopold empfand die Beleidigung, die ihm als Oberhaupt der Dynastie von Ludwig XIV. zugefügt wurde, sehr schmerzlich. Seine Minister hingegen ließen die spanischen Angelegenheiten ziemlich kalt. Fürst Lobkowitz war nach wie vor ein starker Befürworter der Ostpolitik und hielt eine österreichische Aktion in den spanischen Niederlanden für wenig sinnvoll. Sein Plan war es, die Franzosen zu einem Kompromiß zu bewegen. Die spanische Position in Belgien durfte nicht ernsthaft geschwächt werden, und Leopold mußte sich darauf konzentrieren können, seine Macht im Osten zu erweitern.

Lobkowitz war so geschickt, sich selbst aus den heiklen Verhandlungen herauszuhalten und statt dessen seinen Rivalen in der Konferenz, Fürst Auersperg, in die Gesprächsrunden mit Grémonville, dem französischen Gesandten in Wien, zu schicken. Und es war denn auch nicht weiter verwunderlich, daß sowohl Auersperg als auch Kaiser Leopold von Grémonville an die Wand gespielt wurden; denn der französische Gesandte wußte genau, daß der Kaiser es sich nicht leisten konnte, mit Frankreich eine offizielle Vereinbarung zu treffen, die in Madrid als Teilung des spanischen Erbes interpretiert werden würde. Der vor Eitelkeit blinde Auersperg ließ sich gegen die vagen Aussichten auf französische Unterstützung bei seinen Bemühungen um einen Kardinalshut Punkt für Punkt seines Programms abringen.

Bis Januar 1688 bastelten Auersperg und Grémonville an ihrem Vertrag, der, wäre er wirklich ratifiziert worden, ein geheimes Abkommen zwischen Ludwig XIV. und Leopold I. über die Teilung des spanischen Reichs untereinander gewesen wäre, für den Fall, daß Karl II. kinderlos sterben würde. Leopold I. hätte den größten Teil des Reiches geerbt, Ludwig XIV. hätte die Niederlande, Neapel, die Franche-Comté, Navarra und die Philippinen bekommen.[6] So vernünftig dieses Arrangement auch aussah, sosehr es glühenden Pazifisten wie Johann Philipp von Mainz auch gefallen mußte, es konnte weder von den Spaniern selbst, die damit einer Zerstückelung ihres Königreichs zugestimmt hätten, noch von Leopold I. akzeptiert werden, der kaum hoffen konnte, seinen Teil vor dem unbremsbaren Besitzhunger Frankreichs schützen zu können.

Der Vertrag wurde nie unterzeichnet, aber die Spanier hatten trotz der strengsten Geheimhaltedevisen Wind davon bekommen. Die Folge war, daß Maria Anna fast die Regentschaft abgenommen wurde, daß der österreichische Einfluß am spanischen Hof für mehrere Jahre dahin war und daß der Staatsrat nun bereit war, mit Frankreich Frieden zu schließen. Der Krieg endete somit sehr günstig für Frankreich, allerdings beantwortete der Vertrag nicht die von Ludwig XIV. anfangs gestellten Ansprüche auf die ihm legitim zustehenden Anteile des spanischen Erbes.

In Wien benutzte Lobkowitz das spanische Fiasko, um seinen Rivalen Auersperg nun gänzlich zu zerstören. Die gegen Auersperg erhobenen Anklagen liefen auf Hochverrat hinaus, aber sie waren nicht aufrechtzuerhalten, ohne den Kaiser selbst zu belasten. Dieser empfand zwar keine besondere Sympathie für Auersperg, zögerte aber, ihn aus der Konferenz zu entlassen, und hätte am liebsten die ganze Angelegenheit einer gerichtlichen Untersuchung überlassen. Dieses konnte er jedoch nicht tun, ohne alle Details des Teilungsvertrags zu enthüllen und zuzugeben, daß er sie gekannt hatte. Schließlich enthob der Kaiser am 10. Dezember 1669 nach schweren Gewissenskämpfen den Fürsten aller seiner Ämter und verbannte ihn von seinem Hof.[7] Auersperg zog sich nach Laibach zurück, wo er noch vor Ablauf eines Jahres starb.

Jetzt, im Jahre 1669, schien Lobkowitz auf der Höhe seiner Macht zu stehen. Nachdem sein gefährlichster Rivale in Ungnade gefallen war, gab es niemanden in der Geheimen Konferenz, der seine führende Rolle ernsthaft bedroht hätte. 1668 war Montecuccoli der Konferenz beigetreten, da er Gonzaga als Hofkriegsratspräsident abgelöst hatte, aber der betagte General hielt sich als Spezialist und Techniker aus den Intrigen der Hofpolitik streng heraus. Neben ihm gab es aber seit 1667 noch einen starken Charakter in der Konferenz. Das war der neue Kanzler, Dr. Johann Paul Hocher. Hochers Fähigkeiten fanden sehr bald die Anerkennung des Kaisers, seine bürgerliche Abkunft jedoch sorgte dafür, daß er den aristokratischen Cliquen am Hof immer ein Fremder blieb.[8] Und da er zur Zeit nicht darauf aus war, Lobkowitz zu reizen, hielt sich der neue Kanzler vorsichtig zurück. Da der Kaiser es infolgedessen mit einer Konferenz zu tun hatte, die ganz Lobkowitz und der Ostpartei ergeben war, hielt er sich immer mehr an den Rat eines vertrauten Freundes, des Kapuzinermönchs Emmerich Sinelli. Der geistige Beistand dieses Mannes half dem Kaiser über eine neue Serie von schweren persönlichen Unglücksfällen hinweg.

Die Jahre von 1668 bis 1673 waren bittere Jahre für Leopold I. Im September 1667 hatte ihm Margaretha einen Sohn, Ferdinand Wenzel, geboren, aber das Kind starb, bevor es noch fünf Monate alt war. Im Januar 1669 wurde ihm ein zweites Kind geboren, Maria Antonia; und diese Tochter sollte allein von den Kindern aus der Ehe mit der Spanierin überleben. Ein zweiter Sohn, Johann Leopold, kam 1670 zur Welt, starb jedoch unmittelbar nach seiner Geburt. Zu Anfang des Jahres 1670 erkrankte zu allem Unglück Leopold I. auch noch selbst so schwer, daß man um sein Leben fürchtete und die Dynastie in Gefahr war, auszulöschen. Der Kaiser erholte sich zwar, aber am 12. März 1673 starb Margaretha, mit der er eine glückliche Ehe geführt hatte.

Die offen zutage tretende Gebrechlichkeit des Hauses Österreich gab zu allerlei gefährlichen politischen Spekulationen Anlaß. Frankreich ergriff die Gelegenheit, um wieder zu Einfluß bei den deutschen Fürsten zu kommen, und unterbreitete ihnen verführerische Pläne für eine Zerstückelung Österreichs. 1669 gelang es Ludwig XIV., Brandenburg in eine Allianz zu locken; er versprach ihm dafür, die Ansprüche des Kurfürsten auf Schlesien zu unterstützen. Auch Bayern ging im nächsten Jahr denselben Weg, hochbezahlt und mit der vagen Aussicht auf gewisse Teile Österreichs. Und Leopold, der seinen Königreichen und Ländern noch nicht einmal einen Thronfolger bieten konnte, hatte wenig Mittel, um etwas gegen die Franzosen zu unternehmen, deren größter diplomatischer Coup darin bestand, daß sie gerade die zwei mächtigsten deutschen Staaten „neutralisierten", die in der Vergangenheit Österreich häufig gegen seine Feinde im Osten und Westen unterstützt hatten.

Nachdem er also jede ernsthafte Opposition zu seinen Plänen diplomatisch beseitigt hatte, besetzte Ludwig XIV. im April 1670 das Herzogtum Lothringen und durchschnitt damit die direkten Verbindungslinien zwischen den spanischen Niederlanden und der Franche-Comté. Dieser Schlag war genau kalkuliert. Während nämlich die Besetzung Lothringens für die habsburgischen Interessen eine Katastrophe bedeutete, war sie für die deutschen Fürsten jenseits des Rheins nicht übermäßig schockierend. Der Kaiser gewährte nun seinem alten Verbündeten, dem Herzog von Lothringen, Asyl, aber er konnte keine Armee entsenden, die das Herzogtum wieder zurückerobert hätte; denn seine eigenen Truppen mußte er für den Fall einer Rebellion in Ungarn bereithalten. Nur Montecuccoli vertrat in der Geheimen Konferenz ein energischeres Vorgehen gegen Frankreich, aber sein Einfluß war zu gering, um sich gegen die Beschwichtigungspolitik von Lobkowitz und Hocher durchzusetzen. Der Kaiser schloß sich der Ansicht seines Obersthofmeisters und Kanzlers an und begnügte sich damit, auf dem langen Sündenregister des Königs von Frankreich ein weiteres Vergehen einzutragen.

Franz von Lisola versuchte der Westpolitik wieder Auftrieb zu geben, indem er eine Allianz mit den Engländern und Holländern gegen Frankreich zu bilden versuchte, aber die Resultate waren enttäuschend. Gerade zu dem Zeitpunkt, als Ludwig XIV. sich in Bewegung setzte, um Lothringen zu besetzen, wurde bekannt, daß Charles II. von England zu einer Verständigung mit Frankreich gekommen war. So befand sich der Kaiser in einer politischen Sackgasse, und da er zudem ohne Truppen und ohne Geld dastand, willigte er ein, mit Frankreich einen Handel abzuschließen, indem er am 13. November 1671 einen geheimen Neutralitätsvertrag unterzeichnete, der Ludwig XIV. in der Tat die Freiheit gab, die Holländer vom Westen her anzugreifen und die starken spanischen Grenzbefestigungen zu umgehen. Als jedoch die Invasion im April 1672 wirklich begann, änderte sich mit einem Schlag die politische Landschaft. Plötzlich traten schwache Stellen in der so vollkommen scheinenden französischen Vorbereitungsarbeit auf.

Der erste, der mit Frankreich brach, war der Kurfürst von Brandenburg, der mit Ludwig XIV. während seines Krieges mit Spanien auf gutem Fuß gestanden war, aber nun beschloß, die Holländer zu unterstützen, mit denen ihn starke familiäre und religiöse Bande verknüpften. Friedrich Wilhelm versuchte auch, allerdings ohne Erfolg, die protestantischen deutschen Fürsten für die Holländer zu gewinnen. Daraufhin wandte er sich an Österreich. In Wien schlug die Stimmung um. Der ungarische Aufstand war niedergeschlagen worden, der Krieg im Westen erschien nun so bedrohlich, daß Leopold im Juni 1672 einen Vertrag mit Brandenburg unterzeichnete, der beide Partner dazu verpflichtete, 12.000 Mann innerhalb von zwei Monaten zur Verteidigung des Reichs aufzustellen.[9] Es handelte sich dabei um einen reinen Verteidigungspakt. Weder die Franzosen noch die Holländer wurden erwähnt; aber es war dies ein bedeutsamer Schritt weg von der Ostorientierung der österreichischen Politik. Es war ein Schritt, den Leopold als ermutigend empfand.

Die neue politische Richtung wurde von der spanischen Partei am Wiener Hof befriedigt zur Kenntnis genommen; denn im Februar 1672 hatte sich Spanien zur allgemeinen Überraschung mit seinen ehemals rebellischen holländischen Provinzen verbündet. Diese Allianz konnte den Kaiser in seinem instinktiven Wunsch, den Holländern gegen die Franzosen zu helfen, nur bestärken. So war es also aus Sorge um das Familienunternehmen wieder einmal zur Zusammenarbeit der beiden habsburgischen Häuser gekommen. Aber auch die deutsche Partei wurde tätig. Sie wurde am Wiener Hof von Markgraf Hermann von Baden repräsentiert, der sein Land verlassen hatte, um am Kaiserhof eine militärische oder sonstige Position zu finden, die seinem hohen Rang entsprochen hätte. Aber hier am Hof empfand man seine Art, mit der er ununterbrochen seine Dienste anbot, eher als lästig. Er vertrat aber den genau umgekehrten Standpunkt zu dem, was in der von Lobkowitz dominierten Geheimen Konferenz vertreten wurde. Nicht nur, daß er merkantilistische Reformen vorschlug, er sagte auch, es sei im Notfall besser, den Türken etwas abzutreten, was man jederzeit wiedergewinnen könne, als Frankreich etwas zu überlassen; denn dies sei für immer verloren.[10] Im Zuge der Ereignisse fanden die Worte Badens jedoch immer mehr Anhänger, und in der Geheimen Konferenz erkühnte sich General Montecuccoli, seine Analysen der militärischen Situation mit Aufrufen zu kriegerischen Aktionen gegen Frankreich zu würzen.

Als sich in Wien die Nachrichten von französischen Erfolgen in den Vereinigten Niederlanden häuften, willigte Leopold endlich ein, Montecuccoli mit einer kleinen Streitmacht an den Rhein zu entsenden. Man hoffte, allein durch seine Präsenz die Franzosen von weiteren Aktionen abzuhalten, während Lisola eine Allianz mit den Holländern aushandeln sollte. Aber Montecuccolis Bluff verfehlte seine Wirkung auf die Franzosen. Im Gegenteil, diese forderten frech, Leopold solle sich an den Vertrag von 1671 halten und seine Truppen auf der Stelle zurückziehen. Fürst Lobkowitz spielte indessen ein gefährliches Doppelspiel: Nach außen hin schien er den Wunsch zur Intervention, der in der Konferenz nun vorherrschte, zu teilen, aber privat informierte er Grémonville, daß die Expedition an den Rhein nur Theater gewesen sei. Inzwischen gelang es ihm, mit allen möglichen Mitteln die Ratifizierung der holländischen Allianz bis Dezember 1672 zu verzögern. Dabei war inzwischen die Stimmung am Hof so sehr für den Krieg gegen Frankreich, daß Lobkowitz mit seiner aggressiven Ostpolitik und seiner Tendenz zur Beschwichtigung im Westen praktisch allein stand.

Im April 1673 kehrte Montecuccoli von seiner erfolglosen Demonstration am Rhein nach Wien zurück. In der Konferenz trat nun Kanzler Hocher offen an seine Seite und griff Lobkowitz wegen des Neutralitätsvertrages von 1671 an. Der Obersthofmeister machte gute Miene zum bösen Spiel und gab sich als Befürworter des Krieges. Aber sein Einfluß auf den Kaiser nahm sichtbar ab. Sein Fehler war gewesen, den Einfluß Frankreichs auf die Feinde des Kaisers im Osten zu unterschätzen, auf die Türken und die rebellischen Ungarn und Polen. Montecuccoli, sein neuer Verbündeter Hocher und der Markgraf von Baden hatten dagegen klar erkannt, daß das expansionslüsterne Frankreich jedes Mittel ergreifen würde, um Österreich im Osten Schwierigkeiten zu bereiten.

Im August 1673 schlossen Leopold I. und seine spanischen Verwandten einen Vertrag, der dem Kaiser das nötige Geld zur Vergrößerung seiner Armee versprach. Nun erst konnte er offen gegen Frankreich agieren. Schon nach vier Wochen marschierten die kaiserlichen Truppen aufs neue an den Rhein, und Leopold wandte sich in einem ergreifenden Aufruf an den Reichstag. Es ging um die Verteidigung des Reiches gegen Frankreich. Der so begonnene Krieg sollte bis zum Ende von Leopolds Regierung dauern und nur von zwei Waffenstillständen unterbrochen werden, die von 1679 bis 1688 und von 1697 bis 1700 dauerten.

Leopold I. hatte angesichts seiner schwachen Streitkräfte lange gezögert, sich auf einen Krieg gegen Frankreich einzulassen. Er griff erst ein, nachdem die Franzosen die Holländer besiegt hatten und sich Spanien zu substantiellen Hilfeleistungen entschlossen hatte. Und immer noch zögerte er, sich mit den protestantischen Seemächten gegen das katholische Frankreich zu verbünden, sosehr er auch Ludwig XIV. haßte. Er mußte erst schwere Gewissensskrupel beseitigen, wobei ihm die spanische Allianz mit den Holländern sehr half, bevor er sich dazu entschloß, sich den Reichtum Englands und der holländischen Republik zunutze zu machen. In diesem Augenblick war Österreichs Zukunft als Großmacht gesichert.

VI. Aufstand in Ungarn

Ungarn war eine Nation, und als solche hatte sie sich lange Zeit in der Kunst des Überlebens geübt und sich der Gegnerschaft ihrer Besetzer, der Habsburger und der Türken, zu bedienen gewußt. Im habsburgischen Ungarn besaß der Kaiser weder die militärische noch die administrative Macht, um die Magnaten, die die nationalen Angelegenheiten beherrschten, zu umgehen. Er war gezwungen, durch sie und mit ihnen zu arbeiten. Der ungarische Palatin, der in Abwesenheit des Königs als Vizekönig regierte, hatte mehr Freiheiten und mehr Macht als jedes andere Mitglied der königlichen Verwaltung. Die Magnaten bildeten zusammen eine der „Tafeln" des ungarischen Reichstags.

Wenn nicht gerade der Reichstag tagte, dann übten die Magnaten ihre Macht durch die Komitatsversammlungen aus. Auch der permanente Kriegszustand entlang der Grenze diente dazu, die Organisation der Komitate zu stärken; denn mit den kleineren Überfällen mußten die Komitatsbehörden selber fertig werden. Viele Jahre lang wiegten sich daher die Magnaten in dem Glauben, alle öffentlichen Angelegenheiten inklusive der Verteidigung des Königreichs sei Sache der Komitate. Stolz verbaten sie sich daher bei der Krone die Intervention „fremder" Truppen, wobei es sich meistens um deutsche handelte. Der kaiserliche Hofkriegsrat konnte weder die Miliz der Komitate kontrollieren noch über sie verfügen, das war auf die Dauer ein gefährlicher Zustand; denn damit waren den Behörden Waffen in die Hand gegeben, die von rebellischen Führern leicht gegen die königliche Autorität eingesetzt werden konnten.

Zur ersten unangenehmen Auseinandersetzung Leopolds mit dem ungarischen Adel kam es nach dem Friedensschluß von Vasvár 1664.[1] Dieser Vertrag erschien vielen Ungarn als Verrat und als Ausverkauf ihres Sieges. Vor allem aber sahen sie sich in ihrem Ehrgeiz frustriert, durch Eroberungen in Türkisch-Ungarn ihren Besitz zu vermehren. Die Erklärungen des Kaisers machten die Sache nur schlimmer, denn mit Recht erkannten sie, daß ihr eigener König die ungarischen Interessen dem Krieg im Westen geopfert hatte. Sie waren zutiefst in ihrem nationalen Stolz gekränkt.

Der Palatin Niklas Zrinyi und sein Bruder Peter, die beide aus einer alten, mächtigen katholischen Magnatenfamilie mit großem Grundbesitz in Kroatien stammten, gaben ihrer Empörung über Portias Frieden offen Ausdruck. Verbittert zog sich Niklas im November 1664 auf seine Güter zurück, wo er bei einer Wildschweinjagd ums Leben kam. Sein Erbe und Nachfolger Peter nahm den Waffenstillstand mit den Türken nicht zur Kenntnis und begann Raubzüge über die türkische Grenze zu organisieren. In kurzer Zeit hatte er sein ohnehin großes Vermögen durch Plünderung und Lösegelder erheblich vergrößert und hielt sich eine private Kavallerie, die bald viertausend Mann stark war.

Zrinyis Privatkrieg war eine offene Brüskierung der von der Krone betriebenen Beschwichtigungspolitik und gefährdete zur gleichen Zeit die wirtschaftlichen und kommerziellen Zugeständnisse, die dem Kaiser in Vasvár gemacht worden waren. In Wien war zum Beispiel 1666 die „Orientalische Handelscompagnie“ gegründet worden, die den direkten Handel von der unteren Donau nach Konstantinopel sicherstellen sollte. 1668 fuhren bereits kleine Frachtschiffe mit Luxusgütern die Donau hinauf und hinunter, während sich von Südungarn gewaltige Viehherden nach Österreich in Bewegung setzten. Dieser Vorstoß der österreichischen Wirtschaft in den Balkan hing nun aber nicht nur vom Wohlwollen der Pforte, sondern auch vom guten Willen der mächtigen Paschas in Buda und Belgrad ab. Das dreiste Betragen der Banden Zrinyis war nicht gerade dazu angetan, die Laune der Paschas zu heben.[2]

Vergeblich versuchte Wien, die Magnaten zur Räson zu bringen, aber mit Schimpfen und Drohen war nichts getan. Die Wiener Schelte führte lediglich dazu, daß in Kroatien ein Aufstand gegen die königlichen Steuereintreiber ausbrach und sich um Zrinyi eine konspirative Junta bildete. Unter den Führern befanden sich auch der neue Palatin Franz Wesselényi sowie Fürst Franz Rákóczi I., der Sohn Georgs II. von Siebenbürgen und Schwiegersohn von Peter Zrinyi, außerdem Thomas Nádasdy, einst ein persönlicher Günstling Leopolds I., und schließlich Franz Frangepáni, ein immens reicher kroatischer Aristokrat. Diese stolzen Individualisten hatten sich aus sehr verschiedenen Motiven zusammengefunden. Nur in einem waren sie sich einig, in dem unbändigen Wunsch nach Unabhängigkeit von der habsburgischen Herrschaft. Daher legten sie größten Wert darauf, den Wahlcharakter ihrer Krone zu betonen, und zögerten nicht, die königlichen Güter in Ungarn und Kroatien untereinander aufzuteilen. Um eventuellen österreichischen Racheaktionen vorzubeugen, boten sie ihre kleinen Königreiche dem türkischen Sultan als Lehen an, da er ja rein theoretisch Fürst von Siebenbürgen war, aber der Sultan weigerte sich vernünftigerweise, in diese Angelegenheit hineingezogen zu werden, worauf die Verschwörer versuchten, das Interesse Ludwigs XIV. zu wecken. Auch hier stießen sie auf wenig Gegenliebe.

Da die meisten unzufriedenen Adligen außer der antihabsburgischen Einstellung über wenig Gemeinsames verfügten, hatten sie mit ernsten Führungsproblemen zu kämpfen. Die ungarischen Lutheraner und Calvinisten mißtrauten der katholischen Adelsclique um Zrinyi, und der Palatin Wesselényi haßte seinen Kollegen Nádasdy, den Präsidenten des ungarischen Gerichtswesens. Der französische Gesandte Grémonville, an den die Junta sich zu wiederholten Malen gewandt hatte, mokierte sich über die unrealistischen

Zukunftsvisionen der Aufständischen und über ihr totales Unverständnis der europäischen Politik im weiteren Sinne. Die persönlichen Animositäten und Kontroversen zwischen den Juntamitgliedern beraubten die Verschwörung aller Erfolgschancen, meinte Grémonville.

Wien war von Anfang an über das Ausmaß und die Ziele der Verschwörung informiert; denn immer wieder verrieten sich die Verschwörer gegenseitig bei der Regierung und hofften, dafür belohnt zu werden.[3] So war der Kaiser in der Tat sehr gut informiert. Er hielt sich aber deshalb sehr lange zurück, weil er und die meisten seiner Minister die Junta für ein kindisches und relativ harmloses Unternehmen hielten. Daß gewisse Magnaten etwas gegen die habsburgische Autorität, genauer gesagt, gegen jede Autorität hatten, war zu gut bekannt, um noch kommentiert zu werden. Als sich zudem 1668 ziemlich klar herausstellte, daß die Franzosen einen allgemeinen Aufstand in Ungarn nicht unterstützen würden, es sei denn durch ein paar freundliche Worte und bescheidene Geldsummen, schien die Gefahr wirklich nicht sehr groß.

Aber im Frühling 1670 änderte sich die Situation auf ominöse Weise. Überall in Ungarn tauchten in alarmierender Menge aufrührerische Pamphlete auf, und in Wien kursierte das Gerücht, protestantische Prediger in Oberungarn hätten auf der Kanzel Gott gedankt, daß es den Türken endlich nach dreiundzwanzigjähriger Belagerung von Candia gelungen sei, die Venezianer aus Kreta zu vertreiben. Denn nun seien sie endlich frei, „Ungarn aus der papistischen Sklaverei" zu befreien. Als Rákóczi die protestantischen Komitatsvertreter aufrief, sich im Februar in Kaschau (Košice) zu versammeln, erschien plötzlich die Möglichkeit einer Rebellion auf konfessioneller Basis bestürzend real.

Leopold I. rief nun seinerseits die Stände von Oberungarn zu einem Treffen am 16. März in Neusohl (Banská Býstrica) zusammen, sie lehnten jedoch ab, auf Befehl des Königs zusammenzukommen. Die Geheime Konferenz war nun überzeugt, daß die Ungarn nur auf den Aufruf zum allgemeinen Aufstand warteten, und beschloß in den außerordentlichen Sitzungen vom 20. und 27. März, dem Aufstand zuvorzukommen. In ungewohnter Eile wurden in der Steiermark stehende Truppen nach Kroatien geschickt, von Schlesien Kavallerie nach Oberungarn abgezogen, während weitere Truppeneinheiten von Österreich, Böhmen und Mähren an die Waag (Váh) geschickt wurden. Nun war Fürst Lobkowitz mit seiner Ostpolitik wieder tonangebend. Auf seinen Rat ließ der Kaiser an Zrinyi und die anderen Führer des Aufstands Botschaften ergehen, in denen von „kaiserlicher Milde" die Rede war, man realisierte anscheinend nicht, daß hier mit Vergebung nichts mehr auszurichten war. In der Tat traf bald darauf die Nachricht in Wien ein, daß die Magnaten wirklich zum Aufstand aufgerufen hatten, worauf Leopold per Dekret die Reichsacht über Zrinyi und Frangepáni aussprach und einen Preis auf ihre Köpfe aussetzte. Ihre Güter wurden für konfisziert erklärt, und das Amt des Ban von Kroatien wurde Frangepáni abgenommen und Niklas Erdödy, einem durch und durch verläßlichen Magnaten, verliehen.

Während die Konferenz auf neue Nachrichten aus Ungarn wartete, wurde ihr aus der Steiermark mitgeteilt, daß ein steirischer Edelmann, Graf Hans von Tattenbach, nicht nur der Liebhaber von Zrinyis Frau, sondern auch einer der Mitverschwörer war. Die Grazer Behörden stellten ihn sofort unter Arrest und beschlagnahmten seine ausführliche Korrespondenz mit den ungarischen Rebellen. Der Tag seiner Festnahme, der 22. März, war auch der Tag, an dem General Herberstein mit den militärischen Operationen in Ungarn begann. In Kroatien brach der Aufstand schnell zusammen, und da der Pascha in Pest sich weigerte, seinen Beistand zu leisten, resignierten Zrinyi und Frangepáni und lieferten sich, eingedenk des früher an sie ergangenen Angebots kaiserlicher Milde, der Gnade des Kaisers aus. Am 18. April trafen sie in Wien ein, um zu hören, daß des Kaisers Nachsicht ebenso wie seine Geduld zu Ende gegangen war.

Mit der Rebellion in Nordostungarn war hingegen nicht so schnell fertig zu werden. Am 9. April riefen Rákóczi und Stephan Bocskai die Miliz der Komitate zum Widerstand gegen die Monarchie auf. Rebellentruppen durchzogen das Land, nahmen mehrere kleinere Festungen ein und konnten einige isolierte österreichische Truppeneinheiten aufreiben. Ihr größter Coup war die Entführung Ernst Rüdiger von Starhembergs, des Gouverneurs der königlichen Feste Tokay. Rákóczi hatte sich wie Zrinyi insofern verrechnet, als er angenommen hatte, die Türken würden ihm in dem Moment, da er sich offen gegen die Krone empörte, zu Hilfe kommen. Dem war aber nicht so, ebensowenig gelang es den Aufständischen, die vorsichtigen protestantischen Städte für ihre Sache zu gewinnen oder etwa die gutausgerüsteten Besatzungen von Tokay und Szatmár (Sathmar). Als daher die Rebellen im Norden von Zrinyis Kapitulation im Süden erfuhren, beschlossen sie am 1. Mai, sich ebenfalls dem Kaiser zu ergeben, allerdings nicht, ohne eine lange Liste von Beschwerden vorzulegen.

Von Mai bis August 1670 gewannen nun General Spork und Karl von Lothringen alle Festungen, welche die rebellischen Magnaten erobert hatten, wieder zurück. Dabei fiel ihnen ein großer Teil der geheimen Korrespondenz der Verschwörer in die Hände. Da der Kampf für Leopold I. recht glimpflich verlaufen war, entschloß er sich, Milde walten zu lassen, und hoffte, dadurch die Loyalität der Rebellen zurückzugewinnen. Es scheint, daß der neue Primas von Ungarn, Erzbischof Szelepcsényi von Esztergom, und Fürst Lobkowitz ihn in dieser Ansicht unterstützt haben, beide jedoch dem Kaiser rieten, das Regierungssystem in Ungarn gründlich zu revidieren. Es lagen jedoch so schwerwiegende Beweise gegen die Anführer der Rebellion vor, daß man unmöglich auf reguläre Prozesse gegen sie verzichten konnte. Und im Lauf dieser Prozesse kam es zu so sensationellen Enthüllungen, daß die Strafverfolgungen und Vergeltungsmaßnahmen nicht mehr aufzuhalten waren.

Die Untersuchung gegen Zrinyi und Frangepáni führten Kanzler Hocher und der Sekretär der Geheimen Konferenz, Christoph Abele. Beide gingen mit außerordentlicher Sorgfalt vor, während keiner der Rebellen vor Gericht eine gute Figur machte. Zuerst leugneten sie, dann, konfrontiert mit ihrer eigenen Korrespondenz, beschuldigten sie einander. Auf Grund der vorliegenden Beweise, aus denen hervorging, daß ein Mordanschlag auf Leopold I. geplant war, wurde die Anklage formuliert, welche einem Sondergericht, dem „judicium delegatum", vorgelegt wurde. Dieses setzte sich aus zwölf hohen Beamten zusammen. Keiner von ihnen war Ungar.[4]

Der ungarische Kanzler, Thomas Pálffy, brachte nun vor, daß ungarische Adlige nur vom ungarischen Landtag verurteilt werden dürften, aber Erzbischof Szelepcsényi stimmte Hocher zu, daß die Rebellion gegen die Krone vor ein Sondergericht gehöre. Der Prozeß dauerte mehrere Monate. Die Beweislast sprach jedoch eine so klare Sprache, daß die Verteidigung sich darauf beschränken mußte, die Prozeßführung an sich zu bemängeln. Im April 1671 wurden Zrinyi, Nádasdy und Frangepáni zum Tode verurteilt und ihre Güter zum Staatseigentum erklärt. Die Anklage lautete auf Majestätsbeleidigung, Rebellion und Hochverrat. In der Hoffnung, man könne die Todesstrafe umgehen, ließ Leopold I. das Urteil von einer weiteren Kommission prüfen, die sich aus Geheimen Räten und hohen Beamten zusammensetzte. Aber auch hier stimmte die Mehrheit für den Vollzug der Strafe. Schließlich sprach sich auch die Geheime Konferenz, die in Leopolds Anwesenheit am 25. April tagte, energisch gegen Milde aus, worauf dem Kaiser nichts anderes übrigblieb, als die Todesurteile zu unterzeichnen. Am 30. April 1671 trat Nádasdy in Wien vor den Richtblock, Zrinyi und Frangepáni in Wiener Neustadt. Über Tattenbach war dasselbe Urteil von der Grazer Gerichtsbehörde gefällt worden. Auch in diesem Fall mußte die Geheime Konferenz den Kaiser bereden, das Urteil vollstrecken zu lassen, und Tattenbach wurde am 1. Dezember enthauptet. Leopold I. schrieb an Pötting, daß er gerne hätte Milde walten lassen, sich aber nicht hätte sagen lassen können, er mache einen Unterschied zwischen seinen deutschen und seinen ungarischen Untertanen.[5]

Die Untersuchungen hatten ergeben, daß die Verschwörung offensichtlich in ganz Ungarn Sympathisanten besessen hatte. Mit allen, die irgendwie in Frage kamen, hatten die Verschwörer nämlich Briefe gewechselt. Um all diesen Hinweisen nachzugehen, wurde mit Leopolds Einwilligung eine besondere Kommission in Preßburg gegründet, deren Leiter Graf Rottal war. Wieder fürchtete der ungarische Kanzler, Graf Pálffy, für die Unabhängigkeit der ungarischen Justiz und beantwortete diese Verletzung seiner Autorität dadurch, daß er ebenfalls Untersuchungen einleitete, Hunderte von verdächtigen Rebellen festnehmen und ihre Güter konfiszieren ließ.

Die damals in Ungarn wütende Verfolgungssucht ist nur verständlich, wenn man bedenkt, wie nervös einerseits die Stimmung am Wiener Hof war und wie sehr es andererseits die loyalen ungarischen Beamten danach drängte, sich ihre Unabhängigkeit zu bewahren. Auf beiden Seiten gab man sich anfangs alle Mühe, im Rahmen der Legalität zu bleiben, aber schon sehr bald trieb der Wettbewerbsgeist die beiden Kommissionen zu Massenverhaftungen, und schon die kleinste Verdächtigung führte unweigerlich dazu, daß dem Unglücklichen von einer der beiden Kommissionen der Prozeß gemacht wurde. Die meisten Beschuldigungen richteten sich gegen die protestantischen Adeligen und gegen die protestantischen Prediger und Lehrer. Ende 1672 dürften etwa 2000 Leute festgenommen worden sein. Viele Angehörige des Adels und viele Protestanten entzogen sich dem immer enger werdenden Netz durch die Flucht nach Siebenbürgen oder Türkisch-Ungarn.

Graf Rottal, der als erster erkannte, daß die Prozesse nur den Haß schürten, forderte den Wiener Hof dringend auf, Pálffy die Zügel anzulegen und den Eifer der eigenen Untersuchungskommission zu dämpfen. Erzbischof Szelepcsényi jedoch plädierte für noch schärfere Maßnahmen, besonders gegenüber den protestantischen Städten Oberungarns, und seine Ansicht setzte sich am Wiener Hof schließlich durch. Während Zrinyi und seinen Verbündeten der Prozeß gemacht wurde, begann ein Sondergericht in Preßburg zu tagen, dem Rottal vorstand, dessen übrige Mitglieder aber Ungarn waren. Die Prozeßführung entsprach, zumindest theoretisch, dem ungarischen Recht.

Zwischen dem 26. Februar und dem 18. Juli 1671 wurden von diesem Sondergericht über hundert Fälle verhandelt. Eine Anzahl von Festgenommenen wurde straflos entlassen, andere gegen Zahlung einer Strafsumme. Zwar wurden mehrere Todesurteile ausgesprochen, aber lediglich eines vollstreckt, im Falle von Franz Bonis, der noch in den letzten Tagen des Aufstands bewaffnete Einheiten gegen die Krone aufgestellt hatte. Alle, die der Rebellion und des Verrates für schuldig befunden wurden, verloren ihre Besitzungen an die Krone. Das Erbrecht von Brüdern und Kindern wurde vom Gericht verworfen. Dies war ein direkter Verstoß gegen ungarischen Brauch. Um an den Besitz aller Rebellen zu gelangen, wurden mehrere Adlige, die in der Zwischenzeit verstorben waren, posthum verurteilt, zum Beispiel Stephan Thököly, Vitnyedy und Franz Csáky.

Als im Juli 1671 das Sondergericht seine Arbeit beendet hatte, war in Ungarn die äußere Ordnung zumindestens oberflächlich wiederhergestellt, ohne daß dabei viel Blut geflossen war, und die Krone ging jedenfalls bereichert aus der Affäre hervor. Hocher, Lobkowitz und Montecuccoli, die alle drei den zunehmenden Absolutismus der Monarchie befürworteten, sahen jetzt den Moment gekommen, in Ungarn dasselbe Regime zu errichten, mit dem man vor fünfzig Jahren in Böhmen so erfolgreich gewesen war.[6] Auch unter den Ungarn gab es Stimmen, daß es jetzt Zeit wäre, die Wurzeln des Protestantismus im Königreich auszureißen. Diese Ansicht äußerten sowohl Erzbischof Szelepcsényi als auch Kanzler Pálffy. Markgraf Hermann von Baden und der neue Reichsvizekanzler Graf Königsegg rieten dem Kaiser, eine feste Besatzungsmacht, bestehend aus deutschen Soldaten, in Ungarn zu etablieren, in der Hoffnung, daß die Ungarn sich im Lauf der Zeit „germanisieren“ würden. So befürworteten die verschiedenen Interessengruppen am Hof eine radikale Neuordnung der Regierung und Gesellschaft in Ungarn. Jede Gruppe wollte möglicherweise etwas anderes damit erreichen, aber das geeignetste Mittel war für alle die Ausweitung der absoluten königlichen Macht.

Die kontinuierliche Besetzung des Königreichs durch kaiserliche Truppen war nun tatsächlich eine unumgängliche Voraussetzung für die Bewahrung der königlichen Autorität. Da sich dies den Wiener Behörden als reines Ordnungsproblem darstellte, fanden sie es recht und billig, daß die Ungarn die Kosten für ihre Besetzung selber zu tragen hatten. Als kaiserlicher Sonderbeauftragter für Ungarn berief Graf Rottal im Januar 1671 eine Versammlung der Magnaten nach Preßburg ein und eröffnete ihr die Pläne des Kaisers. Die Magnaten reagierten zutiefst empört über diese neuerliche Verletzung ihrer alten Freiheiten. Es war schlimm genug für sie, deutsche Truppen in ihren Garnisonen dulden zu müssen, für ihren Unterhalt zu zahlen war eine Beleidigung. Kaiser Leopold antwortete am 21. März mit einem Dekret „aus kaiserlicher Machtvollkommenheit“, das jede Stadt und jedes Komitat in Ungarn dazu verpflichtete, die Lebenskosten der Soldaten auf ihren Territorien zu bestreiten.

Sogar die ergebensten ungarischen Adligen nahmen dieses Dekret mit äußerstem Unmut auf. Im Juni modifizierte man in Wien die Verfügung insofern, als man die geforderte Summe auf die Hälfte reduzierte, aber prinzipiell wurde nichts zurückgenommen. Außerdem versetzte das Junidekret den Magnaten als Klasse einen empfindlichen Schlag, indem es ihnen verbot, mehr als die Hälfte der Okkupationskosten auf die Bauern abzuwälzen. Um diese verhaßten Verfügungen durchzusetzen, ernannte der Kaiser im Februar 1672 Graf Leopold Kollonitsch, den für seine Härte bekannten Bischof von Wiener Neustadt, zum Präsidenten der ungarischen Kammer.

Die Minister der Geheimen Konferenz legten nun, damit der habsburgische Einfluß in Ungarn sich verfestige, eine Reihe von Vorschlägen vor, die auf eine gründliche Reform der ungarischen Verfassung hinausliefen. Hätte man diese Maßnahmen konsequent durchgeführt, dann hätte es in Ungarn keine Wahlmonarchie mehr gegeben, und die Krone wäre ein Erbstück der habsburgischen Dynastie geworden. Durch die Unterdrückung des Protestantismus wäre das Werk der Gegenreformation vervollständigt worden, und als letzten Schritt erwog man die Abschaffung des Palatinpostens und der unabhängigen ungarischen Finanz- und Gerichtsbehörden durch ein direkt Wien unterstelltes Organ. Schließlich dachte man auch daran, den Landtag und die Komitatsversammlungen aufzulösen.

Aber der Kaiser hatte seinen Krönungseid nicht vergessen, der ihn dazu verpflichtete, die ungarische Verfassung zu respektieren, und gab den Ministern zu bedenken, daß diese Vorschläge gegen sein heiliges Versprechen verstießen. Die Minister hielten dem entgegen, der Aufstand eines Teils der ungarischen Magnaten habe ihn eigentlich seines Eides, die Freiheiten der ganzen ungarischen Nation zu respektieren, entbunden. Das Argument blieb nicht ohne Wirkung auf den Kaiser, er schwankte und suchte Rat bei seinen geistlichen Ratgebern, vor allem bei Emmerich Sinelli. Als er sich dann immer noch nicht im klaren war, beauftragte er eine Sonderkommission von Theologen und Juristen, ihn in dieser Sache zu beraten. Auch in dieser Kommission waren sich alle einig, daß die Ungarn ihre Privilegien durch den Aufstand eigentlich verwirkt hatten. Aber immer noch war der Kaiser nicht restlos davon überzeugt, daß sie recht hatten, und wie immer, wenn er mit Gewissensfragen konfrontiert war, verfiel er in einen Zustand der Unentschlossenheit. Auf seinem Schreibtisch häuften sich die Dekrete und Ernennungsurkunden, der Kaiser zögerte mit seiner Unterschrift. Wären die Maßnahmen 1671 gleich nach der Niederschlagung des Aufstands durchgesetzt worden, wäre der ungarische Widerstand vielleicht gebrochen worden, aber da Wochen und Monate vergingen, während denen Leopold I. mit seinem Gewissen rang, hatte die ungarische Opposition Zeit genug, sich wieder zu sammeln.

In den Reformvorschlägen der Minister war ein zentraler Regierungsrat mit Sitz in Preßburg vorgesehen, das „Gubernium", welches der innerösterreichischen „Stelle" in Graz entsprach und in allen Fragen von den Direktiven Wiens abhängig war. Das „Gubernium" repräsentierte also den Willen des Herrschers in allen politischen und gesetzlichen Angelegenheiten des Königreichs. Die ungarische Kammer sollte direkt der Hofkammer unterstellt und für alle Transaktionen zur Verantwortung gezogen werden, was theoretisch einer Zentralisierung der Wiener Finanzpolitik gleichkam und zum ersten Mal der kaiserlichen Regierung das Recht gab, ungarische Steuergelder nach Gutdünken zu verwalten.

Sosehr Erzbischof Szelepcsényi die Repression auf religiösem Gebiet unterstützt hatte, so sehr zweifelte er jetzt an den politischen Reformen und drängte den Kaiser, keine so durchgreifenden Änderungen zu beschließen, ohne den Landtag konsultiert zu haben. Leopold zögerte, die vorbereiteten Dekrete zu unterschreiben. So verging Monat um Monat. Als aber im Sommer und Herbst 1672 immer wieder räuberische Banden über die Grenze von Türkisch-Ungarn nach Königlich-Ungarn kamen, die sich hauptsächlich aus emigrierten Ungarn zusammensetzten, stimmte Leopold I. schließlich im Februar 1673 der Ernennung eines königlichen Statthalters zum Leiter des neuen Guberniums zu. Johann Kaspar von Ampringen, Großmeister des Deutschen Ritterordens, war in Ungarn geboren und stand im Ruf, äußerst gewissenhaft und ehrlich zu sein, ein Mann also, von dem anzunehmen war, daß er den Ungarn nicht unsympathisch war.

Königlicher Absolutismus aber brauchte, wenn er wirksam sein wollte, mehr als nur eine zentrale Behörde, er brauchte auch die Mittel, um die königliche Autorität bis auf die unterste lokale Ebene durchzusetzen. Um dies in Ungarn zu erreichen, hätte man die ganze mittlere und untere Verwaltung neu strukturieren müssen, und Wien hatte ganz einfach nicht die Mittel dazu. Sowohl die ungarische Kanzlei unter Pálffy und die ungarische Kammer unter Kollonitsch fuhren fort, direkt mit den Komitaten zu verhandeln, ohne das Gubernium in Preßburg zu konsultieren. Auch in Wien arbeiteten die für Ungarn zuständigen Behörden oft gegeneinander. Dies traf besonders für den Hofkriegsrat zu, der die militärische Besetzung zu organisieren hatte. Um nämlich die Lebensmittelversorgung und Einquartierung der Truppen zu organisieren, ignorierte er sowohl die neue Behörde in Preßburg als auch die Hofkammer und verhandelte direkt mit der lokalen ungarischen Verwaltung.

Auf diese Weise war das Gubernium unter Ampringen sehr bald zur Wirkungslosigkeit verdammt. Aber schon die bloße Existenz dieser Regierungsbehörde, so machtlos sie auch war, war ein Gegenstand der Unzufriedenheit aller Gegner der Monarchie in Ungarn. Ampringen wurde zum Symbol für die habsburgischen Bemühungen, die ungarische Verfassung und die alten Privilegien des Königreiches zu zerstören. Der glücklose Gouverneur, der sich der wachsenden Feindseligkeit der Bevölkerung sehr wohl bewußt war, warnte wiederholt die Geheime Konferenz vor weiteren Unterdrückungsmaßnahmen und sprach sich besonders gegen die antiprotestantische Kampagne aus. Zur Hilflosigkeit verurteilt, gelang es ihm weder, den Willen des Kaisers durchzusetzen, noch das gefährliche Werk der fanatischen Katholiken in Ungarn zu stoppen.

Die konfessionelle Frage wurde sehr schnell zum Sammelpunkt aller Auseinandersetzungen in Ungarn. Es steht außer Frage, daß die Wiener Regierung eine Restauration des römischen Glaubens in ganz Ungarn vorhatte. Leopold I. soll 1670 gesagt haben, wenn Gott ihm erlaube, die Rebellion niederzuschlagen, wolle er das Königreich so „apostolisch" machen, wie sein Titel es verlange.[7] Obgleich die Verschwörung zum großen Teil von katholischen Adligen geleitet worden war, nahmen Leopold I. und seine Minister immer noch an, daß Häresie und Rebellion Verbündete waren. Auch hatte sie die Erfahrung gelehrt, daß die Duldung von größeren protestantischen Gemeinden in Ungarn fremden Mächten Gelegenheit geboten hatte, sich in die internen Angelegenheiten des Landes und damit, wie sie meinten, in ihre Angelegenheiten einzumischen.

Das Religionsproblem in Ungarn war äußerst komplex. In den Städten, die meist von einer gemischten Bevölkerung bewohnt waren, hingen die Deutschen meist dem Luthertum an, die Magyaren dem Katholizismus oder Calvinismus, je nachdem, welcher Konfession die Magnaten angehörten.[8] Der magyarische Adel aber war teils katholisch, teils calvinistisch. Zwar bildete der Adel eine gesonderte „Tafel" innerhalb des Reichstags, der sich oft in Opposition zur Krone und zur „Tafel" der kleinen Landbesitzer und der Städtevertreter befand, aber durch die konfessionellen Unterschiede kam es im Adel immer wieder zu Meinungsdifferenzen, auch bei politischen Fragen. Während die katholischen Magnaten keineswegs mehr Begeisterung für die Monarchie empfanden als ihre calvinistischen Standesgenossen, verfolgten doch viele von ihnen mit großem Eifer die Protestanten, weil sie hofften, sich an den konfiszierten Gütern bereichern zu können.

Der Widerstand gegen die von Wien ausgehenden Reformen entwickelte sich in mehreren voneinander unabhängigen Zentren. Zuerst trat er bei den calvinistischen Adligen in Oberungarn auf, die mit Recht um ihren Besitz und ihre Sicherheit bangten. Aber auch in den zum großen Teil von Deutschen besiedelten protestantischen Städten nahm er immer mehr zu. Hier hätten die Deutschen die Wiener Bemühungen, Ungarn zu germanisieren, unterstützen können, wären sie nicht durch die fanatische antiprotestantische Kampagne des Primas und der katholischen Magnaten in das Fahrwasser der extremen magyarischen Nationalisten geraten.

Die Protestantenverfolgung nahm Ausmaße an, die in keiner Proportion zu der Unterstützung standen, die die Protestanten Zrinyis Aufstand geliehen hatten. Die wenigen Hitzköpfe, die es gewagt hatten, zur Rebellion aufzurufen oder den Türken den Vorzug vor den Habsburgern zu geben, lieferten jetzt den Vorwand für die systematische Vernichtung der gesamten protestantischen Glaubensgemeinschaft. Die Verfolgung begann inoffiziell damit, daß katholische Prälaten mit Bewaffneten in protestantische Dörfer und Städte eindrangen und lutherische Schulen und Kirchen besetzten, indem sie die Lehrer und Prediger vertrieben. 1672 übernahm Erzbischof Szelepcsényi die Führung einer gut koordinierten Kampagne zur Vernichtung aller protestantischen Gotteshäuser in Ungarn. In Preßburg, wo sich die Lutheraner gegen die Männer des Bischofs bewaffneten, kam es zu blutigen Krawallen. Wien besetzte daraufhin die Stadt mit kaiserlichen Truppen und übergab alle lutherischen Kirchen dem Bischof. An anderen Orten führte der Widerstand gegen die katholische Unterdrückung zur Festnahme der lutherischen Pastoren, von denen viele zum Tode verurteilt wurden. Leopold I. pflegte solche Urteile in Geldbußen umzuwandeln, aber im Sommer 1672 unterschrieb er doch ein Dekret, das alle protestantischen Prediger aufforderte, Ungarn zu verlassen, und damit drohte, jedem Protestanten, der nicht bereit war zu konvertieren, Soldaten ins Haus zu schicken.

So unterstützten Leopold I. und die Geheime Konferenz das Vorgehen der ungarischen Prälaten und der katholischen Magnaten, anstatt auf Ampringens Worte zu hören, der davor gewarnt hatte, daß die Verfolgungen Probleme aufwerfen würden, die über die konfessionellen Differenzen weit hinausgingen. In den Städten wurden zum Beispiel protestantische Magistratsangestellte durch katholische ersetzt, und das hieß häufig, daß Deutsche, welche die ethnische Mehrheit bildeten, durch Ungarn ersetzt wurden.

Den Höhepunkt der Säuberungsaktionen Szelepcsényis und seines feurigen Mitstreiters Kollonitsch bildete die Einberufung eines außerordentlichen Gerichts, des „judicium delegatum", im Januar 1674 in Preßburg. 330 protestantische Prediger wurden wegen Hochverrats angeklagt, für schuldig befunden und vor die Wahl zwischen Konvertierung zum Katholizismus oder dem Tod gestellt. 93 blieben standhaft und wurden zum Tod verurteilt. Leopold I. wandelte zwar die Urteile sofort in lebenslange Haft um, aber 1675 sandte Kollonitsch auf eigene Initiative 40 dieser Aufrechten als Galeerensträflinge nach Neapel. Diese sinnlose und grausame Geste sollte zu ernsten Schwierigkeiten auf internationaler Ebene führen.

Allmählich führten aber die Protestantenverfolgungen doch zu heftiger Kritik auch am Wiener Hof selbst. Einige der königstreuen Ungarn am Hof, die anfangs für die Unterdrückungsmaßnahmen gestimmt hatten, zum Beispiel Kanzler Pálffy, realisierten langsam, daß die Kampagne des Primas leicht dazu führen konnte, daß man die Situation nicht mehr unter Kontrolle hatte. Selbst Sinelli, der wahrscheinlich dem Kaiser am nächsten stand, gab zu, daß Szelepcsényis Vorgehen letztlich weder dem Kaiser noch dem Glauben diente.[9] Auch aus dem Ausland war Kritik zu hören, besonders nachdem das Schicksal der protestantischen Prediger auf den Galeeren allgemein bekannt worden war. Protestantische Flüchtlinge erzählten in ganz Europa Horrorgeschichten aus ihrer Heimat, welche in den deutschen protestantischen Staaten zu einer Welle der Empörung führten, gerade in dem Augenblick, da Wien versuchte, Holland, Brandenburg und Sachsen für eine Allianz gegen Frankreich zu gewinnen. Während Leopold I. offiziell behauptete, er nähme keine Notiz von Protesten aus dem Ausland, und betonte, es handle sich hier um rein interne Angelegenheiten, war nicht zu leugnen, daß die Proteste ihre Wirkung nicht verfehlten. Den Holländern, die jetzt Verbündete Spaniens waren, gelang es, den Vizekönig von Neapel dazu zu bringen, daß er im Februar 1676 die Galeerensklaven freiließ, zu einem Zeitpunkt, da Leopold I. bereits beschlossen hatte, die Sondergerichte aufzulösen.

Die antiprotestantische Kampagne verlor in dem Augenblick an Kraft, da die kaiserlichen Besatzungstruppen aufhörten, die katholischen Magnaten bei ihren Verfolgungen zu unterstützen. Im Mai 1676 wurden alle inhaftierten Prediger freigelassen. Wiens Interesse wandte sich dem Westen zu, der größte Teil der Besatzungstruppen verließ Ungarn, und die Bemühungen, Ungarn den Status von Böhmen zu geben, sanken in sich zusammen. Die angesammelten Animositäten aber sollten bald zu einem häßlichen Bürgerkrieg führen.

Während all dieser Jahre, da sich Leopold mit der ungarischen Rebellion und halbherzigen Versuchen, die königliche Autorität in Ungarn wiederherzustellen, abzugeben hatte, beschäftigte ihn unablässig das Nachfolgeproblem. Wäre er während der Unruhen in Ungarn gestorben, dann wäre das gesamte osteuropäische Herrschaftssystem mangels eines Erben zusammengebrochen.

Als Margaretha im März 1673 starb, war Leopold untröstlich und lehnte es ab, die Möglichkeit einer Wiederverheiratung auch nur in Erwägung zu ziehen.[10]

Aber Hocher und Sinelli hatten sich bereits eine neue Frau für Leopold in den Kopf gesetzt: Claudia Felizitas von Tirol, die Tochter des Erzherzogs Ferdinand Karl, des letzten und einzigen Erben dieser jüngeren Linie. Ihr ständiges Drängen und Leopolds stark ausgeprägtes dynastisches Pflichtgefühl brachten es schließlich zuwege, daß am 5. Oktober 1673 das Paar getraut wurde.

In einem Brief an Pötting zählte Leopold I. die Gründe auf, die für diese Hochzeit gesprochen hatten. Claudia sollte ursprünglich mit Jakob, Herzog von York, verheiratet werden, aber die Verhandlungen hatten sich zerschlagen.[11] Claudia war erst zwanzig, kräftig und gesund. Sie sah gut aus („aber ach, nicht wie meine einzige Margaretha!"), hatte ein angenehmes Wesen und zeichnete sich durch „alle Tugenden und große Frömmigkeit" aus. Außerdem war sie eine Habsburgerin, es sprach also alles dafür, daß sie seiner Tochter eine gute Stiefmutter sein würde. Da sie bereits sein Mündel war, konnte die Hochzeit ohne viel Aufwand gefeiert werden.

Vom dynastischen Standpunkt aus sollte diese zweite Heirat eine noch größere Enttäuschung als die erste sein. Claudia Felizitas starb zweieinhalb Jahre nach der Hochzeit, nachdem sie zwei Töchter zur Welt gebracht hatte, die beide kurz nach der Geburt gestorben waren. So war Leopold I. nach dem Tod seiner zweiten Frau im April 1676, obwohl er sich schon fast zehn Jahre im Ehestand befand, immer noch der letzte männliche Habsburger der österreichischen Linie.

VII. Im Krieg mit Frankreich

Von persönlichem Unglück beschattet und politisch durch die Feindseligkeit Frankreichs und die rebellische Haltung der Ungarn frustriert, begann Kaiser Leopold I. im Sommer 1673 das fünfzehnte Jahr seiner Regierung. Bisher hatte er wenig herzuzeigen, was ihn als hervorragenden Leiter der Familiengeschäfte ausgewiesen hätte. Zwar war er nach einer fast zweijährigen schweren Krankheit wieder zu Kräften gekommen,[1] aber noch immer besaß er keinen Erben. Sein Aussehen war längst nicht mehr das eines jungen Mannes. Krankheit und Streß hatten in seinem Gesicht ihre Spuren hinterlassen. Obwohl er immer noch Vergnügen am Theater hatte, wenn er nicht in Trauer war, und obwohl er immer noch ein begeisterter Jäger war, hatten die Enttäuschungen seinen angeborenen Pessimismus verstärkt, ebenso wie seine geradezu abergläubische Furcht vor dem Verlust des göttlichen Wohlwollens.[2] Seine phlegmatische Ruhe, die dem Achtzehnjährigen eine eigene Würde verliehen hatte, erschien jetzt wie eine permanente Maske, hinter der sich die wahren Gefühle dieses Mannes versteckten. Er wirkte immer verschlossener und hölzerner in seinem Auftreten, langsam und konservativ in seinen Reaktionen und allzu nachsichtig Männern gegenüber, die eigentlich seinen Zorn verdient hätten.

Die beiden einzigen bedeutenderen Minister, die seit seiner Krönung an der Geheimen Konferenz teilnahmen, Fürst Lobkowitz und Hofkammerpräsident Graf Sinzendorf, hatten sich zu lästigen Hindernissen für eine fortschrittlichere Politik entwickelt. Das einseitige Interesse von Lobkowitz für die Ostpolitik und seine franzosenfreundliche Haltung zu Beginn des Holländischen Krieges standen im krassen Widerspruch zu Leopolds dynastischen Interessen in Westeuropa. Sinzendorfs unverbesserliche Korruptheit hatte das administrative Chaos noch verschlimmert; der Apparat widersetzte sich nicht nur jeder Reform, sondern war auch außerstande, die notwendigen Mittel für einen Krieg mit Frankreich bereitzustellen. Das Versagen seiner Minister blieb dem Kaiser nicht verborgen, aber in dem Maße, wie sein angeborener Konservatismus immer stärker hervortrat, fiel es ihm immer schwerer, sich von altvertrauten Ratgebern zu trennen. Es war für ihn leichter, ihnen die Sünden zu vergeben, als sie zu bestrafen, was bedeuten würde, neue Männer ins Vertrauen ziehen zu müssen.

Der geplante Krieg gegen Frankreich stellte weit größere finanzielle Anforderungen an Wien als die Niederschlagung des ungarischen Aufstands. In

Ungarn konnte man zum Beispiel die Truppen in den Städten einquartieren, auch wenn die Bewohner noch so lange Gesichter machten. Während die normalen Ausgaben des Hofes gerade noch gedeckt werden konnten, überstiegen die Kosten fürs Militär bei weitem das normale Einkommen. Nur Subsidien von Spanien, dem Heiligen Stuhl und der holländischen Republik schufen hier Abhilfe, aber die Alliierten Österreichs waren alle miteinander der Hofkammer gegenüber von berechtigtem Mißtrauen erfüllt. Denn der kaiserliche Staatsschatz glich einem undichten Kornsack, an dem sich Vertragslieferanten, Gläubiger und Höflinge gleichermaßen bereicherten, allen voran Sinzendorf selbst. Trotzdem konnte sich das System noch mehrere Jahre mehr schlecht als recht am Leben halten; immer wieder halfen unverhoffte Glücksfälle über die ärgsten Engpässe hinweg, und zu unerwarteten Einnahmen kam es in dieser Zeit besonders durch die Konfiszierungswelle in Ungarn und Kroatien. Nichtsdestoweniger blieb Leopold I. oft gar nichts anderes übrig, als von Zeit zu Zeit Besitz der Krone zu veräußern, indem er ganze Güter und Dörfer gegen Barbezahlung an wohlhabende Adlige verkaufte.

Die Vertreibung der Juden aus Wien im Jahre 1670, die gewöhnlich Leopolds religiöser Intoleranz zugeschrieben wird, hatte möglicherweise weniger mit religiösen Gründen als mit simpler Geldnot zu tun. Obwohl die Hofburg mit der Stadt dieselben Befestigungsmauern teilte, handelte es sich um ganz getrennte Welten, die sich kaum überschnitten. Innerhalb der Inneren Stadt war nun das jüdische Viertel wieder eine Welt für sich, und wie in den deutschen Reichsstädten seit dem Mittelalter war es theoretisch das Eigentum des Kaisers. Dieser juristische Kniff datierte aus einer Zeit, da man die finanziell so nützlichen jüdischen Gemeinden vor den immer wieder auftretenden Gewaltausbrüchen ihrer christlichen Nachbarn schützen wollte.

Die „guten christlichen" Kaufleute Wiens hatten bereits zahlreiche Petitionen gegen die Juden an den Kaiser gerichtet, aber das kaiserliche Gesetz hatte die Juden bisher beschützt. Nun, im Juli 1670, unterzeichnete Leopold I. eine Vereinbarung mit den Räten der Stadt. Die Stadt Wien kaufte dem Kaiser das jüdische Viertel für 100.000 Gulden ab, mit dem Recht, die Einwohner daraus zu vertreiben. Dafür versprach sie, die Schulden der Juden bis zu 10.000 Gulden zu decken und an der Stelle der alten Synagoge eine neue Kirche zu erbauen. Hat sich Leopold I. über diesen Schritt ernsthaft Gedanken gemacht? Aus seiner Korrespondenz geht dies nicht hervor; aber es ist durchaus anzunehmen, daß ihn diese Enklave einer nichtchristlichen Bevölkerung in seiner Hauptstadt beunruhigte, deren Loyalität bei einer Auseinandersetzung mit dem Islam zudem höchst zweifelhaft war.[3] Wahrscheinlicher ist jedoch, daß es sich hier um eine rein finanzielle Transaktion gehandelt hat, indem das periodische Einkommen, das die Krone aus den Sondersteuern der Juden bezog, in eine sofortige einmalige Zahlung seitens der Stadt Wien umgewandelt wurde. Bei der Vertreibung wurden übrigens Ausnahmen gemacht, und der „Hofjude"

Samuel Oppenheimer entwickelte sich gegen Ende von Leopolds Regierung zu einer Hauptstütze der Finanzverwaltung.

Jedenfalls gelang es der Regierung, mit derartigen Hand-in-den-Mund-Maßnahmen den drohenden finanziellen Zusammenbruch immer wieder zu umgehen. Sinzendorf hielt sich auf seinem Posten bis 1680. Lobkowitz war weniger glücklich.

Es ist nicht ganz klar, was Leopold I. am Ende dazu brachte, den böhmischen Fürsten doch aus seinen Diensten zu entlassen. Freilich war es kein Geheimnis, daß seine Beschwichtigungspolitik Frankreich gegenüber Leopolds eigenen politischen Absichten zuwiderlief. Auch hatte Lobkowitz Einwände gegen die Heirat des Kaisers mit Claudia Felizitas geäußert und statt ihrer Eleonore von der Pfalz-Neuburg vorgeschlagen, die Leopold I. in der Tat 1676 heiraten sollte. Lobkowitz hatte nicht mit seiner Meinung über Leopolds zweite Gattin hintangehalten und einige bitterböse Bemerkungen über Claudias Mutter, eine Medici, gemacht. Das war ihm von der Clique der Kaiserin schwer verübelt worden.

Wie viele Männer, die lange Jahre die Zügel der Macht in den Händen halten, hatte sich auch Lobkowitz viele Feinde gemacht und war zum Gegenstand unzähliger Intrigen geworden.[4] Dennoch ist es unwahrscheinlich, daß dies allein zu seinem Sturz geführt haben sollte; denn Leopold I. war es gewöhnt, böse Worte über seine Ratgeber von Kollegenseite zu hören. Gewöhnlich fanden Beschuldigungen, die aus Eifersucht erfunden zu sein schienen, kein Gehör bei ihm. Obwohl der Einfluß von Lobkowitz sichtlich abnahm, zeigte der Kaiser ihm gegenüber keinerlei Animosität. Die wichtigeren Entscheidungen wurden allerdings mehr und mehr von Kanzler Hocher getroffen, dem einstigen Protegé des Fürsten Lobkowitz.

Erst 1673 gab Lobkowitz der veränderten Lage am Hof nach und bat im September den Kaiser um seinen Abschied. Leopold I. lehnte ab, und Lobkowitz blieb trotz seiner schlechten Gesundheit weiter im Amt. Anfang 1674 kehrte Franz Paul von Lisola, Leopolds reisender Botschafter bei den Koalitionsmächten gegen Frankreich, nach Wien zurück. Zur selben Zeit entdeckte Hocher unter gewissen abgefangenen französischen Depeschen den Beweis, daß Lobkowitz 1673 Montecuccolis Pläne an die Franzosen verraten hatte. Lisola konnte Hocher überzeugen, daß es nun nötig sei, Lobkowitz aus seinem Amt zu entfernen, und mehrere Mitglieder der Konferenz waren der gleichen Ansicht, darunter Fürst Adolf Schwarzenberg, Präsident des Reichshofrats, und Graf Lamberg. Diese Gruppe begann sich heimlich mit dem Sekretär der Konferenz, Christoph Abele, zu treffen. Bei diesen Sitzungen wurde eine detaillierte Anklage gegen den Obersthofmeister aufgestellt. Ohne dessen Wissen wurde diese dem Kaiser vorgelegt, und am 16. Oktober unterzeichnete Leopold I. eine Verfügung, die Lobkowitz aller seiner Ämter entkleidete, vom Hof verbannte und auf seine Güter in Böhmen schickte.

Drei Tage später verließ Lobkowitz Wien. Alle seine Wertpapiere und sein Bargeld im Werte von 190.000 Gulden wurden von der Hofkammer in Beschlag genommen. Pater Emmerich Sinelli, den Leopold I. seltsamerweise nicht konsultiert zu haben schien, versuchte vergeblich, eine Versöhnung zwischen den beiden Männern herbeizuführen. Leopold lehnte ab, seine Entscheidung noch einmal zu überdenken, indem er die eigenartige Erklärung vorbrachte, die Unschuld von Lobkowitz hätte nur ein offener Prozeß klären können, für den Fürsten sei es aber besser, daß er einen solchen nicht zugelassen hätte.[5] Als Claudia Felizitas 1676 starb und Leopold I. sogleich Eleonore von der Pfalz heiratete, welche die Kandidatin des Obersthofmeisters gewesen war, glaubten viele Freunde von Lobkowitz, daß er nun zur Macht zurückkehren werde. Aber der einst so mächtige Minister war ein kranker Mann. Er hätte dem Ruf nicht folgen können, der im übrigen nicht mehr an ihn erging. Er starb im April 1677.

Als Leopold den Entschluß faßte, sein erster Minister zu sein, hoffte er damit zu vermeiden, noch einmal einen übermächtigen Untertanen neben sich zu haben, der die Macht der Krone für seine eigenen Zwecke benutzte, weil der Monarch sich zu sehr auf ihn verließ. Tatsächlich hatte sich Lobkowitz nur so verhalten können, weil der Kaiser ihm eine so lange Zeit vertraut hatte. Nach 1674 betraute Leopold I. nur noch schwache Männer mit dem Amt des Obersthofmeisters: zuerst den betagten Grafen Lamberg, dann nacheinander zwei alte Freunde aus seiner Jugend, denen er vertrauen konnte und von denen nicht anzunehmen war, daß sie nach großem politischem Einfluß drängten, nämlich Fürst Ferdinand Dietrichstein und Graf Ferdinand von Harrach.

Ohne einen mächtigen und ehrgeizigen Obersthofmeister änderte das Regime nach und nach seinen Charakter. Die Führungsspitze war nun die Hofkanzlei mit ihrem Team von professionellen Verwaltungsbeamten, von denen die meisten Juristen waren. Kanzler Johann Paul Hocher baute den bürokratischen Apparat auf, der dann seine eigentliche Macht bildete. Vom Sturz seines Vorgängers bis zu seinem eigenen Tod 1683 war Hocher praktisch der „Premierminister".

So begann die österreichische Kanzlei allmählich die Reichskanzlei in den Schatten zu drängen. Das lag daran, daß österreichische und dynastische Interessen von der Krone mit mehr Aufmerksamkeit verfolgt wurden als die Reichsangelegenheiten. Zur Zeit von Leopolds Thronbesteigung war die österreichische Kanzlei bereits das Zentrum der gesamten diplomatischen Korrespondenz und das Sekretariat für alle rechtsgültigen Verfügungen. Verfügte der Kanzler nur über genügend Energie, konnte er sich in dieser Position einen Überblick über alle wichtigen Geschäfte der Krone verschaffen, war er dazu noch so intelligent, wie Hocher es war, konnte er sein detailliertes Wissen dazu benutzen, um Einfluß auf die Politik zu nehmen. Nach und nach konnte Hocher auf Grund seiner Kenntnisse des Papierverkehrs die Tagesordnung der Konferenz bestimmen.

Anders als Lobkowitz, der gerne den „Grand Seigneur“ gespielt und sich leidenschaftlich für Intrigen und hohe Politik interessiert hatte, versuchte Hocher, der später von Leopold I. geadelt wurde, erst gar nicht, seine bürgerliche Abstammung zu verbergen und die lässige Überlegenheit zu erreichen, die den geborenen Aristokraten auszeichnete. Seine Qualitäten waren die eines guten Bürokraten, nämlich unerschütterliche Loyalität zur Krone, Fleiß, Energie und Detailkenntnis. Sein sorgfältig abgewogenes Urteil entsprach in seinem nüchternen Konservativismus ganz dem leopoldinischen Stil der Regierungsführung.[6] Hocher besaß ein untrügliches Gedächtnis und konnte seine Meinung lange zurückhalten. Strenge und Unnahbarkeit gingen von ihm aus, zugleich stand er in dem Ruf, absolut unbestechlich zu sein. Aber mit der Provinzialität vieler Deutscher am Wiener Hof mißtraute er den vielen anderen Nationalitäten, die diesen Hof umschwärmten, besonders aber den Ungarn. Bei den Verhören, die den Prozessen Zrinyis und Nádasdys vorausgegangen waren, glaubte er, alles über die ungarische Mentalität erfaßt zu haben.

Hocher besaß am Hof nie eine persönliche Anhängerschaft, abgesehen vielleicht von den Schreibern und untergeordneten Beamten seiner Kanzlei. Tatsächlich brauchte er auch keine, da seine Macht allein von der kaiserlichen Gunst abhing. Und er konnte es sich leisten, unbeliebt zu sein, solange er zur Zufriedenheit des Kaisers arbeitete. Sein politisches Ziel war der monarchische Absolutismus. So benutzte er seine Macht konsequent dazu, die Interessen der Krone gegenüber den privilegierten Elementen, so gut es ging, zu fördern, und empfand nur wenig Sympathie für aristokratische Traditionen. Als einziger von Leopolds zahlreichen Ministern war Hocher fähig, ein solides Gleichgewicht zwischen den Interessen der österreichischen Erbländer und den weitergehenden europäischen Interessen der Dynastie herzustellen.

Nach dem Abgang von Lobkowitz stimmte die Konferenz einmütig für energische Aktionen gegen Frankreich und für Unterstützung der Holländer. Die Frage war nur, wie diese energischen Aktionen finanziert und durchgeführt werden sollten. Zwar halfen die Subsidien und Kredite von Spanien und Holland über den akuten Geldmangel hinweg, aber daneben bestand noch das Problem, daß das Oberkommando der Armee auf mehrere Heerführer aufgeteilt war, die sich sehr oft nicht einigen konnten. Abgesehen von den Kerntruppen der österreichischen Erbländer, die von den Generälen des Kaisers kommandiert wurden, bestand das kaiserliche Heer aus den Truppen der deutschen Fürsten, mit eigenen Kommandanten, auf deren Unabhängigkeit ausdrücklich hingewiesen wurde. Seit Bestehen des Heiligen Römischen Reiches litt die kaiserliche Armee unter der geteilten Befehlsgewalt. Zu besonderen Schwierigkeiten kam es meist, wenn sich die Fürsten entschlossen, selbst General zu spielen. Leopold I., der den weisen Entschluß gefaßt hatte, nicht ins Feld zu ziehen, mußte nun ständig einen Mann finden, der fähig war, den heterogenen Heerhaufen zur einer halbwegs gesammelten Aktion zu bringen.

1673 befehligte Montecuccoli einen brillanten Feldzug am Rhein, in dessen Verlauf er die Franzosen zwang, ihre vorgeschobenen Posten im Reich aufzugeben, und schließlich Bonn eroberte, die Residenz des Erzbischofs von Köln. Die persönlichen Streitereien der kaiserlichen Befehlshaber waren jedoch so unangenehm gewesen, daß Montecuccoli die Armee verließ und nach Wien zurückkehrte, um sich vom Kaiser mit den Mitteln und der Autorität ausstatten zu lassen, die er für seine Stellung brauchte. Leopold I. stand zwar ganz auf der Seite seines alten Kommandanten, aber er konnte nur wenig für ihn tun, ohne Gefahr zu laufen, wichtige Hilfstruppen zu verlieren. Montecuccoli blieb „aus Gesundheitsgründen" in Wien, und de Souches wurde für die nächste Saison mit dem Oberkommando betraut.

Die Franzosen nutzten die Führungskrise ihrer Gegner, um 1674 wieder die Initiative zu übernehmen. Turenne vertrieb die kaiserlichen Truppen aus ihren Stellungen entlang des Rheins, verwüstete die Pfalz nördlich und südlich des Neckars, um sich an die Belagerung der Feste Philippsburg zu machen. Daraufhin entschloß sich im Mai der Reichstag in Regensburg endlich dazu, Frankreich den Krieg zu erklären, und im Juni brach auch Brandenburg seine nicht sehr soliden Beziehungen zu Frankreich ab und trat der Allianz bei. Trotzdem waren die kaiserlichen Truppen erst im August stark genug, Turenne entgegenzutreten. Dieser hatte inzwischen ganze Arbeit geleistet und verfügte über unangreifbare Positionen auf Reichsboden.

Angesichts des kläglichen Scheiterns der kaiserlichen Verteidigung übertrug Leopold I. 1675 erneut Montecuccoli das Kommando. Der alte Feldmarschall beschloß, seine Kräfte um das neutrale Straßburg zusammenzuziehen. Durch einen Vorstoß ins Elsaß gelang es ihm, Turenne mit seiner Hauptstreitkraft hinter sich herzuziehen. Der zwei Monate dauernde Feldzug mit zahlreichen Täuschungsmanövern auf immer kleinerem Raum entwickelte sich praktisch zu einem Duell zweier Meister des Kriegshandwerks. Am 27. Juli nützte Turenne einen momentanen Stellungsvorteil und zwang Montecuccoli, ihn anzugreifen. Die Schlacht von Saßbach endete mit einem Remis, aber Turenne wurde von einer Kanonenkugel getroffen und getötet. Ungeschlagen zogen sich die Franzosen zurück, aber sie hatten ihren größten General verloren. Fünf Tage später griff Montecuccoli die Franzosen am 1. August bei Altenheim an und brachte ihnen eine schwere Niederlage bei. Die Reste der französischen Armee zogen sich vom Rhein zurück. Die Kaiserlichen hielten ihren Einzug in Straßburg, das seine Neutralität aufgab und sich mit den Alliierten verband.

Ein zweites kaiserliches Kontingent, das zusammen mit spanischen und holländischen Truppen am unteren Rhein operierte, trug ebenfalls dazu bei, das Gleichgewicht zugunsten der Kaiserlichen zu verschieben, indem es Créqui besiegte und die Stadt Trier wieder einnahm. Am 18. September 1675 starb der alte Herzog Karl IV. von Lothringen in dem Moment, da es schien, als könne er demnächst ins Land seiner Väter zurückkehren. Sein Neffe und Thronfolger,

Herzog Karl V., der als General der Kavallerie unter Montecuccoli diente, verließ die Hauptarmee, um zu seinen lothringischen Truppen zu stoßen. Aber trotz der zahlreichen Siege der Alliierten während dieses Sommers gelang es ihm nicht, einen Fußbreit lothringischen Bodens zurückzugewinnen. Lothringen blieb fest in der Hand seiner französischen Besetzer.

Montecuccoli kehrte als ein kranker Mann nach Wien zurück. Es war nicht daran zu denken, daß er noch einmal ins Feld ziehen würde.[7] Leopold I. ernannte Herzog Karl, seinen begabten Schüler, zum neuen Oberkommandierenden. Es sollte sich herausstellen, daß er damit eine gute Wahl getroffen hatte, denn der stattliche junge Herzog war nicht nur ein fähiger Feldherr und Diplomat, sein hoher Rang unter den Fürsten Europas sicherte ihm auch ein gutes Maß an Autorität über die eifersüchtigen Befehlshaber der kaiserlichen Truppenkontingente.

Vergeblich versuchte Leopold I., die deutschen Fürsten dazu zu bewegen, weitere Truppen gegen Frankreich aufzustellen. Jetzt, da die Franzosen wieder jenseits des Rheins waren, besannen sich die Deutschen wieder auf ihre geliebten „Libertäten“. Dazu kam, daß das neu hergestellte militärische Gleichgewicht 1675 den Weg zu Verhandlungen freigab und Ludwig XIV. auf der Stelle diese Möglichkeit nützte, um die gegnerische Koalition zu sprengen. Im Januar 1676 kamen in Nijmwegen die Vertreter Spaniens, Hollands und Frankreichs zusammen, um das Protokoll festzulegen, das heißt, die üblichen Vorgespräche einer Friedenskonferenz zu führen. England übernahm die Vermittlerrolle. Leopold I. lehnte zunächst ab, daran teilzunehmen, aber als der Feldzug von 1676 keine anderen Resultate als die Wiedereroberung Philippsburgs nach einer zweieinhalbmonatigen Belagerung brachte, stimmte auch er zu, einen Vertreter zu entsenden.

Die Franzosen hatten es relativ leicht, die Koaliton aufzubrechen. Sie brauchten sich bloß freundlich den Holländern zu nähern und sie dazu zu überreden, auf gewisse Territorialansprüche gegenüber den Habsburgern zu bestehen. So unterzeichneten die Holländer am 10. August 1678 einen Separatfrieden mit Frankreich. Als sich Spanien solcherart im Stich gelassen sah, trat es Frankreich gegen Friedensversprechungen die Franche-Comté und einen Festungsring in den spanischen Niederlanden ab. Am 17. September unterzeichnete Spanien seinen Frieden mit Frankreich, und nun stand das Reich allein da. Ohne die Subsidien seiner ehemaligen Alliierten konnte Leopold I. keine Truppenverstärkung im Westen vornehmen, umso weniger, als in Ungarn neue Unruhen ausbrachen. Inzwischen machte Karl von Lothringen einen verzweifelten Versuch, Freiburg im Breisgau zurückzugewinnen, denn dieses war seit dem Mittelalter ein Besitz der Habsburger gewesen. Als aber auch dieser Versuch mißlang, mußte Leopold I. endgültig einsehen, daß er diesen Krieg nicht alleine weiterführen konnte, auch wenn die Stimmung am eigenen Hof für eine Weiterführung war.

Als die „spanische Partei“ in Wien 1674 Lobkowitz bekämpfte, tat sie dies im Namen der Reichsidee, die früher der Markgraf von Baden vertreten hatte und die jetzt Montecuccoli und der Reichsvizekanzler Graf Königsegg aufgegriffen hatten. Der Mann, den Leopold I. als seinen Vertreter zur Konferenz von Nijmwegen schickte, Heinrich Stratmann, beschwor in einer Streitschrift das Reich, sich hinter seinen Herrn zu stellen und die widerspenstigen Fürsten zu bestrafen, die nichts für die Verteidigung ihres Vaterlandes tun wollten. Diese Kriegsbegeisterung erfaßte nun sowohl die kaiserliche Familie als auch die Konferenz, aber der Kaiser selbst blieb skeptisch, was seine Macht über die deutschen Fürsten anging. Daß er hier richtiger als die anderen sah, wurde klar, als Bayern, das während des Krieges mit Frankreich neutral geblieben war, nun versuchte, mit anderen deutschen Staaten einen Friedensblock zu bilden. Sachsen und die Pfalz waren bereits auf Bayerns Seite getreten, als 1678 die Koalition auseinanderbrach. Mit der alleinigen Unterstützung Kanzler Hochers beschloß Leopold I. daher Ende 1678, mit Frankreich den bestmöglichen Handel abzuschließen, bevor sich der Rest seiner Truppen endgültig aufgelöst hatte.

So handelten Stratmann und seine Kollegen in Nijmwegen mit Frankreich einen Frieden aus, den sie am 5. Februar 1679 unterschrieben. Das Resultat war besser, als Leopold I. erwartet hatte, jedenfalls ein besseres Resultat, als Ludwig XIV. den Spaniern und Holländern zugestanden hatte. Die Franzosen gaben Philippsburg zurück, behielten aber Freiburg. Karl von Lothringen wurde als Herzog von Lothringen anerkannt. Dieser Titel aber kam einer bloßen Formalität gleich, die Leopold das Gesicht retten sollte, denn die Franzosen behielten Longwy und Nancy mit den dazugehörigen militärischen Zufahrtsstraßen quer durchs Land samt dem Recht, sie mit Garnisonen besetzen zu dürfen. Da dies einer Teilung des Landes gleichkam, lehnte Karl es ab, diesen Kompromiß zu akzeptieren. Lothringen blieb unter französischer Besatzung.

Leopold I. war tief enttäuscht über den Ausgang dieses seines ersten Krieges mit Ludwig XIV. Wichtige Stützpunkte der Dynastie waren an Frankreich verlorengegangen und die strategisch bedeutende „spanische Straße“ zerstört. Es bedeutete auch keinen Trost, daß er nur deshalb gezwungen war, auf diesen Frieden einzugehen, weil die Erbländer im Osten bedroht waren. Wie tief der Ärger in ihm saß, wurde deutlich, als er es ablehnte, die Glückwunschbotschaften in Empfang zu nehmen, die ihm wie gewöhnlich beim Abschluß eines Friedens zugeschickt wurden.[8] Beim Reichstag zu Regensburg wurde groß gefeiert, der bayerische Kurfürst ließ München illuminieren, Leopold I. aber meinte nur grollend, er müsse Gott wohl auch für Kalamitäten dankbar sein.

VIII. Bürgerkrieg in Ungarn 1676–1681

Der Friede von Nijmwegen war wie der Vertrag von Vasvár für Leopold in vieler Hinsicht enttäuschend, auch wenn er, zumindest in Nijmwegen, nichts aufgab, was bereits gewonnen war. Das beunruhigendste Ergebnis der Friedensverhandlungen war für Leopold I. zweifellos die Verlobung der Marie Louise von Orléans mit Karl II. von Spanien; denn mit dieser Verbindung kam Frankreich dem spanischen Thron wieder um einen Schritt näher. Andererseits schien nun die Gefahr des Erlöschens der Dynastie ein wenig weiter weggerückt. Zur Überraschung aller war Karl II. immer noch am Leben, und auch Leopold I. konnte mit seiner neuen Eheschließung in jeder Hinsicht zufrieden sein.

Eleonore von der Pfalz, die er 1676 geheiratet hatte, war weder besonders schön noch talentiert, aber sie gewann sich Leopolds Zuneigung dadurch, daß sie seiner Tochter eine gute Mutter war und ihm ein Kind nach dem anderen gebar. Ihr erstes Kind, Erzherzog Joseph, kam im Juli 1678 zur Welt und zeigte alle Merkmale einer robusten Gesundheit. Während der nächsten zwölf Jahre schenkte sie Leopold I. noch neun weitere Kinder; fünf von zehn überlebten ihre Eltern. Das war ein guter Rekord für eine Familie des 17. Jahrhunderts.

So erschien die Zukunft der Dynastie im Augenblick weniger gefährdet, aber die Unruhen in Ungarn bereiteten von Jahr zu Jahr mehr Sorge. Unter dem Druck seiner protestantischen Alliierten im Kampf gegen Frankreich mußte Leopold I. die Protestantenverfolgungen in Ungarn stoppen und einige Truppen aus Ungarn abziehen, um die Verbände am Rhein zu verstärken. Die meisten mußten jedoch schon bald wieder zurückgeholt werden, um sie gegen die räuberischen Banden der Kuruzzen einzusetzen.

Die nach dem Scheitern des Aufstands geflohenen Magyaren hatten größtenteils im türkischen Ungarn Zuflucht gefunden. Aus welchen Gründen auch immer sie ins Exil gegangen waren, ihr Haß gegen die Österreicher und deren katholische Kollaborateure unter den Ungarn war abgrundtief. Da sie kaum etwas besaßen, machten sie Streifzüge über die Grenze und holten sich in ihrer alten Heimat, was sie benötigten. Anfangs handelte es sich um kleine Banden, die nichts als Plünderungen im Sinn hatten. Nach und nach aber wurden diese Banden immer größer und besser organisiert,[1] und im Sommer 1672 gelang es ihnen, die sich jetzt Kuruzzen nannten, eine kleine reguläre Einheit unter General Spankau anzugreifen und zu besiegen und den General in der Festungsstadt Kaschau (Košice) zu belagern. Mehrere kleinere ungeschützte

Städte der Grenzregion öffneten den Kuruzzen ihre Tore und zahlten ihnen den verlangten Tribut. Bis an die Waag (Váh) und bis nach Arva wagten sich die Horden vor. Und obwohl die meisten früher oder später von regulären Einheiten der kaiserlichen Armee geschlagen wurden, trieben sie weiter ihr Unwesen; denn die Überlebenden pflegten, in keiner Weise entmutigt, auf türkisches Territorium zurückzukehren.

Die Türken hielten zwar offiziell an ihrem Abkommen mit Leopold I. fest, unternahmen aber nichts gegen die Grenzverletzungen ihrer Flüchtlinge. Solange die Österreicher ihrerseits den Vertrag nicht verletzten, indem sie die Banden über die Grenze nach Türkisch-Ungarn verfolgten, fanden die Paschas an den Streifzügen nichts Schlimmes, handelte es sich hier doch um eine seit langer Zeit bestehende Tradition auf beiden Seiten, die den Flüchtlingen eine Existenzgrundlage verschaffte, ohne den Sultan zu kompromittieren.

Für das österreichische „Gubernium" und die Besatzungstruppen aber waren die Kuruzzen ein ständiges Ärgernis. Sie bewiesen allein durch ihre Existenz, daß es dem Kaiser trotz der Niederschlagung der Rebellion nicht gelungen war, die ungarische Nation als ganze an sich zu binden. Untrainiert und undiszipliniert, wie sie waren, konnten die Kuruzzen niemals einen Umsturz des Regimes herbeiführen, aber sie versetzten die dünn verteilten Garnisonen der kaiserlichen Armee in eine dauernde Alarmbereitschaft, ohne daß es ihnen gelang, alle zerstreut liegenden Dörfer vor den Blitzangriffen der schnellen Reiter zu beschützen. Durch ihre Brutalität erwarben sich die Kuruzzen bald einen Schreckensruf, der demoralisierend wirkte. Sie folterten und verstümmelten ihre Opfer, Gefangene machten sie nicht. Darauf antworteten die Kaiserlichen mit gleicher, oft noch schlimmerer Brutalität, die typische Antwort von Menschen, die sich fürchten.

Jeden Sommer wiederholte sich das gleiche, bis im Sommer 1678 das Bandenunwesen so organisiert auftrat, daß alles auf einen nationalen Aufstand hindeutete. Weite Gebiete entlang der Grenze, der Máramaros und der nördlichen und nordöstlichen Komitate, waren bereits verwüstetes Niemandsland.

Zu allem Unglück brach 1676 auch noch die Pest über das gequälte Land herein. Bis 1679 hatte sich die Seuche westwärts bis nach Böhmen und Österreich ausgebreitet. Nachdem sie die Dörfer an der Grenze heimgesucht hatte, hielt sie ihren Einzug in der Hauptstadt Wien. An militärische Operationen war vorläufig nicht zu denken.

Das Elend Ungarns bot Frankreich mannigfache Gelegenheit, Leopolds Position im Westen zu schwächen. Auch in Polen und Siebenbürgen waren französische Agenten tätig, um auf äußerst geschickte Weise die Kuruzzen zu stützen, ohne daß es sie selbst viel kostete.[2] 1677 brachten sie nämlich König Johann III. Sobieski von Polen und Fürst Michael Apáfi von Siebenbürgen dazu, untereinander einen Vertrag abzuschließen, in dem sie versprachen, den

Kuruzzen Zuflucht und Beistand zu gewähren. Zum Glück für Leopold I. führte diese äußerst unangenehme Allianz zwischen seinen östlichen Nachbarn zu keinen wesentlichen Resultaten. Denn Sobieskis Begeisterung für Frankreich hatte sich bereits stark abgekühlt, besorgt betrachtete er die Gefahr, die seinem eigenen Königreich von den Türken drohte, und außerdem machte die Ausbreitung der Pest jede militärische Operation zu einem Abenteuer.

Da Leopold I. sich eingestehen mußte, daß die Unterdrückungsmethoden zur Wiederherstellung der königlichen Autorität in Ungarn gescheitert waren, suchte er trotz der unnachgiebigen Haltung Hochers und einiger weniger ungarischer Extremisten wie Erzbischof Szelepcsényi nach neuen Wegen der Befriedung des Landes. Selbst der päpstliche Nuntius in Wien, Kardinal Buonvisi, sprach sich für einen Kompromiß mit den Malkontenten aus; denn der Islam, nicht der Protestantismus schien jetzt der wahre Feind zu sein. Auch der Papst unterstützte inzwischen gewisse Strömungen, die, wie er hoffte, zu einer Versöhnung zwischen Protestanten und Katholiken in Europa führen könnten. Nur so konnte das gesamte Christentum für den Krieg gegen die Türken mobilisiert werden. Leopold I. begann daher mit Nachdruck, die Friedensbemühungen seines alten Freundes, des Bischofs Cristóbal de Rojas y Spínola, zu unterstützen und akzeptierte, zumindest nach außen, sein Programm, die Protestanten mit Rom zu versöhnen.[3]

Auch noch andere Gesten lassen darauf schließen, daß das Wiener Regime seine Haltung zu den Unruhen in Ungarn verändert hatte. Zu Beginn des Jahres 1678 berief Leopold I. General Cob, der sich durch die brutalsten Vergeltungsmaßnahmen gegen die Kuruzzen hervorgetan hatte, aus Ungarn ab, rief die Magnaten und Prälaten zu einer Versammlung nach Preßburg zusammen und erwog mit seinen Ministern in der Geheimen Konferenz die Möglichkeit, die ungarische Verfassung per Dekret wieder in der alten Form herzustellen. Dazu brauchte bloß das Dekret für null und nichtig erklärt werden, durch welches das Gubernium eingesetzt worden war.

Aber die ungarischen Adligen glaubten, Leopold I. sei so zermürbt, daß er das ungarische Reformprogramm zur Gänze zurückziehen wollte, und forderten in Preßburg den Rückzug aller österreichischen Truppen aus Ungarn. Als der ungarische Kanzler, Thomas Pálffy, diesen Antrag Hocher vorlegte, kam es zu einem heftigen Wortwechsel zwischen den beiden Männern. Nach dieser Auseinandersetzung, an der die ganze Versammlung temperamentvoll Anteil nahm, war Hocher überzeugt, daß die Ungarn niemals einem Kompromiß zustimmen würden, und brachte Leopold dazu, seine Konzessionen zurückzuziehen. Die Kuruzzen nahmen ihre Überfälle im Sommer 1678 wieder auf, die jetzt, wie schon erwähnt, einen ganz anderen Charakter zeigten.

In der Person von Emmerich Thököly, dem zweiundzwanzigjährigen Sohn eines calvinistischen Adligen, dessen Besitz nach der Rebellion konfisziert worden war, hatten die Kuruzzen einen begabten Führer gewonnen. Graf

Emmerich war in Siebenbürgen aufgewachsen und mit dem oppositionellen Gedankengut seiner Mitflüchtlinge erzogen worden. Seine Intelligenz und Bildung, seine rhetorische Begabung und seine Führungsqualitäten ließen ihn weit über die anderen Flüchtlinge herausragen, und als eine der kriegerischen Horden ihn zu ihrem Führer wählte, schlossen sich ihm nach den ersten Erfolgen bald andere Banden an. Im Oktober 1678 führte er seine Leute zum Angriff auf die Bergwerkstädte des nordungarischen Hügellandes, der heutigen Slowakei. Zwar mußten sie sich vor den regulären Truppen General Wrbnas zurückziehen, konnten aber eine enorme Beute von Münzen und ungeprägtem Silber machen.

Zum ersten Mal in diesem nun schon Jahre dauernden Krieg hatten die Österreicher einen Mann, mit dem sie verhandeln konnten. Leopold I. ergriff sofort die Gelegenheit und bekam von Thököly einen vorläufigen Waffenstillstand zugesichert. Dadurch jedoch, daß Wien mit Thököly verhandelte, erkannte es ihn als Führer der ungarischen Opposition an, praktisch also als einen souveränen Fürsten, und Thököly versuchte, diese Position zu konsolidieren, indem er Rákóczis Witwe, Helene Zrinyi, heiratete, die unter der Vormundschaft des Kaisers stand. Die Friedensgespräche begannen im Winter in Sopron, aber der Kaiser brach sie in dem Moment wieder ab, als der Abschluß eines Friedens mit Frankreich ihm die Möglichkeit gab, die Ordnung in Ungarn mit Hilfe seiner nun ungeteilten Streitmacht wiederherzustellen. Die vom Rheinland herbeieilenden Truppen gerieten jedoch zu ihrem Entsetzen in eine der schlimmsten Pestepidemien dieses an Seuchen nicht armen Jahrhunderts.

Militärische Macht allein reichte unter diesen Umständen nicht aus, um dem Land seinen Frieden wiederzugeben. Kaspar von Ampringen nahm die Pest zum Vorwand, um sein Amt als Gouverneur niederzulegen und Preßburg zu verlassen. Leopold I. ernannte keinen Nachfolger; das Gubernium hörte einfach auf zu funktionieren.

Auch in Wien brachte die Pest praktisch alle Geschäfte zum Erliegen.[4] Leopold I. floh mit der kaiserlichen Familie nach Prag, während sich viele Höflinge und hohe Beamte auf ihre Güter auf dem Land zurückzogen. Bei einer so weit zerstreuten Regierungsmannschaft mußten die Staatsgeschäfte auf bessere Zeiten warten.

Kaum in Prag angelangt, sah sich Leopold I. auch hier mit Rebellion und Aufruhr, allerdings ganz anderer Art, konfrontiert: Die Bauern empörten sich über die Ausbeutung der Robot durch zahlreiche Großgrundbesitzer und sandten dem Kaiser im November 1679 eine lange Liste von Beschwerden. Als erste Reaktion ließ der Kaiser Truppen ausrücken, um die inzwischen bewaffneten Bauern zur Vernunft zu bringen. Einige der Bauernführer wurden auf der Stelle „als Beispiel und Warnung" hingerichtet, aber am 28. Juni 1680 gab Leopold I. sein berühmtes Robotpatent für Böhmen heraus, das die Grenzen der Zwangsarbeit festlegte.[5] Keine „Obrigkeit“ durfte von ihren Untertanen mehr Arbeit verlangen, als vom böhmischen Landtag festgelegt worden war. Jede zusätzliche Dienstleistung mußte bar bezahlt werden.

Außerdem war die Robot an Sonn- und Feiertagen verboten und auf ein Maximum von drei Tagen in der Woche beschränkt. Angesichts des allgemeinen Elends der in ganz Europa unbarmherzig ausgebeuteten Bauernschaft war das Robotpatent eine großzügige Antwort auf die Beschwerden dieser machtlosen Klasse. Es zeigte auch, bis zu welchem Grad die königliche Autorität in Böhmen noch funktionierte

Während Leopold I. in Prag hofhielt, erreichten ihn alarmierende Nachrichten aus Paris und Konstantinopel. Ludwig XIV. hatte begonnen, mit Hilfe der „Reunionskammern“ Territorien seinem Königreich anzugliedern, die ihm zwar in Nijmwegen nicht zugesprochen worden waren, die sich aber, wie er behauptete, einst in lehensmäßiger Abhängigkeit zu den ihm zugesprochenen Gebieten befunden hatten. Aus dem Osten kamen Gerüchte über die wachsende Kriegsbegeisterung der Türken, eine Kriegsbegeisterung, die vom französischen Gesandten in Konstantinopel in aller Öffentlichkeit noch angeheizt wurde. Leopold I. beschloß angesichts dieser Gefahr und seiner durch die Pest und die Bauernunruhen geschwächten Regierung, daß er mit der Opposition in Ungarn zu einer Einigung kommen müsse. So ließ er, als er auf seinem Weg von Prag nach Wien in Linz Station machte, einen Aufruf an den ungarischen Reichstag ergehen, sich in Sopron am 28. April zu versammeln. Der Aufruf enthielt aber auch das Versprechen, daß er persönlich erscheinen und den Vorsitz übernehmen werde, wie es der Tradition entspräche. Wenn auch widerstrebend, war Leopold I. nun doch fest entschlossen, den Ungarn ihre alte Verfassung wiederzugeben, erschien dies doch als die einzige Möglichkeit, mit der Gewalt zu brechen.

Am 25. Mai eröffnete Leopold offiziell die Sitzung. Thököly und andere protestantische Adlige hatten an ihrer Statt Stellvertreter geschickt, um zu zeigen, daß sie gewillt waren, Distanz zu halten. Der Reichstag wählte Graf Esterházy zum Palatin, und das war ein Kandidat, den auch Wien akzeptieren konnte. Ebenso anstandslos akzeptierte Leopold die Vorschläge, das Gubernium in aller Form abzuschaffen und den unabhängigen Status der ungarischen Schatzkammer wiederherzustellen. Durch diese Maßnahme verlor die Hofkammer ihre Kontrolle über die ungarischen Steuergelder, aber da sie in der Tat ihre Rechte wenig zu nutzen verstanden hatte, änderte diese Konzession wenig am Tatbestand.[6] Auch bei vielen anderen Beschwerdepunkten gelang es dem Kaiser und dem Reichstag, Kompromisse auszuhandeln. Nur das Konfessionsproblem konnte nicht so einfach geregelt werden.

Leopold I. blieb seinem Standpunkt treu, daß die religiöse Frage eine private und keine öffentliche Angelegenheit sei und deshalb nicht das Thema einer Diskussion im Reichstag sein könne. Die katholische Mehrheit unterstützte darin die Krone. Warum sollte sie die Position aufgeben, die sie sich während der letzten zehn Jahre mühsam erobert hatte? Die Freunde Thökölys forderten jedoch die Wiederherstellung der alten Freiheiten, die den Protestanten unter anderem das Recht auf Eigentum und freie Religionsausübung im ganzen Königreich einräumten. Hätte man dies akzeptiert, hätte man das gesamte konfiszierte Eigentum an ihre ursprünglichen Besitzer zurückgeben müssen. Und womöglich wäre es deswegen wieder zu Kämpfen zwischen den katholischen und protestantischen Magnaten gekommen. Wochenlang verhandelten Esterházy und die Protestanten, ohne daß eine Seite auch nur einen Zentimeter nachgab. Schließlich ordnete Leopold I. im Juli an, daß der Reichstag alle Diskussionen über „private Angelegenheiten" beiseite zu lassen habe. Voller Zorn lehnten die Protestanten das Dekret ab, erklärten den Reichstag für illegal und zogen ihre Zustimmung zu allen Kompromissen wieder zurück.

Leopold I. war in seinem Entgegenkommen so weit gegangen, wie es ihm sein Gewissen erlaubte. Seiner Meinung nach waren politische Konzessionen etwas ganz anderes als religiöse Kompromisse. Nichtsdestoweniger mußte er sich eingestehen, daß die katholische Mehrheit im Reichstag nicht den gesamten ungarischen Adel repräsentierte. Die Agenten Thökölys und der protestantischen Dissidenten waren zwar nicht sehr zahlreich, repräsentierten aber doch einen nicht zu unterschätzenden Teil des protestantischen Adels, der nicht zum Reichstag gekommen war, aber mit großer Spannung vom sicheren türkischen Ungarn aus die Diskussionen verfolgte.

Da diese nun in eine Sackgasse geraten waren, sah sich Leopold I. erneut dem doppelten Druck der Ostpartei auf der einen und der Westpartei auf der anderen Seite an seinem Hofe ausgesetzt. Der spanische Botschafter Borgomanero wurde nicht müde, ihn vor der Gefährlichkeit der französischen „Reunionskammern" zu warnen, während man auf der anderen Seite auf die alarmierenden Berichte des kaiserlichen Repräsentanten in Konstantinopel, Christoph von Kunitz, hinwies. Nur in einem Punkt waren die beiden politischen Parteien sich einig: Leopold I. mußte mit den ungarischen Rebellen zu einer Einigung kommen, koste es, was es wolle.

Trotz dieses mehrfachen Druckes verhielt sich Leopold I. weiter abwartend, bis ihn Anfang Oktober 1681 die Nachricht erreichte, daß die Franzosen die Reichsstadt Straßburg besetzt hatten. Leopold I. war nun überzeugt, daß er so bald wie möglich Ludwig XIV. entgegentreten mußte, und bekannte sich per Dekret zu den Friedensregelungen von 1606 in Ungarn. Das bedeutete, daß er den Städten die volle Religionsfreiheit zusagte, was er, da es sich dabei um einen Rückzug auf eine frühere Position handelte, seinem Gewissen gerade noch zumuten konnte. Die protestantischen Adligen waren jedoch keineswegs zufrieden, da ihre konfiszierten Güter weiter im Besitz der Katholiken blieben. Und auch die katholischen Geistlichen waren enttäuscht, da durch das Dekret ihre dominierende Position in den Marktstädten beendet war. So waren beide

Seiten vergrämt, aber keine konnte der anderen etwas anhaben ohne die Hilfe der Türken oder des Kaisers. Dieser konnte nun, da die Ungarn im Winter 1682–83 mit der Wiedereinrichtung einer verfassungsmäßigen ungarischen Regierung beschäftigt waren, seine Aufmerksamkeit seinem Feind im Westen zuwenden.

Vorher mußte jedoch noch ein internes Problem geregelt werden: Die Mängel der Finanzverwaltung waren in letzter Zeit besonders deutlich hervorgetreten, und es häuften sich die Klagen gegen den Hofkammerpräsidenten Graf Ludwig von Sinzendorf. Leopold I. hatte sie fünfundzwanzig Jahre lang ignoriert, aber als 1680 die Gläubiger sich weigerten, dem Staat weitere Kredite zu gewähren, wenn nicht die Hofkammer gründlich reformiert würde, gab Leopold endlich seine Einwilligung zu einer Untersuchung, deren Ergebnis wahrscheinlich nur noch den Kaiser überraschen konnte.

Soweit es überhaupt noch feststellbar war, hatte Sinzendorf sich widerrechtlich um zirka zwei Millionen Gulden bereichert. Leopold I. gab ihm am 2. April 1680 den Abschied und beauftragte eine Kommission mit der Untersuchung der von der Hofkammer praktizierten Methoden und einer Ausarbeitung von Reformvorschlägen. Nach einer Zeit tauchte ein Teil der von Sinzendorf veruntreuten Millionen wieder auf, aber das dringendste Problem war jetzt, den Staat durch eine gründliche Verwaltungsreform wieder kreditwürdig zu machen. Die Untersuchungskommission bestand aus Kanzler Hocher, dem böhmischen Kanzler Nostiz und Graf Albrecht Sinzendorf, einem Mitglied der Geheimen Konferenz, der als Finanzfachmann galt. Diese Männer traten unter dem Vorsitz Christoph Abeles zusammen, der am 15. April zum neuen Hofkammerpräsidenten ernannt wurde. In der Kommission befand sich also kein Mitglied der Hofkammer. Dies mag die Unabhängigkeit der Untersuchungskommission gefördert haben; dennoch war es ein unglücklicher Entschluß, nicht den Vizepräsidenten Quintin Jörger beizuziehen, der die meisten Vorwürfe gegen Sinzendorf vorgebracht und sich seit Jahren für Reformen eingesetzt hatte. Seine diesbezüglich ausgezeichneten Vorschläge scheinen von der Kommission nicht gewürdigt worden zu sein.[7] Jörger und auch Anton von Kremsmünster hatten detaillierte Pläne für eine einheitliche Finanzverwaltung ausgearbeitet, die, weil sie auf einem zentralen Rechnungssystem basierte, die Kontrolle der gesamten Finanzen zu jedem Augenblick ermöglicht hätte.

Die Untersuchungskommission hielt sich jedoch an das alte System separater Stellen und Verteilungsbüros und unterstellte, es genüge, daß alle Stellen der Hofkammer verantwortlich seien. Die Ergebnisse der Untersuchung wurden am 2. Januar 1681 in der sogenannten Hofkammerordnung veröffentlicht. Diese basierte auf der originalen Ordnung von 1568, der sie wenig Neues hinzufügte. Die Kommission schien der Ansicht zu sein, die Geldnöte der Monarchie seien das Produkt einer schlechten Verwaltung und man könne ihnen durch präzisere

Instruktionen an die Verwaltungsbeamten der königlichen Güter und größere Redlichkeit im Umgang mit öffentlichen Geldern beikommen. An ein festes Militärbudget, das damals schon in den meisten europäischen Staaten eine Selbstverständlichkeit war, wurde kein Gedanke verschwendet. Die einzelnen Regimenter mußten selber die Kontributionen eintreiben, die zu ihrem Unterhalt bestimmt waren. Bei einem solchen Verfahren war natürlich an genaue Abrechnungen nicht zu denken.

Die Hofkammerordnung verpflichtete aber immerhin die Hofkammer zu genauen vierteljährlichen und jährlichen Abrechnungen. Der Präsident mußte fortan dem Kaiser jährlich einen verläßlichen „Hauptextrakt" verfassen, „wie hoch sich selbiges ganzes Jahr der Empfang und die Ausgaben erstreckt und was für Capitalia, Interesse und andere Anweisungen bezahlt, was davon noch ausständig, item was wir an denen Landtagsbewilligungen und sonsten noch im Hinterstand haben".[8]

Der Stil des Dokumentes ließ wenig Hoffnung über einen fundamentalen Wandel im Finanzgebaren aufkommen. Die Abrechnungen aus der Provinz trafen weiterhin unregelmäßig und zu spät in Wien ein, und sie wurden, wenn sie endlich auftauchten, von der Hofkammer kaum beachtet.

Die gegenwärtigen Arbeitsmethoden der Hofkammer änderten sich also kaum. Beschlüsse konnten nur gefaßt werden, wenn alle zehn Mitglieder der Hofkammer bei den Sitzungen vertreten waren: fünf Vertreter des Adels, drei des Ritterstandes und zwei der Wissenschaft. Nur Routineangelegenheiten wurden der Entscheidung des Präsidenten allein überlassen. Diese an sich ganz vernünftige Regelung hatte insofern große Nachteile, da die Hofräte mit den alltäglichen Geschäften der Hofkammer kaum in Berührung kamen.

Die böhmische Kammer in Prag, die schlesische in Breslau und die beiden ungarischen in Preßburg und Kaschau waren ausdrücklich der Hofkammer unterstellt und dazu angehalten, von nun an ihre Berichte und Abrechnungen zeitgerecht nach Wien zur Überprüfung zu schicken. Dies war immerhin ein Schritt zur Zentralisierung der Monarchie. Aber er führte andererseits zu noch mehr Konfusion, besonders wenn der Hof nicht in Wien residierte. In einem solchen Fall blieben einige der Hofkammerbeamten in Wien, andere folgten dem Monarchen. Jene, die mit dem Hof mitreisten, mußten die Ausgaben kontrollieren, während die Abrechnungen weiter nach Wien gingen, wo die Einkünfte gesammelt und dem Kaiser nachgeschickt wurden. Eine Sondergenehmigung gestattete dem Registrator der Wiener Kammer, das kaiserliche Siegel zu benutzen, mit der vagen Verfügung, es nicht zu mißbrauchen und es niemandem sonst anzuvertrauen.

Diesem amateurhaften Versuch, die Finanzangelegenheiten zu zentralisieren, sollte niemals ein durchschlagender Erfolg beschieden sein. Nur ein paar Monate nach dem Inkrafttreten der neuen Hofkammerordnung willigte Leopold I. ein, daß die Unabhängigkeit der beiden ungarischen Kammern wiederhergestellt wurde. Trotzdem bestand die Ordnung trotz aller Fehler mit nur wenigen Korrekturen bis 1714.

Leopold I., der nur wenig von Finanzen verstand, war von den Mitgliedern der Kommission auf gefährliche Weise irregeführt worden, indem sie ihm die Ansicht vermittelten, die sie selber teilten, daß ihr Programm ein starkes Reformwerk darstelle, eine Ansicht, die durch das wiederhergestellte Vertrauen der Gläubiger noch verstärkt wurde. Tatsächlich war ein schrittweises, wenn auch geringes Ansteigen der Einnahmen zu verzeichnen, das auf gewisse Verbesserungen in der Güterverwaltung und auf die Entlassung von korrupten Beamten zurückzuführen war. Aber diese kleinen Korrekturen standen in keinem Zusammenhang mit den grundlegenden Problemen. Wie eh und je konnten die Einnahmen die normalen Ausgaben inklusive der Schuldzinsen nicht decken. Für den Unterhalt des Militärs mußte die Monarchie, wenn nicht plötzlich ein Glücksfall eintrat, nach wie vor zu außergewöhnlichen Mitteln greifen, nämlich zu ausländischen Subsidien.

Am Vorabend der größten Krise seiner Regierung verhielt sich Leopold I. wie ein schuldengeplagter Landedelmann, der im Vertrauen auf seine Gläubiger und seine braven Diener überzeugt ist, daß alles gutgehen werde. Als die Probe 1683 eintrat, konnte der Triumph über die Türken ihn nur in seinem Glauben bestärken, daß Vertrauen und Loyalität und nicht die Reform der Ämter letztendlich zum Sieg führten.

IX. Die türkische Invasion

Als Leopold Ungarn seine frühere Verfassung wiedergab, wußten er und die Ungarn, daß dies ein Verzweiflungsakt war. Die Eroberung Straßburgs durch die Franzosen hatte den Kaiser zum Nachgeben gezwungen und nicht etwa der Respekt vor den traditionellen Privilegien Ungarns. Aber auch jetzt konnte man keineswegs sorglos dem Osten den Rücken zukehren. Der nunmehr zwanzigjährige Waffenstillstand von Vasvár lief 1684 ab, und, was schlimmer war, Thököly und seine Kuruzzen waren in keiner Weise gebändigt.

Thököly hoffte durch Leopolds mißliche Lage selbst zu Macht in Ungarn kommen zu können. Mit der Behauptung, das kaiserliche Dekret hätte die berechtigten Beschwerden seiner Anhänger unberücksichtigt gelassen, sandte er eine Petition nach Wien, in der er Straffreiheit für sich und seine Anhänger forderte, Zurückgabe aller Güter, ein Fürstentum für sich in Oberungarn, Religionsfreiheit im ganzen Königreich und schließlich die Hand der Helene Zrinyi.[1]

Dem Kaiser konnte kaum daran gelegen sein, einen so unbequemen Untertanen so mächtig werden zu lassen, aber Thököly verfügte bereits über ein zwanzig- bis dreißigtausend Mann starkes Heer, zu dem noch zusätzliche Unterstützung von Fürst Michael Apáfi und von einigen türkischen Paschas zu rechnen war. Wenn Leopold I. jetzt seine Truppen in Ungarn konzentrierte, würde Ludwig XIV. den Eindruck gewinnen können, daß man seine Raubzüge im Reich nicht zur Kenntnis nahm. Man riskierte damit sogar einen ernsten Bruch mit Spanien. Denn Spanien litt noch immer unter der Demütigung seiner letzten Auseinandersetzung mit Frankreich.

Hocher, Hermann von Baden, Königsegg und die übrigen Reichspolitiker am Hof neigten dazu, die vom spanischen Botschafter Borgomanero angeführte Partei der Westpolitik zu unterstützen. Die Geheime Konferenz arbeitete nun einen Plan aus, der, wie sie hofften, einen dritten Weg aus der unglücklichen Situation bot. Als erstes schlugen sie vor, mit der Pforte über eine Verlängerung des Waffenstillstands zu verhandeln. Wenn das gelänge, könnte man in Ruhe mit den ungarischen Malkontenten verhandeln, während man sich bereits für einen weiteren Krieg am Rhein rüstete. Die Türken zu beruhigen war ein ehrgeiziges diplomatisches Unterfangen, aber es lohnte den Versuch.

In ihrem Geschick, Leopolds Schwierigkeiten mit dem Osten zum Vorteil Ludwigs XIV. immer weiter auszubauen, waren die Franzosen nicht zu schlagen.[2] Die sehr bescheidene finanzielle Hilfe, die sie den ungarischen

Rebellen zukommen ließen, war ausgezeichnet investiert. In Konstantinopel mußten sie jedoch äußerst vorsichtig vorgehen, denn es hätte der „Allerchristlichen“ Majestät übel ausgelegt werden können, wenn man sie öffentlich dabei ertappt hätte, wie sie den Sultan ermunterte, das christliche Reich im Osten zu stürmen, während sie es im Westen ausplünderte. Daher waren die französischen Agenten in Konstantinopel nicht auf ein offizielles Bündnis aus, sondern begnügten sich mit der vorsichtigen Unterstützung der Kriegspartei im Diwan, geschickten Bestechungen und der vorsichtigen Weitergabe von Gerüchten.

In Polen konnten die Franzosen dagegen viel offener agieren. König Johann Sobieski III. und seine französische Frau Marysiénka, eine geborene Gräfin d'Arquien, betrachteten Frankreich seit Jahren als ihren natürlichen Verbündeten gegen die Habsburger und übrigens auch als eine Geldquelle. Zugleich haßte Sobieski freilich die Türken noch mehr, als er die Franzosen, und besonders ihre „Livres“, liebte.[3] Um die Franzosen zufriedenzustellen, mußte er nur neutral bleiben, wenn die Türken Österreich angriffen, aber gerade die Neutralität war für die Polen nicht leicht einzuhalten.

Denn die Mehrheit des polnischen Adels war für einen Krieg gegen die Türken. Ludwig XIV. aber wollte die Türken und die Polen auseinanderhalten, denn ein türkischer Krieg in Polen hätte ihm nichts gebracht, während er Leopold den Rücken für Aktionen im Westen freigemacht hätte. Besser wäre es für Ludwig XIV. gewesen, wenn sich beide gegen Österreich gewandt hätten. Aber hier verrechnete er sich gründlich und überschätzte seinen Einfluß bei Sobieski, ebenso wie er die Furcht, die man in Mittel- und Osteuropa noch immer vor den türkischen Armeen empfand, unterschätzte. Auch die Hartnäckigkeit von Papst Innozenz XI. und die Geschicklichkeit der päpstlichen Diplomatie hatte er falsch eingeschätzt.

Seit seiner Wahl zum Papst 1676 hatte Benedetto Odescalchi seinen Traum zu realisieren versucht, das christliche Europa für einen Kreuzzug gegen die Türken zu gewinnen. Obgleich er in anderen Fragen eher franzosenfreundlich eingestellt war, in diesem Punkt war er unbeugsam. Gegen die Eloquenz der päpstlichen Stellvertreter in Warschau und Wien waren die Franzosen praktisch machtlos.

Während Pallavicini sich die antitürkische Stimmung in Polen zunutze machte, versuchte Buonvisi, seit 1675 Nuntius in Wien, die Reste der „Ostpartei“ zu ermutigen und Leopold I. dazu zu bringen, die Differenzen mit Frankreich zu beseitigen und alle Kräfte für die große Auseinandersetzung mit dem Islam zu sammeln. Dieser zu wiederholten Malen vorgetragene Rat stieß beim Kaiser und seinen Beratern jedoch auf wenig Entgegenkommen. Auch nach Nijmwegen, als endgültig klar wurde, daß die Türken Thököly mehr als nur passive Assistenz boten, klammerte sich die Geheime Konferenz noch immer an die Überzeugung, Frankreich und nicht die Türken sei der wirkliche Feind des Hauses Österreich und des Reiches.

Buonvisis Angebot einer päpstlichen Vermittlung im Verhältnis zu Polen war dagegen willkommen. Auch hier sahen allerdings Leopold I. und die Geheime Konferenz in der Verbesserung der Beziehungen zu Polen mehr die Möglichkeit, den französischen Einfluß in Polen zurückzudrängen, als eine Vorbereitung für den Krieg im Osten. Warschau reagierte auf Leopolds Initiative ausgesprochen herzlich, besonders als sie durch Pallavicini und persönliche Noten von Innozenz XI. 1681 und 1682 unterstützt wurde. Die päpstlichen Stellvertreter gaben sich alle Mühe, das gegenseitige Mißtrauen, das Leopold I. und Sobieski füreinander empfanden, zu mildern, und legten so den Grundstock zu einer Allianz, die buchstäblich in letzter Minute, bevor sich das Gewitter in Ungarn entlud, geschlossen wurde.

Eines allerdings gelang Buonvisi nicht: die Angst- und Haßgefühle zu beseitigen, die der Kaiser für Ludwig XIV. hegte. Dagegen hatte man sich in Wien schon fast an die permanente Krise im Osten gewöhnt und beendete automatisch jedes Gebet mit der Bitte „und Gott beschütze uns vor den Türken". Die Erfahrung hatte zudem gezeigt, daß der osmanische Staat unter dem degenerierten Mehmed IV. bei weitem nicht eine so furchterregende Macht war wie unter Süleiman I. Nach dem Krieg von 1664 war man in Wien sogar allgemein der Ansicht, von den Türken habe man nichts Schlimmes mehr zu befürchten.

Dieser Optimismus wurde jedoch durch die Gerüchte aus Konstantinopel in keiner Weise bestätigt. 1678 und 1679 waren nicht weniger als vier diplomatische Gesandtschaften von Wien nach Konstantinopel geschickt worden, aber alle Gesandten waren gestorben, bevor die Gespräche noch begonnen hatten. Als Christoph von Kunitz 1680 in Konstantinopel eintraf, mußte er feststellen, daß einige Türken das Schicksal seiner Vorgänger als schlechtes Zeichen auffaßten: Gott wünsche keinen Frieden zwischen dem Kaiser und dem Sultan. Das war kaum ein ermutigender Beginn für eine friedenstiftende Mission. Kunitz zweifelte schon kurz nach seiner Ankunft nicht mehr daran, daß der Diwan viel mehr Interesse daran hatte, die Malkontenten in Ungarn zu unterstützen und für den Krieg aufzurüsten, als den Waffenstillstand von Vasvár zu verlängern.

Im gleichen Jahr, 1676, da Innozenz XI., der Kreuzfahrer-Papst, den päpstlichen Thron bestieg, starb der Großwesir Ahmed Köprülü. Sein Nachfolger war der gut darauf vorbereitete Kara Mustafa, ein Emporkömmling aus Anatolien. Im Gegensatz zu seinem Mentor hielt der neue Großwesir wenig von den Machenschaften des trägen osmanischen Hofes. Nur durch militärische Erfolge, das war ihm klar, konnte er berühmt und mächtig werden.[4]

Kara Mustafa stand im Ruf, ein äußerst tapferer Soldat und ein unermüdlicher Arbeiter zu sein. Das schienen aber auch seine einzigen positiven Charaktereigenschaften gewesen zu sein. Seine außerordentliche Machtgier trieb ihn dazu, alles und jeden zu opfern, der seinem Ehrgeiz im Wege stand, was man nach dem Debakel von 1683 beobachten konnte. Vom Beginn seiner Karriere trug er sich mit diversen ruhmverheißenden Projekten, und darunter war wahrscheinlich auch eine Expedition gegen die Kaiserstadt. Dies jedenfalls fürchtete Kunitz und teilte seine Befürchtungen der Geheimen Konferenz mit, bevor man noch wußte, in welche Richtung der Ehrgeiz des Großwesirs ihn treiben würde.

Im Februar 1681 schlossen die Türken mit den Russen in Radzin Frieden und hatten damit den Krieg an ihrer nordöstlichen Grenze beendet. Im Sommer desselben Jahres unterstützten türkische Truppen bereits ganz offen Thököly und seine Kuruzzen, was eine Verletzung des Vertrages von Vasvár darstellte. Fürst Michael Apáfi wurde vom Sultan zum Befehlshaber der türkisch-siebenbürgischen Streitkräfte, die mit den Kuruzzen zusammenarbeiteten, ernannt.

Alle diese Tatsachen bestätigten die Berichte von Kunitz und die Ansicht Buonvisis, daß die Auseinandersetzung mit den Türken vor der Tür stand. Emmerich Sinelli, der inzwischen Bischof von Wien geworden war, trat nun auch an die Seite des Nuntius, während Hermann von Baden und die Reichspolitiker sich fest hinter die westliche Gruppe scharten. Noch im Juni 1682 war die Hofkanzlei hauptsächlich damit beschäftigt, eine Allianz der deutschen Staaten zusammenzubringen, um die Franzosen in Schach zu halten. Um den frankophilen Kurfürsten von Bayern auf seine Seite zu bringen, bot Leopold I. dem jungen Max Emanuel die Hand seiner Tochter Maria Antonia an. Angesichts der problematischen spanischen Erbfolge war dies sicher das dynastische Geschäft des Jahrhunderts. Max Emanuel konnte denn auch dem Angebot nicht widerstehen und trat zur kaiserlichen Seite über. So wie sich die Dinge aber entwickelten, sollte er sich seine Sporen nicht im Kampf gegen Frankreich, sondern gegen die Türken verdienen.

Leopolds Antwort auf die Krise im Osten 1682 wird einem nur verständlich, wenn man weiß, wie sicher er mit einem Krieg gegen Frankreich rechnete. Trotz der vielen Anzeichen, die auf das Gegenteil hindeuteten, hielten der Kaiser und die Geheime Konferenz an dem Glauben fest, man könne doch noch mit den ungarischen Rebellen fertig werden und, wenn dieser Unruheherd endlich beseitigt wäre, sich mit den Türken auf friedliche Weise verständigen. In seiner optimistischen Lageauffassung schickte Leopold I. sogar noch einen zweiten Emissär, Graf Albert Caprara, nach Konstantinopel, um Kunitz zur Seite zu stehen, während die Verhandlungen mit Thököly weitergingen. Leopold konnte es sich nicht leisten, auf alle Forderungen der Rebellen einzugehen, aber um die Verhandlungen offenzuhalten, gab er seine Zustimmung zur Heirat Thökölys mit Helene Zrinyi. Und dies war ein bedeutsames Entgegenkommen, denn solang Helene eine unverheiratete Witwe und des Kaisers Mündel war, konnte die Krone über das riesige Einkommen ihres Besitzes verfügen. Indem er sein Jawort zu dieser Ehe gab, gab der Kaiser gleichzeitig sein letztes Pfand aus der

Hand; denn die Türken konnten Thököly alles mögliche versprechen, aber sie konnten ihm nicht die faszinierende Witwe verschaffen.

Emmerich Thököly und Helene Zrinyi heirateten am 15. Juni 1682, aber schon nach neun Tagen kündigte Thököly seinen Waffenstillstand mit Leopold I. Im Juli und August gelang es Thököly mit Hilfe der Truppen des Paschas von Pest und Michael Apáfis, drei wichtige Städte Oberungarns, darunter Kaschau, einzunehmen. Im September verlieh ihm der Sultan den Titel „Prinz von Mittelungarn", natürlich unter der Oberhoheit der Hohen Pforte. Im Oktober hielten die Rebellen ganz Oberungarn besetzt und schickten räuberische Kuruzzenbanden nach Mähren und Schlesien.

Am 1. August 1682 rief Leopold I. seine Konferenzminister zusammen, um mit ihnen über eine eventuelle Annahme der französischen Friedensangebote zu beraten. Aber trotz der Warnungen Capraras und der fast schon hysterisch zu nennenden Beschwörungen der Kunitz-Berichte entschied sich die Konferenz gegen ein Abkommen mit Frankreich, das die Reunionskammern gutgeheißen hätte. Die Furcht vor Frankreich war immer noch größer als die vor den Türken, und daher wollte man alle Truppen, die man hatte, eher am Rhein als an der Donau konzentrieren. Caprara und Kunitz bekamen Instruktionen, ihre Friedensbemühungen zu verdoppeln, während die österreichischen Diplomaten im Westen Frankreich weiter die kalte Schulter zeigen durften.

Aber jetzt begannen die Ereignisse einander so zu jagen, daß die Nachrichten nicht mehr Schritt halten konnten. Die Instruktionen an Caprara und Kunitz kamen bereits zu spät nach Konstantinopel. Mit dem Versprechen Frankreichs, den Kaiser unter keinen Umständen zu unterstützen, wohl aber Polen, sollte es angegriffen werden, beschlossen der Sultan und Kara Mustafa, in Ungarn loszuschlagen. Anfang Oktober 1682 verließen sie Konstantinopel, und als Caprara und Kunitz ihre Instruktionen und das Geld für Bestechungen erhielten, war der Hof bereits nach Adrianopel aufgebrochen. Mit diplomatischen Mitteln war nichts mehr auszurichten.

Angesichts der gefährlichen Situation standen die Verhandlungen in Warschau unter dem Zeichen besonderer Dringlichkeit. Im Frühling 1682 erklärte sich Sobieski einverstanden, die ungarischen Rebellen aus seinem Königreich zu vertreiben und den Franzosen zu verbieten, Polen als Basis für die Nachschubversorgung zu benutzen. Vergeblich versuchte Frankreich, die sich abzeichnende Allianz zwischen Österreich und Polen zu hintertreiben. Am 31. März 1683 wurde der Vertrag unterzeichnet. Leopold I. verpflichtete sich, 60.000 Mann, Sobieski 40.000 Mann gegen die Türken aufzustellen. Für den Fall, daß die Türken direkt Krakau oder Wien angriffen, würden die beiden Armeen zusammengelegt werden. Mit Freuden trat Papst Innozenz XI. dieser Koalition als Garant bei und öffnete generös seine Börse, um Österreich und Polen zu unterstützen. Aus seiner Sicht war dies ein Angriffspakt, ein Kreuzzug gegen den Islam. Für Leopold I. und Sobieski war es ein Akt der

Selbstverteidigung. Außer seiner Zusage, jedem der beiden Partner der zukünftigen Heiligen Liga eine halbe Million Gulden zur Verfügung zu stellen, erlaubte er auch den beiden Herrschern, den Kirchenbesitz in ihren Ländern zu besteuern. Das war ein ungewöhnliches Entgegenkommen.

Innozenz versuchte dem Kaiser noch in einem anderen Punkt zu helfen, indem er seinen ganzen Einfluß aufbot, Ludwig XIV. davon abzuhalten, die Krise auszunützen und wieder ins Reich einzufallen. In diesem Punkt war er allerdings weniger erfolgreich. Ludwig XIV. beteuerte seine Unschuld und machte Leopold I. den Vorschlag, seine Gebietserweiterungen samt Straßburg zu akzeptieren. Dafür würde sich Frankreich in Zukunft zurückhalten. Als Leopold I. dieses Ansinnen zurückwies, ging Ludwig XIV. so weit, zusätzliche Gebiete zu fordern und dafür einen dreißigjährigen Frieden zu garantieren. Zugleich mobilisierte er bereits seine Truppen im Elsaß. Friedrich Wilhelm von Brandenburg versuchte als Verbündeter Frankreichs, Leopold I. zugleich zu erpressen und zu bestechen, indem er ihm 16.000 Mann anbot, für den Fall, daß er die französischen Bedingungen akzeptierte. Auch Innozenz XI. redete Leopold I. zu, auf den Handel einzugehen, fürchtete er doch, daß der Kreuzzug sonst zusammenbrechen werde. Aber der Kaiser blieb fest und lehnte jedes Gespräch über die Reunionskammern ab. Über die Angelegenheiten im Westen mußte später entschieden werden, jetzt ging es darum, sich gegen den Feind im Osten zu verteidigen.

Selbst mit dem unerwarteten päpstlichen Geldsegen ging die Aufrüstung der kaiserlichen Armee nur langsam vorwärts. Nach Nijmwegen war die Armee stark reduziert worden; zwar hatte der Kaiser 1682 noch etwa 36.000 Mann unter Waffen, aber die Streitkräfte standen weit zerstreut in den Erbländern, in Ungarn und am Rhein. Zusätzliche Truppen waren nur von den deutschen Fürsten zu erwarten, und das bedeutete monatelange Verhandlungen und einen wochenlangen Marsch nach Ungarn.

Die Türken rückten schneller vor, als der Hofkriegsrat erwartet hatte. Kara Mustafa benutzte die Wintermonate, um die zerstreuten türkischen Einheiten zusammenzuziehen, und laufend stießen Hilfstruppen zu den westwärts marschierenden Truppen. Die Hauptstreitkraft verließ Adrianopel am 31. März 1683 und ging am 3. Mai rund um Belgrad ins Lager. Bald darauf stießen Verstärkungen aus Asien und Hilfstruppen von den Vasallenstaaten an der Donau zur Hauptarmee. Die regulären, gut ausgebildeten Kerntruppen waren etwa 40.000 Mann stark. Mit den Hilfstruppen kam die türkische Streitkraft auf fast 100.000 Mann, nicht gerechnet die Diener und Sklaven und was sonst noch mit der Armee mitzog. Mitte Juni marschierten die osmanischen Truppen durch Ungarn, und hier stieß die Kavallerie des tatarischen Khans zu ihr. Ende Juni vereinigte sich die türkische Streitmacht mit den Truppen des Paschas von Pest gegenüber der kaiserlichen Festung Györ an der Grenze des königlichen Ungarns.

Sobald der Hofkriegsrat sich über die Marschrichtung der türkischen Armee im klaren war, entwickelte er einen Plan für einen offensiven Feldzug nach Ungarn, in der Hoffnung, den Krieg auf diese Weise in Ungarn zu lokalisieren. Der 20. April wurde für die Vereinigung der kaiserlichen Truppen im Süden von Preßburg fixiert. Der Plan war gut, aber die Zeit zu kurz, als daß die weit zerstreuten kaiserlichen Einheiten rechtzeitig an ihrem Bestimmungsort hätten eintreffen können. Ein anderes Problem war die Ernennung eines Oberbefehlshabers. Leopold I. wollte das Kommando seinem Schwager Karl von Lothringen anvertrauen, aber er mußte zunächst den Widerstand seines Hofkriegsratspräsidenten Hermann von Baden beseitigen, der den Posten gerne mit seinem eigenen Neffen Ludwig Wilhelm besetzt hätte. Erst am 21. April, also am Tag, nach dem sich die Armeen vereinigen sollten, bestätigte Leopold I. Herzog Karl von Lothringen als Befehlshaber seiner sämtlichen Armeen.

Am 6. Mai 1683 besichtigten Leopold I. und sein zukünftiger Schwiegersohn, Max Emanuel von Bayern, ihre ungefähr 30.000 Mann starke Armee in der Nähe von Preßburg. Immer noch war die Armee erst halb so stark wie versprochen und viel zu schwach, um die Türken anzugreifen, aber sie wuchs kontinuierlich durch ständig neu hinzukommende Einheiten. Paul Esterházy, der ungarische Palatin, brachte 6000 Mann von den im Einsatz gegen die Aufständischen stehenden Truppen[5] und weitere 12.000 aus den ungarischen Garnisonen und von der Militärgrenze in Kroatien.

Die Geschwindigkeit, mit der die Türken vorwärts rückten, hielt den Hofkriegsrat und die Geheime Konferenz schließlich doch von einer Offensive in Türkisch-Ungarn ab; denn eine solche hätte die Hauptstadt aller Verteidigungstruppen entblößt und hätte die kaiserliche Hauptarmee von den sich langsam im Westen versammelnden alliierten Truppen und Sobieskis Armee im Norden abgeschnitten. Statt dessen befahl man nun Karl von Lothringen, die wichtigen Barrierefestungen Györ (Raab) und Komárno (Komorn) in Ordnung zu bringen und sich im übrigen in der Defensive zwischen der türkischen Hauptarmee und der Hauptstadt Wien zu halten.

Diese konventionelle Strategie schien plötzlich aufs höchste durch Tatarenüberfälle in Westungarn und Angriffe der Kuruzzen im Norden gefährdet. Karl von Lothringen wollte vermeiden, seine Verteidigungsstreitmacht aufzusplittern, und begann sich mit ihr donauaufwärts zurückzuziehen, als Mustafa am 2. Juli vor Györ erschien. Als er sah, daß die Österreicher vor ihm zurückgingen, ließ Kara Mustafa eine kleine Einheit zurück, um die kleine, aber gut ausgerüstete Garnison zu belagern, und zog die übrigen Einheiten zusammen, um die Raab (Rába) zu überqueren. Lothringen sandte daraufhin fast seine gesamte Artillerie und Infanterie zurück nach Wien. Seine Kavallerie deckte in langgezogener Formation den Rückzug der langsameren Einheiten.

Gegen zwei Uhr am Nachmittag ritt am 7. Juli General Aeneas Caprara in die Hofburg ein mit der Nachricht, daß die Türken den Schutzgürtel der Kavallerie durchbrochen hatten und sich auf dem Marsch nach Wien befanden. Leopold I. rief hastig die Konferenz zusammen und beschloß, mit der kaiserlichen Familie und dem Hof Wien zu verlassen.

Die überstürzte Flucht des Hofes wurde in der Stadt mit Bestürzung aufgenommen.[6] Im allgemeinen ist Leopold I. deswegen hart verurteilt worden, wahrscheinlich aber hat er mit dieser einzigen hastigen Entscheidung seines Lebens den einzigen ihm noch verbleibenden Ausweg gewählt. Natürlich hätte seine Anwesenheit in der belagerten Stadt den Widerstandsgeist der Bewohner gestärkt, aber sonst hätte er wenig tun können, und sein Hof wäre zu einer unerträglichen Belastung geworden. Als der Wagen des Kaisers die Hofburg verließ, blockierte eine murrende Menge den Weg. Die Leibgarde begann sofort, die Leute, die den Kaiser anflehten, sie nicht allein zu lassen, mit Gewalt auseinanderzutreiben, aber Leopold I. befahl mit ruhiger Stimme, freundlich zu den Leuten zu sein, und das Gefolge bahnte sich langsam einen Weg durch die mit Menschen überfüllten Straßen.

Aber auch in den Dörfern vor der Stadt war Panik ausgebrochen, das Land rund um die Stadt war in Aufruhr. Aufgebrachte Bauernhorden belästigten die aus der Stadt kommenden Flüchtlinge. Es kam zu häßlichen Zwischenfällen. Auch die kaiserliche Familie befand sich in Gefahr. Wo immer der Wagen erkannt wurde, verfluchte man den Kaiser, der Krieg übers Land brachte und die Jesuiten unterstützt hatte, so daß die Protestanten die Türken zu Hilfe gerufen hatten. Erst spät in der Nacht erreichten die kaiserlichen Flüchtlinge Klosterneuburg, das sie schon am nächsten Tag wieder verließen, um die Donau hinauf über Krems und Linz nach Passau zu fahren. Hier trafen sie am 17. Juli ein.

Die Bischofsstadt erwies sich als ausgezeichneter Punkt für eine Exilregierung. Die kleine Stadt war zwar bald unangenehm überfüllt, verfügte aber über gute Verkehrswege in alle Richtungen. Schnell bildete sich aus den Resten der Verwaltungsorgane eine provisorische Administration, die für Ordnung in der Stadt sorgte und sich für den Aufbau einer Befreiungsarmee einsetzte. Als der Kaiser den Eindruck hatte, daß das Provisorium funktionierte, faßte er den Entschluß, dem Kriegsgeschehen wieder näher zu rücken. Am 25. August bestieg er mit der hochschwangeren Kaiserin Eleonore ein Schiff, das sie nach Linz brachte. Nachdem hier eine komfortable Unterkunft für die Kaiserin beschafft worden war, wo sie am 7. September eine Tochter zur Welt brachte, fuhr Leopold I. mit einem kleinen Gefolge die Donau abwärts bis Dürnstein. Hier, unter den Ruinen der Burg, wo einst der Babenberger Leopold Richard Löwenherz gegen ein Lösegeld gefangenhielt, erwartete er auf seinem Boot den Ausgang der Schlacht um Wien.

In der Nacht vom 7. auf den 8. Juli, als der Hof donauaufwärts floh, glich Wien einem Hexenkessel. Tausende verließen die Stadt, Tausende strömten aus den umliegenden Dörfern hinein, um sich vor den Türken in Sicherheit zu bringen.[7] Aber schon am folgenden Tag wurde es ruhiger. Am Abend des 8. Juli traf Graf Ernst Rüdiger von Starhemberg, den Leopold I. zum Befehlshaber der befestigten Stadt ernannt hatte, in Wien ein und bildete eine Notregierung.

Leopold I. hatte die Männer, die Wien verteidigen sollten, sorgfältig gewählt. Starhemberg war ein einfacher, aufrechter und sehr tatkräftiger Soldat, der sich in der komplizierten Belagerungstechnik sehr gut auskannte. Schon zu Lebzeiten war er für seine Tapferkeit berühmt, und mit seiner unverblümten Art schaffte er es, das Beste aus den Leuten herauszuholen. Diplomat war er keiner und auch nicht der Mann, mit den Intrigen des aristokratischen Hofkriegsrats fertig zu werden, aber für die jetzige Aufgabe war er wahrscheinlich der beste Mann im kaiserlichen Dienst.

Mit der Leitung der Zivilregierung hatte Leopold I. den tschechischen Grafen Kaspar Zdenko Kapliřs betraut. Der zweiundsiebzigjährige Vizepräsident des Hofkriegsrats zögerte aus verständlichen Gründen, diese schwierige Aufgabe zu übernehmen. Er floh mit dem Hof nach Krems, aber hier bekam er vom Kaiser in freundlichen, aber bestimmten Worten den Befehl, nach Wien zurückzukehren. Kapliřs gehorchte und erfüllte seine Pflicht mit bemerkenswerter Energie und Intelligenz. Aus freien Stücken kam dagegen Leopold Kollonitsch, Kardinal und Bischof von Wiener Neustadt, in die belagerte Hauptstadt, um sich um die ärztliche Versorgung zu kümmern. Dabei kam ihm seine langjährige Erfahrung als Malteserritter und als Veteran des langen türkischen Kriegs auf Kreta zugute. Mit seinem Segen schritt man zur Konfiszierung des in Wien gehorteten Besitzes zahlreicher ungarischer Prälaten.

Zwischen der Abreise des Hofes und der Ankunft Kara Mustafas gab es für Wien eine Atempause von einer Woche. Die Türken stoppten ihren Vormarsch bei Deutsch-Altenburg an der Donau, nicht weit von Preßburg, und warteten auf den Proviant, der auf Kähnen von Buda stromaufwärts gezogen wurde. Diese kostbaren Tage nutzte Wien, um sich auf eine lange Belagerung einzustellen. Zusätzlich zu den vom Hofkriegsrat bereitgestellten Provisionen wurden nun in letzter Minute noch weitere Nahrungsmittel und militärischer Nachschub in die Stadt geholt. Unter der Leitung von Bürgermeister Johann Andreas von Liebenberg besserten die Bürger die Erdwälle rund um die Stadtmauern aus. Am 13. Juli brannte man die Vorstädte ab, damit sie nicht von den Türken benutzt werden konnten. Dabei entging man nur knapp einer Katastrophe, als sich nämlich das Feuer gefährlich dem Zeughaus mit seinen großen Depots von Schießpulver näherte. Nur dem schnellen Einspringen eines jungen Offiziers, des zukünftigen Feldmarschalls Guido von Starhemberg, war es zu verdanken, daß das Feuer rechtzeitig gelöscht werden konnte.

Karl von Lothringen, der mit seinen Truppen in der Nähe von Wien lagerte, verstärkte die städtischen Einheiten mit so viel Mann, wie Starhemberg verkraften konnte. Dann zog sich die kaiserliche Armee auf die Höhen nördlich der Donau zurück, und die Türken umzingelten die Stadt am 16. Juli.

7 Leopold I.

X. Die Belagerung Wiens

Während Wien sich auf die Belagerung vorbereitete, verlor Leopold I. mehrere seiner wichtigsten politischen Berater. Im Dezember 1682 war Leopolds gelehrter Freund, der Obersthofmeister Graf Lamberg, gestorben, am 1. März 1683 Kanzler Hocher und im selben Monat der Hofkammerpräsident Christoph Abele sowie der böhmische Kanzler Graf Nostiz. Nur zwei zentrale Persönlichkeiten der Geheimen Konferenz überlebten: Reichsvizekanzler Graf Königsegg und Hofkriegsratspräsident Markgraf Hermann von Baden. Dieser plötzliche Schrumpfprozeß der Geheimen Konferenz stellte für die Regierung eine ernste Krise dar.

Die diplomatischen Aufgaben Hochers übertrug Leopold I. nun Königsegg. Der Reichsvizekanzler war seit vielen Jahren Mitglied der Geheimen Konferenz, war aber immer im Schatten von Lobkowitz und dann Hochers gestanden, dabei war er ein sehr fähiger, wenn nicht brillanter Politiker, dessen vordringliche Sorge dem Reich galt. Er war genau der Mann, dem der Kaiser die Weiterführung der bisherigen Politik anvertrauen konnte. Aber sein Alter und seine chronische Gicht machten es ihm unmöglich, noch mehr Pflichten zu übernehmen. Der Führungsposten in der Geheimen Konferenz blieb vorläufig unbesetzt.

Um Hocher als Hofkanzler zu ersetzen, wählte Leopold I. den Karrierediplomaten Theodor Stratmann. Stratmann war ein ganz anderer Charakter als sein strenger, etwas wichtigtuerischer Vorgänger. Stratmann war Rheinländer, lebhaft, entgegenkommend und kontaktfreudig. In der Politik wie in der Menschenbehandlung ging er mit der gleichen Intelligenz, dem gleichen Taktgefühl und Witz vor. Nach Wien war er im Gefolge der Kaiserin Eleonore gekommen, und sie blieb, solange sie lebte, seine Gönnerin.[1] Drei Jahre bevor er nun Kanzler wurde, war er Leopolds Stellvertreter auf dem Reichstag in Regensburg gewesen und hatte sich hier detaillierte Kenntnisse in der deutschen Politik erworben. Im Krisenjahr 1683 stand Stratmann anfangs noch ganz im Schatten Königseggs, aber als die Gesundheit des Vizekanzlers immer mehr nachließ, übernahm er die politische Leitung der Konferenz. Durch sein Talent, den Kaiser auch in den ernstesten Situationen bei guter Laune zu halten, gewann er in zunehmendem Maße dessen Sympathie.

Stratmanns einziger Rivale in der Geheimen Konferenz war der neue böhmische Kanzler, Graf Franz Ulrich Kinsky. Als Abkömmling einer der wenigen alten böhmischen Adelsfamilien, die auf Grund ihrer Loyalität zum Haus Österreich zu Wohlstand gekommen waren, nahm Kinsky sein hohes Amt als Selbstverständlichkeit hin. Denn schon seit Generationen dienten die Mitglieder seiner Familie als Diplomaten, Verwaltungsbeamte und Soldaten. Er war zum Staatsmann erzogen worden und über die europäischen, deutschen und böhmischen Verhältnisse bestens informiert. Trotz seiner Gelehrsamkeit hatte er sich seinen gesunden Menschenverstand bewahrt und scheute sich nicht, in der Konferenz seine Stimme zu erheben.

Das Amt des Obersthofmeisters hatte seit der Entlassung von Lobkowitz so sehr an politischer Bedeutung eingebüßt, daß Leopold I. es sich nach Lambergs Tod leisten konnte, den Posten vier Monate lang unbesetzt zu lassen. Im April 1683 ernannte er Graf Albrecht Sinzendorf, der im Oktober desselben Jahres starb. Leopold I. griff daraufhin auf einen alten Freund zurück, den freundlichen, aber politisch unbedeutenden Grafen Ferdinand Dietrichstein. Dieser erfüllte seine Pflicht mit Würde und Loyalität, aber er schaffte es nicht, mehr als eine zeremonielle Rolle in der Konferenz zu spielen.

Die Leitung der Hofkammer übertrug Leopold I. Wolfgang Orsini von Rosenberg. In all den Jahren, die er dieses Amt innehatte, hörte man nichts über ihn außer Klagen, daß er seiner Stellung nicht entspräche. Aber Leopold I. mochte ihn nicht entlassen, auch dann nicht, als er seine Mittelmäßigkeit längst unter Beweis gestellt hatte. Möglicherweise glaubte der Kaiser, die Hofkammerordnung und das Werk Abeles hätten zu den notwendigen Reformen auf dem Finanzsektor geführt.

In der neuen Geheimen Konferenz saßen fähige und unfähige Männer, kantige Persönlichkeiten und heftige Rivalen. Es besteht wenig Zweifel darüber, daß Leopold I. sie auf Grund ihrer Qualitäten – und nicht weil sie diese oder jene Clique am Hof repräsentierten – ausgesucht hatte. Die wichtigste Qualifikation war für ihn wie gewöhnlich die Verläßlichkeit in Krisensituationen. Und wer sich einmal so bewährt hatte, dem blieb er dankbar, auch wenn sich herausstellte, daß der Mann auf die Dauer nicht das hielt, was er versprochen hatte.

Im Juli und August 1683 war der schlimmste Feind des Kaisers die Zeit. Alles hing von Starhembergs Geschicklichkeit ab, die Hauptstadt so lange zu halten, bis sich die Entsatzarmee versammelt hatte. Während der ersten Wochen der Belagerung konzentrierten sich die Türken darauf, Gräben und Schanzen zu bauen, die sie näher an die Verteidigungswälle der Stadt heranbringen sollten. Dazu benutzten sie Gefangene, die sie auf ihrem Marsch durch Ungarn gemacht hatten. Immer wieder unternahm Starhemberg nun Ausfälle, um diese Arbeiten zu unterbrechen, während eifrig am Ausbau der eigenen Verteidigungswälle gearbeitet wurde.[2] Im Gegensatz zu dem sonst in Westeuropa üblichen Belagerungskrieg, in dem alles nach geometrischen Berechnungen und gezirkelter Etikette abzulaufen pflegte, war dies ein brutaler Krieg ohne Pardon.

Die Angriffe gegen die städtischen Verteidigungslinien wurden immer häufiger und intensiver, beide Seiten ließen alle Schranken fallen und gingen zu offenem Terror über. So wurden auf Kara Mustafas Befehl widerspenstige Gefangene vor den Augen der Verteidiger hingemetzelt, und die kaiserlichen Soldaten gingen ihrerseits dazu über, die Köpfe der gefangenen Türken auf den Wällen aufzupfählen und ihren Gefangenen bei lebendigem Leibe die Haut abzuziehen. Mitte August war der Gestank verwesenden menschlichen Fleisches zu einer permanenten Begleiterscheinung des Artilleriegeknatters und des Kampfgeschreis geworden.

Die heftigsten Angriffe richteten die Türken gegen die sogenannte Burgbastei vor der Hofburg. Schon Anfang August hatte die türkische Artillerie hier und an anderen Stellen der Stadt die Bastionen teilweise zerstört. Am 12. August schlug eine türkische Granate in die Erdwälle vor der Burgbastei ein und ebnete den Weg zur eigentlichen Befestigungsmauer. Zwar konnte der Angriff der Türken abgeschlagen werden, aber nur unter großen Verlusten. Die Kaiserlichen hatten jetzt bereits 1200 Mann verloren. Dazu kam in beiden Armeen die Ruhr. Auch Starhemberg steckte sich an und litt wie die meisten seiner Soldaten und der Stadtbewohner unter den üblen Folgen dieser Krankheit. Die Augusthitze und der Zusammenbruch der überforderten sanitären Anlagen machten die Lage vollends unerträglich. Die Verhältnisse außerhalb der Stadtmauern waren jedoch kaum besser. Auch hier schuf die Krankheit ernsthafte Probleme; denn die Türken hatten sich nicht damit aufgehalten, ausreichende sanitäre Anlagen zu bauen. Die Moral unter den türkischen Truppen nahm spürbar ab, besonders unter den Hilfstruppen, die von Anfang an dem Unternehmen nur widerwillig gefolgt waren. Zwar führten die Angriffe immer näher an den inneren Verteidigungsring der Stadt heran, aber sie wurden auch immer verlustreicher. Die Elitetruppen lichteten sich auf alarmierende Weise. Kara Mustafas Appelle an Emmerich Thököly, ihm Hilfstruppen zu schicken, verhallten ungehört. Denn Thököly, der zu Beginn des Krieges eine so bedeutende Rolle gespielt hatte, war in Ungarn mit der kaiserlichen Armee genug in Berührung gekommen, um keine Lust zu weiteren Konfrontationen zu verspüren.

Ende August besserte sich jedoch die Stimmung auf seiten der Belagerer, als alle Anzeichen dafür sprachen, daß die Lage der Verteidiger immer verzweifelter wurde. Die äußeren Verteidigungsposten rund um die Burgbastei waren einer nach dem anderen gefallen. Die Türken bereiteten sich bereits auf die Bombardierung der inneren Verteidigungswälle vor. Am 4. September glückte es ihnen beinahe, durch eine dreißig Fuß breite Bresche in der Mauer in die Stadt einzudringen. Nur mit Mühe konnte Starhemberg den Angriff abwehren. In dieser Nacht feuerte er die ersten Alarmraketen vom Turm des Stephansdoms ab. Sie sollten der Entsatzarmee signalisieren, daß größte Eile geboten war. Aber auch die Türken verstanden das Signal und begannen den bevorstehenden Sieg zu feiern. Wein gab es ja genug in den Kellern der Wiener Vorstädte und Dörfer.

Am folgenden Tag mußte Starhemberg nach einer Musterung seiner Mannschaften feststellen, daß nur noch ein Drittel seiner ursprünglichen Garnison einsatzbereit war. Das war wenig für 64 Verteidigungsposten auf den Wällen rund um die Stadt. Dahinter gab es nur noch die schlechtausgebildete städtische Miliz. Aber in der Nacht des 7. September, nachdem man noch drei weitere Tage verzweifelt an den Mauerbreschen gekämpft hatte, wurden Starhembergs Alarmsignale durch Feuer von den Hügeln westlich der Stadt beantwortet.

Als Karl von Lothringen seine reduzierten Truppen am 16. Juli von Wien abzog, bezog er zunächst nicht weit von Wien Lager, da er annehmen konnte, daß die Türken sich voll auf die Belagerung konzentrieren würden.[3] Da der Hof noch auf der Flucht nach Passau war, konnte er mit keinen Direktiven von dieser Seite rechnen und war im Augenblick wahrscheinlich der unabhängigste Feldherr der Welt. Als seine dringendste Aufgabe erkannte er, die Erbländer, so gut er konnte, vor den Überfällen der Türken und Tataren zu bewahren und wenn möglich das Nordufer der Donau zu halten. Dies hieß auch, Preßburg vor Thököly zu schützen, denn dieser war im Begriff, sich in Ungarn ein Königreich aufzubauen, während die Türken ihm die kaiserliche Armee vom Leibe hielten. Tatsächlich gelang es ihm, Preßburg mit seinen irregulären Truppen einzunehmen und zu plündern. Als aber Karl von Lothringen sich der Stadt näherte, zog sich Thököly nach Oberungarn zurück und wagte nicht wieder, Lothringen die Kontrolle über das Land nördlich der Donau streitig zu machen.

Schon am 20. Juli hatte Karl von Lothringen seinen Plan zur Befreiung Wiens fertig ausgearbeitet. Das Tullner Becken sollte der Treffpunkt der alliierten Armeen sein. Die Türken sollten nun vom Wienerwald aus angegriffen werden. Lothringen setzte sich mit Sobieski in Verbindung und gewann seine Billigung des Plans. Das Exilregime in Passau, besonders der Hofkriegsratspräsident Markgraf Hermann von Baden, hatte zwar eine Menge anderer Ideen, aber Lothringens Plan setzte sich durch und wurde nur in wenigen Details geändert. Auch Leopold I. bestand nach einer Prüfung des Plans lediglich darauf, daß man mit äußerster Vorsicht vorgehe und die Türken nicht angreife, bevor nicht alle alliierten Truppen versammelt seien. Während Lothringen so auf die Ankunft der Entsatzarmee wartete, kampierte er mit seinen Truppen rund um Marchegg, nordöstlich von Wien. Von hier aus konnte er die Türken beobachten, Thököly im Auge behalten und sich zu gegebenem Zeitpunkt auf schnellstem Wege nach Tulln begeben.

Während die Ungeduld in seinem Lager wuchs und die Verteidiger Wiens immer schwächer wurden, begann das Werk der Diplomaten endlich Früchte zu tragen. Am 6. August unterzeichnete Max Emanuel von Bayern endlich das entscheidende Dokument, das seine neue Allianz mit Leopold besiegelte, und eilte zu seiner gut trainierten Armee von über 11.000 Mann, die er voraus nach Österreich geschickt hatte. Weitere 8000 Deutsche unter Fürst Waldeck kamen aus Franken und Schwaben. Am 21. August passierten sie Passau. Nur langsam und widerstrebend zog das Reich seine Regimenter vom Rhein ab und schickte sie nach Osten. Herzog Ernst August von Hannover behauptete, er könne seine Armee zu Hause nicht entbehren und schickte nur 600 Reiter aus, sozusagen als Leibwache für seine beiden Söhne (darunter der zukünftige Georg I. von England), welche darauf brannten, einmal einen echten Krieg zu erleben. In Berlin trafen Leopolds Bitten um Unterstützung nur auf taube Ohren. Dabei hatte man auf 12.000 kräftige Brandenburger gehofft. Aber trotz der offensichtlichen Gefahr im Osten hielt der Kurfürst an seiner Vereinbarung mit Frankreich fest und lehnte es ab, auch nur einen Mann zu schicken, bevor Leopold I. nicht die Beschlüsse der Reunionskammern akzeptiert hatte. Mehr Glück hatte der Kaiser in Sachsen, dessen Kurfürst Johann Georg III. persönlich 9000 Mann nach Osten führte, und das trotz des starken antihabsburgischen Ressentiments, von dem seine Untertanen seit der Verfolgung der ungarischen Protestanten erfüllt waren. Dieses sächsische Kontingent sollte sich als eines der tapfersten vor Wien erweisen. Alle Hilfstruppen zusammen ergaben ungefähr eine Armee von 50.000 Mann. Diese erschien Lothringen groß genug, um die Türken anzugreifen, bevor die Stadt in ihre Hände fiel.

Aber ohne die Polen wollte Lothringen die Türken nicht angreifen. Und Sobieski hatte zwar schon im Frühling mit der Mobilisierung begonnen, schickte aber keinen Soldaten los, bis er sicher war, daß sich Kara Mustafas Offensive nicht gegen Polen richtete. Auch nachdem klar war, daß das Ziel der Türken Wien war, zögerte Sobieski seine Abreise hinaus, wartete zwei weitere Wochen, in denen er nur Briefe mit Lothringen austauschte, und als er endlich von Krakau aufbrach, tat er es nicht, ohne zur Sicherheit starke Infanterieeinheiten zurückzulassen. So stießen von den 40.000 versprochenen Soldaten schließlich nur 18.000 rechtzeitig zur kaiserlichen Armee, um an der Schlacht teilzunehmen.[4] Leopold I. dagegen hatte sein Versprechen, 60.000 Mann zu stellen, fast eingehalten, ja, wenn man die in Ungarn und in Wien stationierten Truppen dazurechnete, waren es sogar mehr.

Die alliierten Armeen versammelten sich in den letzten Augusttagen entlang der Donau zwischen Tulln und Krems. Lothringen brach sein Lager bei Marchegg ab und zog nach Westen, um sich mit ihnen zu vereinen. Am 31. August verließ er den Haupttroß und traf sich mit Sobieski. Er bot seinen ganzen Charme auf, um die Freundschaft des empfindlichen Polen zu gewinnen, und arbeitete nach mehreren Sitzungen mit dem Hofkriegsrat eine Rangordnung aus, die Sobieski den Oberbefehl übertrug, solange der Kaiser nicht in persona seine Armeen befehligte.

Leopold I. war nun gezwungen, eine Entscheidung hinsichtlich seines eigenen Verhaltens zu treffen. Seine Flucht aus Wien, darüber war er sich klar, hatte nicht nur seinem Ansehen in der Hauptstadt, sondern auch in ganz Europa geschadet. Von Leopolds Freunden rieten ihm einige, sich sofort zur Armee zu begeben, andere, ihr fernzubleiben. Sowohl Emmerich Sinelli als auch der spanische Botschafter Borgomanero waren der Meinung, er solle selber das Kommando übernehmen, damit die Welt nicht den Eindruck habe, andere Fürsten müßten das Reich für ihn retten. Mitte August schien auch Leopold I. dieser Ansicht zu sein und verließ Passau mit der Absicht, zur Armee zu stoßen. Aber in Linz überkamen ihn wieder Zweifel, als er hörte, wie überaus empfindlich Sobieski auf die Zumutung reagierte, sich einem auch nur nominellen Oberbefehl zu unterstellen. Auf seiner Fahrt donauabwärts entschied Leopold I. endlich am Vorabend der Schlacht, daß seine Anwesenheit nur Verwirrung stiften und die von Karl von Lothringen mit so viel Mühe und unter Verzicht auf eigene Ambitionen ausgearbeitete Befehlsrangordnung gefährden würde. Leopold I. wartete bei Dürnstein auf den Ausgang der Schlacht.

Am 6. September begannen die alliierten Armeen in das Tullner Becken im Westen des Hügelrings um Wien zu rücken. Am nächsten Tag sandte Lothringen eine kleine Kavallerieeinheit auf den Kahlenberg, um den Verteidigern die Ankunft des Entsatzheeres zu signalisieren. Am 9. September, als sich alle versammelt hatten, brach die Armee das Lager ab und begann den harten Zweitagemarsch durch den Wiener Wald. In vier Kolonnen arbeitete sie sich durch dichtes Gestrüpp und steinige Schluchten bis zu den Hügelkuppen über der Stadt durch und vertrieb hier am 11. September einige kleine türkische Vorposten.

Kara Mustafa war keineswegs überrascht durch das Erscheinen der Befreier, aber er hatte dennoch wenig zu seinem eigenen Schutz getan. Nur am nördlichen Rand des Lagers hatte er einige Gräben ziehen und Schutzwälle errichten lassen. Andere waren angeordnet, aber nicht fertig, als die Befreiungsarmee auf den Hügeln über dem Lager erschien.

Die Schlacht um Wien begann am frühen Morgen des 12. September nach einer kurzen, aufrüttelnden Predigt des Kapuzinermönchs Marco d'Aviano in einer ausgebrannten Kapelle am Kahlenberg. In unzähligen Kolonnen stieg die Armee von den Höhen hinunter in die Ebene, den Türken kam es vor, als bewege sich ein „Strom von schwarzem Pech“[5] auf ihr Hauptlager zu, das sich von der Donau zum Wienfluß hinzog.

Die Kaiserlichen bildeten den linken Flügel entlang der Donau, die Polen den rechten.

Die österreichischen und die deutschen Truppen stießen schon früh am Tag auf das nördliche Ende des türkischen Lagers und bahnten sich ihren Weg mit dem Säbel langsam südwärts, während sich von den Ausläufern der Hügelkette neue kaiserliche Kolonnen auf die osmanische Flanke warfen. Vier Stunden lang bestand die Schlacht aus losen Scharmützeln, aber langsam kristallisierte sich eine feste Schlachtlinie entlang des nordwestlichen Perimeters des türkischen Lagers heraus.

Kurz nach Mittag kamen die Polen, die den weitesten und schwierigsten Anmarsch hinter sich hatten, die Hügel im Süden herunter und kämpften sich ihren Weg in das Zentrum des Lagers. Die türkischen Linien begannen bereits zurückzuweichen. Ungefähr um fünf Uhr nachmittags brach die osmanische Front unter dem gleichzeitigen Ansturm der Alliierten an verschiedenen Stellen zusammen. Kara Mustafa versuchte vergeblich, seine Streitkräfte zu sammeln, aber in weniger als einer Stunde mußte er einsehen, daß seine Lage hoffnungslos war. Mit einigen Säcken zusammengeraffter Schätze und der Fahne des Propheten verließ er sein Zelt und leitete den Rückzug nach Györ.[6] Bei Sonnenuntergang war die Schlacht zu Ende, die Türken auf dem Rückzug und Wien befreit.

Leopold I. erreichte die Nachricht vom Sieg noch in derselben Nacht. Sobald es dämmerte, verließ er Dürnstein und traf gegen Mittag vor Wien ein. Hier hießen ihn die Kurfürsten Max Emanuel von Bayern und der verwundete Johann Georg III. von Sachsen willkommen. Zusammen mit Karl von Lothringen und Graf Starhemberg besichtigte man die Befestigungen. Dann betrat der Kaiser die Stadt, während die Glocken läuteten, die sieben Wochen lang geschwiegen hatten, und begab sich in den Stephansdom zum feierlichen Tedeum. Danach nahm Leopold I. vorübergehend Quartier in der Stallburg und besichtigte dann die Schäden in der Stadt. Die Paläste, Kirchen und Häuser in der Nähe der Wälle hatten alle schwer gelitten, und beim Anblick des beschädigten Leopoldinischen Trakts der Hofburg kamen dem Kaiser die Tränen. In den Straßen häuften sich Schutt und Kot und der Abfall des Krieges: Kadaver und Trümmer von Belagerungsmaschinen. Leopold I. ließ seine Minister von Passau nach Linz übersiedeln. Hier sollten sie vorübergehend logieren, bis man Wien gereinigt und mit den Ausbesserungsarbeiten an der Hofburg begonnen hatte.

Johann Sobieski aber hatte dem Kaiser insofern die Schau gestohlen, als er schon in der Nacht nach der Schlacht einen triumphalen Einzug in die Stadt improvisiert hatte, bei der er seine Rolle als Sieger sichtbar genoß und übertrieb. Die österreichischen Offiziere, die wußten, daß der Kaiser unbedingt als erster die Stadt betreten wollte, waren von Sobieskis Auftreten peinlich berührt. Zu diesem Affront trug noch die Tatsache, daß die polnische Armee die reichste Beute im türkischen Lager für sich in Anspruch genommen hatte, zur allgemeinen Gereiztheit bei.

Durch das Vorgehen Sobieskis tief verletzt, gelang es Leopold I. nicht sogleich, sich auf die Probleme einzustellen, mit denen die kaiserlichen Kommandanten zu ihm in die Stallburg kamen. Selbst Karl von Lothringen, der nicht wußte, wie er die vielen Soldaten der Entsatzarmee unterbringen und ernähren sollte, mußte unverrichteter Dinge wieder abziehen. Und Johann Georg III. von Sachsen, der dem Kaiser taktvollerweise einen Vortrag über die unerhörte Behandlung der Protestanten in Ungarn hielt, fühlte sich durch Leopolds vage Antwort so beleidigt, daß er schon am nächsten Tag mit seinen Truppen nach Sachsen abzog.[7]

Leopold I. aber überwand sein Ressentiment Sobieski gegenüber und fuhr am 15. September nach Schwechat hinaus, wo die Polen kampierten, um sich mit dem selbsternannten „Retter von Wien“ zu treffen. Anstatt über Protokollfragen zu diskutieren, tauschten die beiden Monarchen hoch zu Roß gegenseitige Komplimente in Latein aus. Als dann allerdings Sobieski dem Kaiser seinen Sohn Jakob vorstellen wollte, schien der Kaiser diesen auf verletzende Weise übersehen zu wollen. Über Leopolds Motive zu diesem unhöflichen Verhalten besteht bis heute keine Klarheit. Vielleicht waren sie dynastischer und politischer Natur. Auch war einmal von einer Heirat Jakobs und einer habsburgischen Erzherzogin die Rede gewesen, die Leopold ganz und gar nicht gefallen hatte. Der junge Jakob bagatellisierte die Tatsache, daß der Kaiser ihn geschnitten hatte, mit den Schwierigkeiten, die dem Kaiser sein Schlapphut, die wallende Hofperücke und sein nervöses Pferd bereiteten.[8] König Johann Sobieski jedoch nahm den Zwischenfall als Symbol für all die echten und eingebildeten Schwierigkeiten, die man ihm in Österreich bereitete. Was Leopold I. auch später unternahm, durch nichts war die Beleidigung wiedergutzumachen.

Wie die Schlacht von Lepanto im Jahr 1571 wurde die siegreiche Schlacht um Wien als ein Triumph des europäischen Christentums über die Ungläubigen gefeiert. Ganz Europa wurde von Jubel und überschäumendem Selbstbewußtsein ergriffen, auch jene Länder, die wenig Grund hatten, sich über die politischen Folgen eines solchen habsburgischen Triumphes zu freuen.

Während das christliche Europa feierte, trat Kara Mustafa von der Bühne des Geschehens ab, und zwar auf wenig rühmliche Weise. Um sich vor der Rache des Sultans zu retten, zog er seine Untergebenen zur Verantwortung und ließ eine Anzahl Paschas und Generäle hinrichten, die womöglich gegen ihn ausgesagt hätten. Dennoch waren die wahren Gründe für die Niederlage nicht zu vertuschen. Am 25. Dezember 1683 wurde er im Belgrader Schloß von Boten aus Konstantinopel beim Gebet unterbrochen. Sie brachten ihm den Entlassungsbrief des Sultans und eine seidene Schnur. Kara Mustafa hob seinen langen Bart und ließ sich strangulieren. Die Männer des Sultans beteten für den Toten, dann trennten sie seinen Kopf ab und sandten ihn nach Konstantinopel.[9]

Leopold I. verließ am 19. September Wien, wo er seine Pflicht den alliierten Armeen und seiner tapferen Hauptstadt gegenüber erfüllt hatte, und widmete sich in Linz wieder den gewöhnlichen Regierungsgeschäften.

XI. Wendung nach Osten

Als die Geheime Konferenz im Frühherbst 1683 ihre Arbeit in Linz wiederaufnahm, stand an erster Stelle die Frage, wie der Sieg von Wien zu verwerten sei. Die reiche Beute an militärischen Utensilien, die den Alliierten nach der Flucht der Türken in die Hände gefallen war, ließ wenig Zweifel, daß es eine Zeitlang dauern würde, bis der Großwesir wieder eine Artillerie aufgebaut haben würde. Allein das Schießpulver war eine Million Gulden wert, und die Nachrichten, die von der flüchtenden osmanischen Armee durchsickerten, liefen alle darauf hinaus, daß das Heer in einem erbärmlichen Zustand war.

Die sich plötzlich im Osten eröffnenden Möglichkeiten erweckten das Interesse Leopolds in einem Maße, wie es die konstante Furcht vor einer Invasion nie hatte aufkommen lassen. Er dachte sogar daran, den Islam ganz aus Europa zu verdrängen, und diesen ehrgeizigen Plan unterstützte der Nuntius verständlicherweise nach Kräften. Aber wie immer mußte zunächst das Problem gelöst werden, die nötigen Mittel zur Weiterführung des Kreuzzugs aufzutreiben. Niederösterreich und das königliche Ungarn hatten so schwer unter dem Krieg gelitten, daß von diesen Ländern nur wenig Hilfe zu erwarten war. So war der Kaiser trotz seines Sieges ebenso abhängig von fremder Hilfe, wie er es vorher gewesen war. Um diese Hilfe zu mobilisieren, mußte er die Allianzen von 1682 und 1683 pflegen und, wenn möglich, neue Mächte dazugewinnen. Dies würde keine leichte Aufgabe sein, denn die Koalition von 1683 zeigte bereits Anzeichen von Ermüdung, Eifersucht und gegenseitigem Mißtrauen.

Der Erfolg siegte jedoch über die sonst übliche Zurückhaltung der Geheimen Konferenz. Sie bot zunächst Venedig eine Allianz an. Im allgemeinen hielt sich Venedig aus den europäischen Konflikten heraus, aber den Verlust Kretas an die Türken hatte die Republik noch nicht verwunden, die außerdem begierig darauf aus war, ihre einst dominierende Rolle im östlichen Mittelmeer wiederherzustellen. Innozenz XI. unterstützte begeistert diese Initiative und bot weitere Subsidien an. Zugleich verstärkte er seinen Druck auf Sobieski, damit dieser ja nicht die Koalition verließe. Schließlich führten diese Verhandlungen zur Bildung der Heiligen Liga, die durch einen Vertrag im März 1684 in Linz besiegelt wurde. Die Unterzeichneten waren die Vertreter Venedigs, Polens, des Heiligen Stuhls und des Reiches. Sie verpflichteten sich, den Krieg gegen die Türken weiterzuführen und sich während dieses Krieges in keinen anderen mit einem christlichen Staat einzulassen.

Die Heilige Liga verdeutlichte nicht nur Leopolds Absicht, die Offensive im Osten zu übernehmen, sie verdeutlichte auch seine momentan etwas lässigere Einstellung zu Frankreich und gleicherweise die fromme Hoffnung, der Papst würde Ludwig XIV. so lang zähmen können, bis die Liga ihr Befreiungswerk in Ungarn vollendet hätte. Schon im Dezember 1683 erwies sich allerdings diese Hoffnung als trügerisch, als in Linz die Nachricht eintraf, daß Spanien Frankreich wieder den Krieg erklärt hatte.

Spanien hatte nur wenig zur Befreiung Wiens beigetragen; denn Spaniens Ängste konzentrierten sich auf französische Truppenbewegungen in der Nähe von Spaniens niederländischen Festungen. Auf Innozenz' energischen Appell vom Frühjahr 1683, die christlichen Staaten sollten sich friedlich verhalten, hatte Madrid höflich, aber mit einer Liste von französischen Friedensverletzungen und anderer „Invasionen und Verletzungen" geantwortet.[1] Nun verführten Borgomaneros Berichte aus Wien und Passau den spanischen Staatsrat zu der optimistischen Auffassung, daß, wenn Wien gerettet sei, Leopold I. sich sicher wieder im Westen engagieren würde. Ende November 1683 war jedoch klar, daß die Heilige Liga erneuert werden würde und die Polen dafür sorgen würden, daß Leopold weiter gegen die Türken kämpfte. Nach Borgomaneros Ansicht zogen allein die Polen Profit aus diesem Krieg im Osten, und der spanische Staatsrat hatte wenig Verständnis für die ungarischen Verhältnisse. Er wußte nicht, daß Borgomaneros Opposition zur Kehrtwendung der österreichischen Politik nach Osten in Wien als Anachronismus aufgefaßt wurde.

Bei einer Sitzung des spanischen Staatsrats am 2. Dezember 1683 stellte sich heraus, daß nur einer die Aussicht auf Hilfe aus dem Reich pessimistisch beurteilte: der Constable von Kastilien. Alle anderen rechneten damit, daß man rechtzeitig eine Koalition gegen Ludwig XIV. zusammenbringen würde.[2]

Leopold I. sah sich wieder einmal in seinem alten Dilemma: Die dynastischen Interessen vertrugen sich nicht mit den Interessen seiner Erbländer in Zentraleuropa. Nur etwas hatte sich verändert: Zum ersten Mal war ihm die Möglichkeit gegeben, sich zum absoluten Herrn im Osten zu machen, wenn Frankreich ihm nur Zeit ließe. Ludwig XIV. forderte jedoch einen hohen Preis für den Frieden am Rhein: Anerkennung der Reunionskammerbeschlüsse und die Inkorporation Straßburgs. Mehrere Jahre lang hatte Leopold I. es abgelehnt, dieses auch nur in Erwägung zu ziehen. Aber jetzt zog es ihn magnetisch nach Osten. Ein neuer Krieg mit Frankreich hätte bedeutet, daß in Ungarn alles beim alten geblieben wäre. Er vertraute also die Regelung der Schwierigkeiten mit Frankreich seinen Diplomaten an, überließ die Armee seines spanischen Neffen vorläufig ihrem Schicksal und konzentrierte alle seine Kräfte auf die Befreiung Ungarns.

In den Wochen nach der Schlacht um Wien hatten die Truppen der Alliierten den größten Teil Ungarns von türkischen Garnisonen befreit. Bevor sie nun in die Winterquartiere zogen, gelang es ihnen noch, Gran (Esztergom) zu erobern, den Sitz des katholischen Primas von Ungarn, der fast anderthalb Jahrhunderte lang in türkischem Besitz gewesen war. Und es wäre noch mehr zu erreichen gewesen, wenn Leopold I. und Sobieski sich nicht gegenseitig mißtraut hätten. Sobieski weigerte sich, immer weitere Vorstöße nach Süden und Osten zu unternehmen, die ihn und seine Armee immer weiter weg von Polen und von den versprochenen Winterquartieren in Oberungarn brachten. Und Leopold I. mußte mißbilligend feststellen, daß sich der polnische König in die ungarische Innenpolitik einzumischen begann, indem er sich als Vermittler zwischen dem Kaiser und den sich noch immer um Thököly scharenden Rebellen aufspielte. Aber Sobieskis Ehrgeiz, wie in Wien so auch in Ungarn als „Retter" aufzutreten, erfüllte sich nicht, aus dem einfachen Grund, weil sich seine Truppen zu schlecht in Ungarn aufführten und alles verwüsteten, wo immer sie durchzogen. Thököly jedoch verschwand plötzlich, nach einer letzten Proklamation seiner Ergebenheit für den Sultan, von der Bühne des Geschehens, flüchtete in das von Türken stark befestigte Debreczen und überließ seine Gefolgsleute ihrem Schicksal.

Leopold I. ergriff die Gelegenheit zu dem Versuch, die zurückbleibenden Rebellen für sich zu gewinnen. Mit Unterstützung Buonvisis und Innozenz' XI. bildete er eine Amnestiekommission in Preßburg und veröffentlichte am 12. Jänner ein Dekret, in dem er versprach, sich an die Beschlüsse des Reichstags von Sopron 1681 zu halten, und sicherte allen Anhängern Thökölys Straffreiheit zu, die sich Ende Februar in Preßburg einfinden und ihm Ergebenheit schwören wollten. In West- und Mittelungarn rief das Angebot positive Reaktionen hervor. In Ostungarn hielten viele Magnaten und Adlige ihren Widerstand gegen die Krone aufrecht. Das war auch dem Einfluß Michael Apáfis von Siebenbürgen zuzuschreiben, der sich noch immer vor den Türken fürchtete und sich den Kaiserlichen nicht anschließen wollte, bevor sie nicht die Osmanen aus Belgrad vertrieben hatten.

So große Hoffnungen die Erneuerung der Heiligen Liga im März 1684 geweckt hatte, jetzt stellte sich bald heraus, daß Johann Sobieski eigentlich kein Interesse daran hatte, die österreichische Macht in Ungarn weiter auszubauen. Er entwarf zwar weiter große Pläne und teilte sie den Stellvertretern des Heiligen Stuhls bereitwillig mit, aber faktisch kam dabei nichts heraus. Karl von Lothringen war also wieder auf seine eigenen Truppen angewiesen und auf die noch immer treu ergebenen Kontingente des Kurfürsten von Bayern.

Für den Sommer 1684 setzte sich Lothringen die Einnahme der großen Festung Buda zum Ziel, das Zentrum der militärischen und administrativen Macht der Türken in Mittelungarn. Es dauerte zwar geraume Zeit, bis er seine Truppen aus den weitverstreuten Winterquartieren wieder um sich versammelt hatte, aber Ende Juni war die Donau bis Pest von Türken befreit. Die Türken gaben die nur wenig befestigte Marktstadt Pest auf und zogen sich über die Donau auf die Festung Buda zurück. Dabei zerstörten sie hinter sich die aus Booten bestehenden Brücken. Nach einer äußerst schwierigen Flußüberquerung unterhalb Budas begannen am 14. Juli die Kaiserlichen mit der Belagerung Budas.

Lothringens Truppen waren zahlenmäßig den Eingeschlossenen weit überlegen: etwa 34.000 Mann zusätzlich einer Verstärkung von 9000 Ungarn unter Esterházy, welche der ungarische Adel gestellt hatte.[3] Die Festung wurde von ungefähr 10.000 Türken verteidigt, während südlich von Buda eine türkische Armee von zirka 15.000 Mann unter dem Befehl des Seraskiers Mustafa stand. Ludwig Wilhelm von Baden, der Neffe des Hofkriegsratspräsidenten und Lothringens rechte Hand, war deshalb optimistisch und glaubte, daß die Belagerung nur eine Woche dauern würde. Ernst Rüdiger von Starhemberg dagegen, der über etwas mehr Erfahrung in der Belagerungstechnik verfügte, war anderer Meinung. Er schlug vor, Lothringen solle zuerst die vor Buda stehende Armee vernichten, bevor er die Belagerung begänne. Die Befehlshaber entschieden jedoch gegen ihn und setzten die Belagerung fort.

Anfangs schien sich alles gut zu entwickeln, aber in seiner Siegeszuversicht beging Lothringen einige technische Fehler. Aus Tagen wurden Wochen, und immer noch war Buda nicht genommen. Mit der Zeit verlor Lothringens Kriegsrat seinen heiteren Optimismus. Der Kommandostab befehdete sich in heftigen Diskussionen, während die Armee unter dem schweren und akkurat zielenden Artilleriefeuer der Belagerten starke Verluste erlitt. Mitte August, als die Belagerung vier Wochen dauerte, besaß Lothringen nur noch zwei Drittel seiner ursprünglichen Kräfte, ein paar Wochen später nur noch die Hälfte, etwa 12.000 Mann; das entsprach in etwa der Stärke der belagerten Garnison. Dazu kam, daß Lothringen sich selbst krank fühlte und der Seraskier mit seiner Entsatzarmee näher rückte.

Aber glücklicherweise traf am 9. September Max Emanuel von Bayern mit ungefähr 8000 Mann ein, und im Oktober kamen weitere Truppen aus den Kreisen und aus Mähren. Es waren jedoch immer noch nicht genug, um Buda einzunehmen. So hob am 1. Oktober Lothringen die Belagerung auf und sandte den Rest seiner Armee, die sich um mehr als 20.000 Mann verringert hatte, in die Winterquartiere.

Im Süden hatte inzwischen General Leslie entlang der kroatischen Grenze einige wichtige Festungen erobert, während sich im Norden General Schulz mit Thökölys Guerillabanden herumschlug und schließlich im September das Hauptquartier der Rebellen einnehmen konnte: Thököly floh wiederum ins türkische Ungarn.

Im ganzen betrachtet hatte der Kreuzzug der Heiligen Liga 1684 nicht die Erfolge gebracht, die den ehrgeizigen und optimistischen Plänen entsprochen hätten. Die militärischen Operationen von Venedig und Polen hatten sich in bescheidenen Grenzen gehalten und nur die Außenposten des Osmanischen Reiches berührt. So hatte Leopolds Entschluß, sich auf seine Ostgrenze zu konzentrieren, wenig positive Auswirkungen gehabt, hauptsächlich, weil er den Konflikt mit Frankreich über die Reunionen noch nicht beigelegt hatte. Der eigentliche Grund für die Erfolglosigkeit des Unternehmens aber lag nicht in Versailles, sondern in Berlin: Der Große Kurfürst lehnte es ab, seine begehrten Truppen nach Ungarn zu entsenden, solange Leopold nicht die Bedingungen Frankreichs akzeptiert hatte.

Während seiner langen Regierung, in der er zahlreiche Kriege zur Vergrößerung seines Reiches und zahlreiche Reformen auf militärischem und administrativem Gebiet durchgeführt hatte, hatte sich der Große Kurfürst zum mächtigsten Fürsten des Reiches nach dem Kaiser entwickelt. Obgleich er theoretisch Leopolds Vasall war, benutzte er die ihm im Westfälischen Frieden garantierte politische Freiheit, um seine Machtposition im Norden auszubauen.[4] Seine Armee war zwar nicht groß, galt aber als eine der besten Europas. Daß andere Fürstenhäuser bei der Schlacht um Wien zu Ehren gekommen waren, ließ den Kurfürsten nicht kalt, konnte ihn aber nicht dazu bewegen, am Kreuzzug gegen die Türken teilzunehmen, solange Leopold den Frieden im Reich nicht durch die Annahme der französischen Bedingungen gesichert hatte.

Im Mai 1684 bombardierten die Franzosen Genua, am 4. Juni eroberten sie die für uneinnehmbar geltende spanische Festung Luxemburg und marschierten gegen Trier. Leopold I. hatte nun keine andere Wahl, als nachzugeben, und unterzeichnete am 15. August 1684 den Frieden von Regensburg, der zwanzig Jahre Gültigkeit haben sollte. Spätere deutsche Geschichtsschreiber haben Leopold I. vorgeworfen, das Reich betrogen und das damals in Deutschland herrschende antifranzösische Ressentiment nicht genützt zu haben.[5] Solange aber Pamphlete und andere Äußerungen der öffentlichen Meinung keinen Eindruck auf den Kurfürsten von Brandenburg machten, war ihre Wirkung gleich Null. Selbst Max Emanuel von Bayern riet Leopold I. von einem Krieg gegen Frankreich dringend ab.

Der Regensburger Vertrag beinhaltete nun die formelle französische Anerkennung der kaiserlichen Hoheitsrechte, aber für die Zeit des Waffenstillstands blieben Straßburg und alle vor dem 1. August 1681 einverleibten Gebiete unter französischer Verwaltung. Somit war es Leopolds Diplomaten gelungen, zumindest nicht formell auf den Besitz der von Frankreich seit 1679 okkupierten Gebiete verzichten zu müssen. Spanien mußte seine dreiste Kriegserklärung an Frankreich mit der Abtretung von Luxemburg bezahlen. Innozenz XI. und Kardinal Buonvisi äußerten laut ihre Freude über diesen Frieden zwischen den zwei großen katholischen Mächten und priesen die Zurückhaltung Ludwigs XIV., den sie jetzt für den Kreuzzug gegen die Türken zu gewinnen suchten. Dies war allerdings in Versailles ein undenkbarer Schritt.

Leopold I. hatte nun freie Hände im Osten. Er hatte hoch bezahlt dafür, aber er mußte es tun, um das letzte Hindernis zur Mithilfe Brandenburgs aus dem Weg zu räumen.

Da er sich nun entschlossen hatte, gegen die Türken vorzugehen, hielt er auch eisern an diesem Entschluß fest, welche Schwierigkeiten sich auch immer in den Weg stellen mochten. Noch bevor Karl von Lothringen die Belagerung von Buda aufgehoben hatte, arbeitete der Hofkriegsrat einen ehrgeizigen Feldzugsplan für 1685 aus. Viele gute Gründe sprachen trotz aller Rückschläge für eine derartige Offensive. Die Kreuzzugsidee begeisterte mittlerweile viele junge Adlige in ganz Europa. Scharen von Freiwilligen strömten nach Osten, um sich an der großen Schlacht zu beteiligen. Viele kamen auch aus Frankreich, obgleich Ludwig XIV. seinen Untertanen ausdrücklich verboten hatte, unter kaiserlicher Flagge gegen die Türken zu kämpfen. Die deutschen Staaten versprachen mehr Hilfe als je, Hannover verpflichtete sich zu 11.000 Mann, Bayern und der rheinische „Kreis" zu je 8000, Schwaben zu 4500, der Kurfürst von Köln verpflichtete sich zu 6000 Mann.

Ende 1684 stand daher Leopold I. nicht mehr vor dem Problem, wie er zu genügend Soldaten kommen konnte, sondern wie er seine Finanzen so weit in Ordnung bringen könnte, daß er seine Armee auch unterhalten konnte. Einer der schärfsten Kritiker an der schlechten Organisation der Finanzen und des Nachschubs war ein bemerkenswerter Mann, der seit neuestem Leopolds I. engster geistlicher Berater geworden war, der feurige Prediger und Gesundbeter Marco d'Aviano. Sein missionarischer Eifer hatte dazu geführt, daß er als Siebzehnjähriger in den Kapuzinerorden eingetreten war, in den wahrscheinlich strengsten und bekehrungseifrigsten Orden der damaligen Zeit. Da er nicht nur gottergeben, sondern auch sehr intelligent war, unterzog er sich zahlreichen administrativen und diplomatischen Aufgaben für die Kirche und reiste außerdem als Gesundbeter durch ganz Europa. 1682 gehörte er bereits zum engsten Freundeskreis des Kaisers, ja, er war wahrscheinlich sein intimster Vertrauter außerhalb der kaiserlichen Familie und der Geheimen Konferenz und ersetzte in dieser Rolle immer mehr Sinelli. Er hielt sich jedoch keineswegs immerzu am Hofe auf, sondern zog mit den Armeen ins Feld und verstand es, mit seinen italienischen Predigten auch die deutschen Truppen in Begeisterung zu versetzen. Mit Leopold I. führte er eine ausführliche Korrespondenz.[6] Nach dem Sieg am Kahlenberg betrachtete die Armee ihn als eine Art Talisman ebenso wie Leopold I., der in ihm Anzeichen göttlicher Inspiration zu entdecken glaubte. Es ist diesem Mann hoch anzurechnen, daß er seinen Einfluß auf den Kaiser nie mißbrauchte. Es ist andererseits klar, daß er in politischer Hinsicht immer den Standpunkt Roms vertrat.

Nach seiner Rückkehr vom ungarischen Feldzug im November 1684 legte Marco d'Aviano dem Kaiser eine sorgfältig ausgearbeitete Kritik der militärischen Operation vor, die es an scharfen Kommentaren über die Befehlshaber und Bürokraten nicht fehlen ließ. Auch Buonvisi äußerte ähnliches und fügte dem noch einige treffende Bemerkungen über die Sparsamkeitsmaßnahmen hinzu, die der Hof als bescheidenen Beitrag seinerseits zum Krieg leisten könne. Beide Männer waren davon überzeugt, daß die Hofkammer und das Kriegskommissariat die Krankheitsherde waren. Immer wieder drängte Buonvisi darauf, daß sowohl Orsini von Rosenberg als auch der Kommissariatsdirektor Graf Siegfried Breuner unbedingt ersetzt werden sollten.

Das war bittere Medizin, und Leopold I. weigerte sich, die volle Dosis zu schlucken. Graf Breuner hatte sich immerhin für die Routinearbeit als recht brauchbar erwiesen. Allerdings gaben alle seine Kollegen zu, daß er kein Mann für Notstandssituationen war. Leopold I. löste nun das Problem, indem er Breuner zum Vizepräsidenten der Hofkammer ernannte. Da Orsini von Rosenberg weiter Präsident blieb, konzentrierte sich nun ausgerechnet in der kritischsten Behörde die Inkompetenz auf erschreckende Weise. Der neue Leiter des Kriegskommissariats, Graf Rabatta, beherrschte zwar die Organisation von Nachschub und Transport weit besser als sein Vorgänger, aber das zunehmende Durcheinander in der Finanzbehörde behinderte auch ihn.

Eine Zeitlang setzten sich Buonvisi und d'Aviano energisch für Reformen des Fiskus ein, aber am Ende mußten auch sie resignieren. Buonvisi war sogar gezwungen, die Hofkammer gegen den österreichischen Klerus zu verteidigen, da dieser sich weigerte, entsprechend der päpstlichen Anordnung Geld für den Kreuzzug zur Verfügung zu stellen, ganz zu schweigen von weiteren Konfiszierungen. So lebte die Monarchie weiter von der Hand in den Mund, wie sie es von Beginn der leopoldinischen Regierung an getan hatte.

1685 kam das Geld für den Krieg fast zur Gänze von der Kirche. Im Januar 1685 starb der Primas von Ungarn, Szelepcsényi, und die Hofkammer zögerte nicht, mit Buonvisis Mithilfe sein großes Vermögen einzuziehen, ebenso wie Sinellis Besitz, der einen Monat später starb. Außerdem ordnete Papst Innozenz XI. an, daß die Weltgeistlichkeit wie auch die Orden in Österreich ein Drittel ihres Eigentums, das in den letzten sechzig Jahren erworben worden war, verkaufen und das Geld der Krone spenden mußten. Durch päpstliche Appelle kamen zudem aus ganz Europa Spenden zusammen, oft von ganz unerwarteter Seite. Und der Papst sandte auch selbst beträchtliche Subsidien aus seinem eigenen Einkommen, die er klugerweise und offensichtlich auf Buonvisis Rat direkt an die Befehlshaber schickte, damit sie ihre Soldaten bezahlen und unterhalten konnten. So wurde die Hofkammer, da sie sich Reformen hartnäckig widersetzte, wenigstens manchmal erfolgreich umgangen.

Wieder beschloß der Hofkriegsrat, 1685 Buda zu erobern, aber die Musterung der Armee dauerte wie gewöhnlich einige Wochen länger als vorgesehen, so daß Karl von Lothringen, da seine Nachschublinien bedroht waren, den Plan aufgeben und sich mit der Belagerung einer kleineren Festung, Neuhäusel (Ersek Ujvár), begnügen mußte. Mehrere Wochen belagerte er mit seiner Hauptstreitkraft von 40.000 Mann eine von 3000 Türken verteidigte Festung. Aber am 16. August konnte er die türkische Entsatzarmee in der Nähe von Tóth vollständig schlagen, worauf drei Tage später auch Neuhäusel fiel. Die

Kaiserlichen plünderten die Stadt und töteten den Restbestand der Garnison. Was noch von der türkischen Armee in Ungarn übriggeblieben war, zog sich nun nach Belgrad zurück. Die zurückgelassenen Garnisonen konnten kaum darauf hoffen, je befreit zu werden.

In Nordungarn tauchte plötzlich Thököly wieder auf, um erneut den Kampf gegen die Österreicher aufzunehmen. Wieder war sein Ziel, sich in Ungarn ein Fürstentum unter türkischer Oberhoheit zu sichern. Aber diesmal ließen ihn die Türken im Stich, da sie selber genug zu tun hatten. Am 11. September eroberte eine kaiserliche Einheit die Stadt Eperjes (Prešov), und Thököly floh erneut mit einer kleinen Anhängerschaft auf türkisches Territorium. Hier ward er zuerst herzlich aufgenommen, aber als die Türken merkten, daß es um seine Sache hoffnungslos bestellt war, machten sie ihn zum Gefangenen und schickten ihn in Ketten nach Belgrad. Ohne seinen jungen Führer brach der ungarische Aufstand zusammen, die letzten Banden in Oberungarn ergaben sich den kaiserlichen Offizieren.[7] Etwa 17.000 Kuruzzen legten vor den Offizieren des Kaisers ihren Treueeid ab, und der Kaiser akzeptierte guten Glaubens ihre „Reue", ja er lobte sogar die Hartnäckigkeit, mit der sie ihre Sache verfochten hatten. General Caprara und Paul Esterházy begannen, sie in die regulären Truppen einzugliedern. Zu ihrer großen Enttäuschung mußten die Türken erleben, daß sie selbst durch die Gefangennahme Thökölys dem Palatin die Möglichkeit gegeben hatten, aus seinen Anhängern Soldaten der kaiserlichen Armee zu machen, die nun bereit waren, gegen ihre ehemaligen Beschützer zu kämpfen.

Im November 1685 gab die Hohe Pforte ihre Bereitschaft zu Verhandlungen mit dem Reich zu erkennen. Thököly spielte dabei die Rolle eines Faustpfandes; denn in naiver Unkenntnis der westeuropäischen Politik glaubten sie, dem Kaiser sei der Kopf eines Rebellen mehr wert als eine Provinz. Die Geheime Konferenz war aber der Meinung, daß die, wenn auch bescheidenen Erfolge des Feldzugs eigentlich ermutigend waren, und lehnte es ab, auf einer anderen Grundlage als der Evakuierung ganz Ungarns zu verhandeln. Die Antwort führte zu einer Regierungsumbildung in Konstantinopel und zur Entlassung des nun nutzlosen Thököly aus einem Belgrader Gefängnis im Jänner 1686. Seine alten Kameraden zog es zu diesem Zeitpunkt jedoch nicht mehr zu seinem Banner. Nur ein kleiner Haufen von treuen Anhängern hatte sich mit seiner Frau Helene in der Festung Munkács verschanzt.

Daß es Thököly nicht gelang, die Rebellion wieder in Schwung zu bringen, war ein weiterer Beweis dafür, daß die Machtverhältnisse in Osteuropa sich zugunsten Österreichs verschoben hatten. Und nirgends hatte dies größere Folgen als in Siebenbürgen, von alters her eine „Kolonie" der ungarischen Krone.[8] Seit dem 16. Jahrhundert existierte Siebenbürgen jedoch quasi als Protektorat des Sultans und versuchte aus den Streitereien seiner mächtigeren Nachbarn den größtmöglichen Nutzen zu ziehen, indem es sich seinen starken Landtag und seinen halb republikanischen Charakter unter einem gewählten

Fürsten zu bewahren wußte. In Siebenbürgen lebten die verschiedenen Nationalitäten und Konfessionen in relativer Harmonie: Katholiken, Lutheraner, Calvinisten, Unitarier und Orthodoxe. In der Zeit der türkischen Oberhoheit mußte es der Pforte eine gewisse Einmischung in die eigenen politischen Angelegenheiten zugestehen und Tributzahlungen in Form von Soldaten und Geld leisten. Aber abgesehen von diesen periodischen Abhängigkeitsbeweisen blieb die Provinz im großen und ganzen sich selbst überlassen. Ihr Schutz waren einerseits die hohen Berge und andererseits die gegenseitige Eifersucht zwischen den Nachbarn Polen, Österreich und Türkei. Bereitwillig nahm Siebenbürgen die Flüchtlinge aus diesen Ländern auf.

Der Zusammenbruch der türkischen Macht vor Wien veränderte jedoch von Grund auf das delikate Gleichgewicht, das die Garantie für die Unabhängigkeit Siebenbürgens gewesen war. Zwar wagte Fürst Michael Apáfi, dessen Wahl eine der Ursachen der türkischen Kriege von 1663 bis 1664 gewesen war, nicht, dem Sultan seine Ergebenheit aufzukündigen, aber er bot sich mit seinem Ratgeber Michael Teleki als Vermittler zwischen den Türken und dem Kaiser an. Anfang 1685 schickte Apáfi einen Agenten nach Wien, der allerdings bald herausfand, daß die Österreicher weniger an einem Frieden mit den Türken als an einer erneuten Annexion Siebenbürgens an die ungarische Krone interessiert waren. Leopold I. schickte bald einen eigenen Agenten, den Jesuiten Antidius Dunod aus Burgund, zu Apáfi mit dem Angebot, Mitglied der Heiligen Liga zu werden und die Oberhoheit Leopolds über Siebenbürgen anzuerkennen.

Der Landtag von Siebenbürgen debattierte über eine Reihe von Gegenvorschlägen, durch die sich Siebenbürgen seine Unabhängigkeit zu bewahren hoffte. Mittlerweile unterzeichnete Teleki ein geheimes und privates Übereinkommen mit Dunod, in dem er dem Kaiser seine Hilfe versprach. Während noch der Landtag über die Zukunft des Fürstentums diskutierte, versetzte der erfolgreiche kaiserliche Feldzug in Ungarn von 1685 Wien in die Lage, seinen Druck auf Apáfi zu vergrößern. Im Oktober kam Dunod zum zweiten Mal nach Karlsburg, diesmal mit der Forderung, Siebenbürgen solle offen mit der Pforte brechen und den kaiserlichen Truppen Unterkunft und Verpflegung gewähren. In der Furcht um die Unabhängigkeit und die geliebte Religionsfreiheit, die unter österreichischer Herrschaft, wie er annahm, nicht überleben würde, schickte der Landtag eine Delegation von Mitgliedern nach Wien, um direkt mit dem Kaiser zu verhandeln. Leopold I. gab dem Obersthofmeister Graf Dietrichstein, Hermann von Baden und Kanzler Stratmann den Auftrag, mit ihr zu sprechen. Aber von der ersten Begegnung an waren die Abgeordneten aus Karlsburg bereits überspielt, da kaiserliche Truppen bereits in das Fürstentum einmarschierten, unter dem Vorwand, türkische Streifenpatrouillen zu verfolgen. Die kaiserlichen Verhandlungspartner boten an, die Schutzherrschaft über Siebenbürgen zu übernehmen, die Religionsfreiheit zu garantieren und Apáfis Fürstentitel auch für seinen Sohn anzuerkennen. Dafür forderten sie die lückenlose Besetzung der Provinz. Die siebenbürgischen Abgeordneten waren zutiefst verletzt, aber sie hatten wenig Hoffnung, sich dem Kaiser widersetzen zu können. So stimmten sie am 28. Juni 1686 einem Vertrag zu, der alle österreichischen Forderungen erfüllte. Leopold I. ratifizierte ihn bereits am nächsten Tag.

Der siebenbürgische Landtag hielt allerdings die Lage für weit nicht so hoffnungslos wie die Abgeordneten. Vor allem fürchteten sie sich, mit den Türken zu brechen, denn das würde sicher Repressalien zur Folge haben. Und wer garantierte ihnen, daß die österreichischen Erfolge in Ungarn von Dauer waren? Ein Wechsel der Oberhoheit schuf in einer so flexiblen Gesellschaft zwar wenig Schwierigkeiten, denn die Siebenbürger kannten sich in zeremoniellen Ergebenheitsbezeugungen gründlich aus, aber die militärische Besetzung ihres Landes war doch eine andere Sache. Kaiserliche Garnisonen auf siebenbürgischem Boden könnten zudem einen starken Anreiz für türkische Invasionspläne bieten, wenn sich das Kriegsglück einmal wenden sollte.

Mit der Rückenstärkung durch den Landtag fand Apáfi eine Formulierung, durch die er Zeit gewann. Mit der üblichen barocken Höflichkeit teilte er Leopold I. mit, er könne den Vertrag nicht ratifizieren, solange die Kaiserlichen nicht Buda, Temeschwar, Belgrad und andere türkische Stützpunkte in Südungarn eingenommen hätten: eine ziemlich umfangreiche Bedingung. Schließlich rief Apáfi in bewährter siebenbürgischer Manier Johann Sobieski von Polen auf, ihm zu helfen, und bat auch, um alle Möglichkeiten auszuschöpfen, den Großwesir um Protektion.

Apáfis Ablehnung setzte Wiens Bemühungen um eine friedliche Annexion Siebenbürgens ein Ende. Zwei Jahre brauchte Leopold, um sich durch Gewalt anzueignen, was er auf dem Verhandlungsweg zu gewinnen gehofft hatte. Apáfi und der Landtag von Siebenbürgen hielten Österreich für zu schwach, um all das zu halten, was Österreich den Türken abgenommen hatte, eine Befürchtung, die zehn Jahre vorher nicht ohne Berechtigung gewesen wäre, aber jetzt zeigten die Ereignisse, daß die Machtverhältnisse sich entscheidend verändert hatten.

XII. Die Eroberung Ungarns

Mit jedem neuen Sieg in Ungarn stieg der politische Ehrgeiz der Minister in Wien, ja man träumte von einer Erweiterung des Reiches nach Osten, die weit über das bereits Eroberte hinausging und weit über das, was Leopold I. als sein legitimes Erbe beanspruchen konnte. Schon 1685, als Buda noch in der Hand der Türken war, hatte die Geheime Konferenz bereits ihr Auge auf die Provinzen an der unteren Donau geworfen, auf die Walachei und die Moldau, deren christliche Herrscher wie Apáfi theoretisch Vasallen des Sultans waren.[1] Der in Wien herrschende Optimismus erhöhte aber nur Sobieskis Mißtrauen und seine Bereitschaft, sich den Franzosen zuzuwenden, die ihrerseits sehr daran interessiert waren, Polen aus der Heiligen Liga zu lösen. Die österreichischen Bemühungen, Rußland für die Allianz zu gewinnen, waren ebenfalls nicht dazu angetan, Polen zu beruhigen.

Im letzten Krieg der Russen mit den Türken (1677–81) hatte sich gezeigt, daß der Zar allein die Türken aus den Steppen im Süden nicht vertreiben konnte, und die Heilige Liga war in der Tat ein geeignetes Mittel, um die verschiedenen Offensiven gegen den Islam zu koordinieren. Sobieski jedoch fürchtete, zwischen den beiden Großmächten erdrückt zu werden, die zwar seine Alliierten im Kreuzzug gegen die Türken waren, aber Polen in Zukunft sicher nicht ungeschoren lassen würden.

Leopold I. hatte 1684 mit Frankreich hauptsächlich deshalb Frieden geschlossen, um Brandenburgs militärische Unterstützung zu gewinnen, aber Kurfürst Friedrich Wilhelm beeilte sich durchaus nicht, seinem Versprechen nachzukommen. Obgleich er Gründe genug hatte, um seine Allianz mit Ludwig XIV. zu bedauern,[2] kannte er den Wert seiner Armee und wollte sie nicht unter ihrem Preis verkaufen. Er sollte seine Meinung erst ändern, als Ludwigs Vorgehen gegen seine Glaubensbrüder immer rücksichtsloser wurde und eine größere Gefahr darstellte als die Habsburger. Weil ihnen Schweden zuverlässiger vorkam als Brandenburg, hatten die Franzosen die Versuche des Kurfürsten verhindert, das schwedische Pommern zu annektieren, aber erst die Thronbesteigung eines katholischen Königs in England zusammen mit Ludwigs Hugenottenverfolgung in Frankreich alarmierte den Kurfürsten so sehr, daß er im August 1685 in Augsburg eine Allianz mit Wilhelm von Oranien unterschrieb, welche die in Nijmwegen begonnene Entfremdung zwischen ihnen beendete. Gerade nun, als die beiden calvinistischen Herrscher die Grundlage zu dem schufen, was später die Liga von Augsburg werden sollte, veröffentlichte Ludwig die Ansprüche seiner Schwägerin auf Teile der Rhein-Pfalz.

Friedrich Wilhelm empfand diesen Schritt als Bedrohung für das Gleichgewicht der Mächte in Deutschland und verkündete öffentlich seine Genugtuung über die österreichischen Erfolge in Ungarn. Daraufhin appellierte auch Leopolds Gesandter in Berlin, Franz Heinrich von Fridag, an das christliche Gewissen des Kurfürsten und an seine Pflicht als Fürst des deutschen Reiches. Im September 1685 war Friedrich Wilhelm endlich bereit, ein Truppenkontingent nach Ungarn zu entsenden. Aber die Franzosen reagierten so empört, daß er wieder zögerte, und erst als Ludwig XIV. am 18. Oktober das Edikt von Nantes widerrief, zerriß der Kurfürst die letzten Bande, die ihn mit Frankreich verknüpften. Seine Offiziere bereiteten bereits die Truppenzusammenführung mit der kaiserlichen Armee in Ungarn vor, obwohl der offizielle Vertragsabschluß noch ausstand.

Denn Friedrich Wilhelm war bei den Verhandlungen keineswegs nachgiebiger geworden. Seine Hauptforderung betraf gewisse schlesische Lehen der böhmischen Krone, dieselben, die später, 1740, Friedrich II. den Vorwand liefern sollten, in Böhmen einzufallen. Leopold I. aber berief sich auf seinen Eid als König von Böhmen und lehnte es ab, Gebiete herauszugeben, die ihm seiner Ansicht nach rechtmäßig zustanden. Der alte Kurfürst dagegen wollte keinen Vertrag ohne die Lehen machen. Schließlich fand Fridag einen Ausweg aus dieser Situation. Der Kurfürst akzeptierte den Kompromiß, daß einige schlesische Lehen Brandenburg auf begrenzte Zeit, nämlich nur solange der Kurfürst lebte, abgetreten wurden.[3] Ohne große Schwierigkeiten konnte Fridag sich dann auch noch die geheime Zusage des Kronprinzen sichern, daß die Lehen bei seiner Thronbesteigung an Österreich zurückgegeben würden. Am 1. April 1686 wurde der Vertrag unterschrieben, worauf sich auf der Stelle 8000 erstklassige brandenburgische Soldaten nach Ungarn in Bewegung setzten.

Brandenburgs Beispiel folgte Sachsen mit fast 5000 Mann und Schweden als Mitglied des Reiches mit 1000. Der Regensburger Reichstag bewilligte eine Kontribution von fünfzig „römischen Monaten“, eine altertümliche Formulierung, die zweidreiviertel Millionen Gulden bedeutete. Zwei Drittel davon wurden tatsächlich aufgebracht und in Form von Soldaten, die von den Reichskreisen bezahlt und unterhalten wurden, nach Ungarn geschickt. Alles in allem marschierten etwa 34.000 Mann aus dem Reich nach Osten, um die Türken zu bekämpfen.

Österreich und Böhmen hatten sich verpflichtet, Kontributionen von über drei und eine halbe Million Gulden beizusteuern, Ungarn mußte weitere zwei Millionen für den Unterhalt der kaiserlichen Armee zahlen. Das waren große Summen, aber wie gewöhnlich waren sie schon vor ihrer Bewilligung für Rekrutierungen und Winterquartiere ausgegeben worden. Als Leopold I. sich an den Papst wandte, zeigte sich Innozenz XI. weniger großzügig als bisher, erstens, weil seine Reserven dahingeschmolzen waren, zweitens, weil Buonvisis Berichte über die finanzielle Mißwirtschaft in Wien nicht gerade vertrauenerweckend klangen. Jedenfalls lehnte Innozenz XI. es ab, aus eigener Kasse weitere Subsidien zu zahlen, und erst im August ließ er sich erweichen, die magere Summe von 100.000 Gulden lockerzumachen.

Indirekt jedoch ließ Innozenz XI. dem Kaiser wieder eine große Summe durch seinen Erlaß an den österreichischen Klerus von 1685 zukommen. Buonvisi und Kollonitsch überwachten in seinem Namen die Konfiszierungen und Verkäufe. Im Februar 1686 hatten sie bereits 826.000 Gulden zusammengebracht, sehr zum Mißvergnügen des Klerus, und als die Aktion Anfang des nächsten Jahres abgeschlossen war, betrug die Endsumme fast zweimal soviel.

Für Leopold I. aber stellte sich ein weit größeres Problem. Wer sollte das Oberkommando übernehmen? Drei seiner besten Generäle bewarben sich um dieses Amt: Karl von Lothringen, Max Emanuel von Bayern und Ludwig Wilhelm von Baden. Der Hofkriegsratspräsident Markgraf Hermann wollte natürlich seinem Neffen den Oberbefehl übertragen, Leopold I. war dagegen für Karl von Lothringen, der 1678 seine Schwester Eleonore geheiratet hatte. Und im Juli 1685 heiratete Max Emanuel Leopolds Tochter Maria Antonia und war damit ebenfalls ein Mitglied der kaiserlichen Familie. So war es kein Wunder, daß der Konkurrenzkampf dieser drei Männer nicht nur den Hofkriegsrat, sondern auch den Hof und die kaiserliche Familie in Fraktionen aufsplitterte. Und es ging dabei um mehr als nur persönlichen Ehrgeiz. Karl von Lothringen wollte alle seine Kräfte auf die Einnahme Budas konzentrieren, Ludwig Wilhelm und Max Emanuel dagegen wollten die Armee teilen und unabhängig voneinander die restlichen türkischen Garnisonen beseitigen.

Da Leopold I. Max Emanuel sehr gerne mochte, neigte er dazu, ihm wenigstens ein unabhängiges Kommando zu übertragen. Darauf drohte Lothringen, das Kommando niederzulegen, wenn dem Bayern seine Strategie nicht paßte, während Markgraf Hermann seinen Neffen im Hofkriegsrat durchzusetzen versuchte. Schließlich fand Leopold I. das Gezänk so unerträglich, daß er von Wien nach Wiener Neustadt flüchtete, um hier in Ruhe seinen Entschluß zu fassen. Aber schon folgte ihm d'Aviano, der, auf seine Freundschaft pochend, unangemeldet bei ihm eindrang und ihm eine seiner orkanartigen Predigten hielt. Was, so fragte er, bedeuteten zweitrangige Festungen jetzt, da Leopold stark genug war, um Buda zu erobern und den türkischen Einfluß in Ungarn für immer zu zerschlagen?[4] Leopold gab nach und willigte ein, Lothringens Rat zu folgen.

Um der Konfrontation mit Markgraf Hermann, Ludwig Wilhelm und Max Emanuel aus dem Weg zu gehen, rief Leopold I. Karl von Lothringen nach Wiener Neustadt, um ihm seinen Entschluß mitzuteilen. Dann beauftragte er, möglicherweise auf Lothringens Vorschlag, den Kanzler Stratmann, sich zu den Truppen zu begeben und den versammelten Generälen die Anordnungen des

Kaisers für diesen Feldzug vorzulesen. Die Vorstellung hatte den erwünschten Effekt. Alle akzeptierten die Beschlüsse des Kaisers, sogar Max Emanuel. Vielleicht hat Leopold nie einen Begriff davon gehabt, welche Wirkung von seinem Amt ausging und mit welcher Ehrfurcht sogar arrogante Fürsten des Reiches die Befehle des Kaisers an seine militärischen Untergebenen entgegennehmen konnten. Leider waren so direkte und klare Erlässe nicht die normale Reaktion des Kaisers auf die Händel seiner Untergebenen.

Nach dem autoritären Durchgreifen Leopolds I. brach die Armee nach Buda auf und begann mit der Belagerung am 18. Juni. Zwar zog der Großwesir Süleiman eine türkische Entsatzarmee in Südungarn zusammen, vermied es aber, die Kaiserlichen in offener Schlacht anzugreifen.[5] Am 22. Juni schoß eine von Lothringens Kanonen ein Pulvermagazin in der Zitadelle in die Luft, riß eine Bresche in die Wälle und tötete ungefähr ein Fünftel der Verteidiger. Dennoch gab Kommandant Abdurrahman Pascha nicht auf, und die blutige Erstürmung der Festung ging weiter, während die Armee des Großwesirs langsam immer näher rückte. Im Kriegsrat der Kaiserlichen beschuldigten sich gegenseitig die Generäle und stritten sich hitzig, ob man die Belagerung fortsetzen oder die Entsatzarmee angreifen sollte.

Da Ende August mit Sicherheit zu erwarten war, daß die Festung sich nicht mehr viel länger halten konnte, wollten Karl von Lothringens Kollegen nicht mehr das Risiko eines verlustreichen Angriffs eingehen. Und einmal mehr kam Kanzler Stratmann eilends aus Wien, um die Rivalitäten mit einem kaiserlichen Machtwort zu beenden. Drei Tage, vom 30. August bis zum 1. September, führte er den Vorsitz in Lothringens ungebärdigem Kriegsrat, bis endlich die Generäle einem letzten Sturmangriff auf Buda zustimmten, dem sogleich der Angriff auf Süleiman folgen sollte.

Am 2. September brachen die Stürmenden durch den inneren Befestigungsring, und damit war Buda genommen. Abdurrahman Pascha fiel im Kampf, die restlichen Verteidiger ergaben sich. Marco d'Avianos hastig geschriebener Report erreichte den Kaiser schon am nächsten Tag. Die eroberte Stadt wurde zur Plünderung freigegeben. Dabei brach im Wohnbezirk ein so großes Feuer aus, daß, als der Kaiser die Siegesnachricht las, der heißumkämpfte Siegespreis bereits in Asche lag.

Als der Großwesir den Fall Budas erfuhr, zog er sich hastig nach Belgrad zurück und entging so der Verfolgung durch die Kaiserlichen. Von diesen suchten die meisten ihre Winterquartiere auf. Ludwig Wilhelm aber verdiente sich seinen Marschallsstab durch einen höchst erfolgreichen Streifzug in Südwestungarn und Slawonien, wo er mehrere befestigte Städte eroberte und eine strategisch wichtige Brücke über die Drau zerstörte. Östlich der Donau eroberte eine Einheit unter General Veterani und Franz Barkóczy, der erst seit kurzem von Thököly abgefallen war, die bedeutende Stadt Szegedin an der Theiß. So waren, bevor der Winter auch die letzten Unermüdlichen in ihre

Winterquartiere vertrieb, noch einige weitere Siegesfrüchte dazugekommen. Die kaiserliche Armee war weit nach Südungarn vorgedrungen, und bis auf wenige isolierte türkische Vorposten im Zentrum des Königreichs hatte sie das königliche Ungarn nun fest in ihrer Hand.

Wieder einmal wurde in der Geheimen Konferenz die Frage debattiert, ob der Krieg im Osten nun fortgesetzt werden sollte oder nicht. Die Niederlagen der letzten Jahre hatten die Türken so weit mürbe gemacht, daß sie sich verhandlungsbereit zeigten, aber keiner der Minister des Sultans war so mutig, zu Konzessionen zu raten, die über die Friedensbedingungen von Vasvár hinausgegangen wären. Da die Geheime Konferenz aber überzeugt war, daß Ludwig XIV. demnächst eine neue Offensive am Rhein starten würde, ging man scheinbar auf die Verhandlungen mit den Türken ein, obgleich Leopold fest entschlossen war, und darin von d'Aviano und dem Nuntius nach Kräften unterstützt wurde, den Krieg fortzusetzen, bei dem es nun um die „Befreiung" von ganz Ungarn ging.

Im Januar beantwortete Markgraf Hermann von Baden die türkischen Friedensangebote dahingehend, daß man zu Verhandlungen bereit sei, wenn die Türken dem Kaiser alle Länder zurückgäben, die sie ihm widerrechtlich weggenommen hätten. Die einen Monat später eintreffende Antwort des Großwesirs deutete die Übergabe einiger Festungen an, welche die Kaiserlichen bereits in Besitz hielten, bestand aber fest auf den Grenzen von Vasvár. Da weitere Verhandlungen nutzlos schienen, stimmte die Geheime Konferenz am 19. April für die Fortsetzung des Krieges.

Und wieder brach die Rivalität zwischen Karl von Lothringen und Max Emanuel von Bayern auf und stellte den ganzen Feldzug in Frage. Kardinal Buonvisi bat voller Sorge um die so mühevoll errungene Einigkeit den Papst, er möge den bayerischen Kurfürsten beschwören, seine kostbare Person nicht den Gefahren des Schlachtfeldes auszusetzen. Aber der päpstliche Rat hatte genau den gegenteiligen Effekt zur Folge. Leopold I. mußte dem tief gekränkten Kurfürsten ein unabhängiges Kommando östlich der Donau anvertrauen. Seine Aufgabe bestand darin, Lothringens Armee im Süden und Südwesten abzudecken. Daraufhin verschaffte sich Ludwig Wilhelm von Baden auf eigene Initiative ein ähnlich unabhängiges Kommando, und beide nutzten jede Gelegenheit dazu, ihre Truppenbewegungen nicht mit denen der Hauptarmee in Einklang zu bringen.

Durch diese Verzögerungen und das schlechte Wetter wurden Lothringens Versuche zunichte, Esseg und die Drau zu erobern, bevor Süleiman mit seiner Armee eintraf. Da er nun weder den Wesir angreifen noch dort bleiben konnte, wo er war, begann er am 20. Juli mit dem Rückzug. Und der Großwesir machte sich offensichtlich auf Drängen seiner beutelustigen Offiziere daran, ihn zu verfolgen. Im Norden von Baranyavar trafen die beiden Armeen aufeinander und lieferten sich am 12. August nach einer Reihe von kleineren Scharmützeln die Schlacht am Berg Harsan. Dem kühnen Vorstoß der kaiserlichen Reiter konnte die türkische Kavallerie nicht standhalten. Fliehend brach sie durch die eigenen Infanterielinien, was ein allgemeines Chaos zur Folge hatte. Der Wesir floh, und seine Armee zerstreute sich. Sie war zirka um ein Fünftel dezimiert. Karl von Lothringen schickte etwa 10.000 Mann zurück nach Esseg, das sich nun ohne einen Schuß ergab.

Im Oktober 1687 war ganz Mittelslawonien von türkischen Garnisonen befreit. Lothringen zog mit dem Großteil seiner Truppen ostwärts gegen Temeschwar, mit der Absicht, Siebenbürgen von den Türken abzuschneiden. Am 23. August hatte er bei Mohács die Donau überquert und marschierte weiter nach Osten. Hier nun erreichte ihn die Nachricht von großen Umwälzungen innerhalb des Osmanischen Reiches.

Das Regime Mehmeds IV. hatte, so korrupt und unzureichend es war, vier Jahre dauernde Niederlagen in Ungarn überstanden. Aber 1686 rief der Verlust Budas schließlich doch heftige Reaktionen hervor. Die Unruhen begannen mit einer Meuterei in der Armee unter der Führung der elitären Janitscharen. Sie empörten sich über die Inkompetenz ihrer Kommandanten, die vielen Niederlagen und die schlechte Besoldung. Nach der Niederlage am Berg Harsan verwandelte sich die Meuterei in eine blutige Rebellion, die den Wesir das Leben kostete und Mehmed IV. den Thron. Mehmeds Bruder, Süleiman II., wurde Sultan.

Die Konfusion der Regierungsumbildung in Konstantinopel benutzte Karl von Lothringen, um sich eilends nach Siebenbürgen zu begeben und Apáfi um Unterkunft (in Form von Festungen) und Verpflegung für seine Truppen zu bitten. Als der Landtag von Siebenbürgen die Forderungen heftig zurückwies, nahm Lothringen Klausenburg und Bistritz in Besitz. Apáfi und der Landtag flohen nach Hermannstadt und sandten eine neue Delegation zu Verhandlungen mit Lothringen. Dieser antwortete darauf, indem er mit seinen Truppen tiefer ins Landesinnere vorrückte. Ohne die Hilfe der Türken mußten Apáfi und der Landtag schließlich kapitulieren. Am 27. Oktober übergab der Fürst den Kaiserlichen zwölf größere Festungen, versprach, einen großen Teil der Armee zu verpflegen und eine Barzahlung von 700.000 Gulden zu leisten. Dagegen garantierte Lothringen Apáfi Sicherheit für ihn selbst und seine Familie, Religionsfreiheit und viele lokale Privilegien. Dieser politische Handstreich brachte dem Kaiser mehr Gewinn, als er ein Jahr zuvor von Siebenbürgen gefordert hatte.

Als Karl von Lothringen nach Wien zurückkehrte, sandte Leopold I. General Graf Antonio Caraffa als Kommandanten nach Hermannstadt, mit der Order, das Fürstentum zur Gänze unter die Oberhoheit der ungarischen Krone zu bringen. Und Caraffa zwang die Deputierten des Landtags mit jener Härte, die ihn später so verhaßt in Ungarn machen sollte, Leopold I. als ihrem König zu huldigen, erhöhte ihre Kontributionen und zwang sie, sich am Krieg gegen die

Türken zu beteiligen. Am 9. Mai 1687 gab der Landtag, der in Hermannstadt zusammengetreten war, seine Zustimmung zu dem verhängnisvollen Dokument, mit dem Siebenbürgen unter die Protektion des österreichischen Kaisers zurückkehrte. Leopold I. wurde als „erblicher König von Ungarn" bezeichnet. Der Kaiser ratifizierte das Dokument am 17. Juni. Mit dem Anschluß Siebenbürgens an Ungarn war die offizielle Garantie der Religionsfreiheit verbunden.

In vier kurzen Jahren waren die Türken von den Mauern Wiens bis fast an die Mauern Belgrads zurückgeworfen worden. Dabei hatte es sich nicht um einen Grenzkrieg gegen wilde asiatische Horden gehandelt. Durch die Franzosen und durch eine Anzahl europäischer Flüchtlinge und Abenteurer hatten die Türken sich viel von der europäischen Kriegstechnik aneignen können, und besonders in der Belagerungstechnik und im Festungsbau zeigten sie sich ihren europäischen Meistern oft überlegen. Der eigentliche Unterschied zwischen den Feinden lag daher weniger in der Kriegführung als in der unterschiedlichen politischen und sozialen Struktur ihrer Staaten. Konstantinopel war das Zentrum eines Militärstaates, der nur mit Hilfe der Armee überleben konnte. Die politische Macht war so sehr mit dem Schicksal der militärischen Führungsspitze verknüpft, daß eine Meuterei genügte, um zum Zusammenbruch des Staates zu führen.

Trotz aller Mängel verfügte aber die habsburgische Monarchie über ein ungleich höheres Organisationsniveau. Und trotz seiner konservativen Haltung und seiner an Aberglauben grenzenden Frömmigkeit repräsentierte Leopold I. die zunehmend rationalen Seiten der Staatskunst und das Heranwachsen des europäischen Absolutismus. Zwar ächzte und knarrte die österreichische Verwaltung unter der Last der beiden Kriege in West- und Osteuropa, aber anders als das türkische System hörte das österreichische nicht auf zu funktionieren, wenn die Armee versagte oder zu murren begann. Das dynastische Prinzip erwies sich hier als Stärke, indem es die zentrale Autorität weit über die Hinterhofverschwörungen heraushob.

Kara Mustafas Niederlage vor Wien ist von den Geschichtsschreibern im Rückblick oft als voraussehbare Konsequenz der türkischen Politik gesehen worden, welche 1683 die Mittel überspannt hatte und auf keinen Fall in Europa weiter Fuß gefaßt hätte. Für die Zukunft war jedoch nicht so sehr bedeutend, daß es Kara Mustafa nicht gelungen war, Wien einzunehmen: Schon der große Sultan Süleiman I. hatte es 1529 nicht geschafft. Bedeutsam war vielmehr das erstaunliche Tempo, mit dem die kaiserlichen Armeen Ungarn nach anderthalb Jahrhunderten türkischer Besetzung zurückgewannen.

Bei diesem Prozeß spielte Leopold I. eine unspektakuläre, aber entscheidende Rolle. Dabei war es weniger wichtig, was er tat, als was er verkörperte. Er war kein Stratege. Schwierige Entscheidungen wurden ihm meist von den starken Männern seiner Umgebung aufgezwungen. Aber er war nun einmal das lebendige Zentrum der Macht, die nur er allein auf Grund seiner Geburt ausüben durfte oder die dazu von ihm ausgewählten Diener. Während seine Generäle Schlachten schlugen und Festungen eroberten, betete Leopold für ihren Erfolg und belohnte sie fürstlich, wenn sie es geschafft hatten. Er lebte in dem Glauben, daß Gott sein Haus belohnen würde, wenn er nur seine legitimen Rechte und den katholischen Glauben verteidigte. Die Wiedereroberung Ungarns bestätigte Leopold in seiner Ansicht über den Platz, den seine Dynastie in der Welt einnahm. Und seine Minister waren sich über die Bedeutung der Zeit sehr wohl im klaren, als sie sich daranmachten, ein Reich östlich des alten Reiches aufzubauen, ein habsburgisches Reich, das sich weit mehr auf dynastische und monarchische Prinzipien als auf die Prinzipien des Feudalsystems stützte.

XIII. Restauration und Absolutismus in Ungarn

Die Eroberung Budas 1686 konfrontierte die österreichische Monarchie mit der Aufgabe, das politische System in Ungarn zu reorganisieren und eine Organisationsgrundlage für die neu hinzugewonnenen Territorien zu schaffen. Der Krieg in Ungarn war reich an Siegen gewesen, aber die besonders brutale Art der Kriegführung zog viele Probleme nach sich.

Die kaiserlichen Truppen aus Mittel- und Westeuropa, die nun schon seit Jahren gegen die Türken und ungarischen Rebellen kämpften, hatten sich nach und nach die Vorgangsweise ihrer Feinde gegenüber der Zivilbevölkerung angeeignet. Der Bauer wußte nicht, welche der beiden Armeen er für schlimmer halten sollte.[1] „Befreiung vom türkischen Joch“ bedeutete selten eine Besserung der Lage. Und die Truppenbewegungen in Mittelungarn zwangen meistens die Überlebenden, auszuwandern oder sich einer der ungesetzlichen Banden anzuschließen, die von Raub und Plünderung lebten.

Nur wenige Dörfer und Städte in Ungarn blieben von Beginn der Kuruzzenrebellion bis zur Einnahme Belgrads 1688 vom Krieg verschont. Was die türkischen und habsburgischen Steuereintreiber übriggelassen hatten, wurde von plündernden Soldaten geraubt oder zerstört. Standen Bauern im Verdacht, die türkischen Garnisonen unterstützt zu haben, dann trieb man sie wie Vieh, mit allem, was sie tragen konnten, in Regionen, die fest in kaiserlicher Hand waren. Alles, was zurückblieb, wurde zerstört.

Durch diese Zwangsverschleppung wurde die Sozialstruktur der bäuerlichen Siedlungsgemeinschaften zerstört, wurden Familien auseinandergerissen und traditionsgebundene Verhaltensmuster zerstört. Der Verlust bäuerlichen Kapitals in Form von Behausungen, Werkzeug und Nahrungsmitteln war so enorm, daß er erst nach langer Zeit, mit viel Geduld und harter Arbeit aufgeholt werden konnte. Die fruchtbare Ebene zwischen Donau und Theiß verlor fast ihre gesamte Bevölkerung, als die Bauern 1684 und 1685 aus der Kriegszone in das relativ sichere Oberungarn flohen. Ihr Platz wurde von umherstreunenden Banden entwurzelter Polen, Ruthenen und Moldauer eingenommen, die wieder so wie einst die Ureinwohner der Gegend, die Nomaden, lebten.[2] Die Szenerie von Verwüstung und Elend verlagerte sich mit den Kriegsoperationen später auch ins türkische Ungarn. Die Mißernte von 1685 trug zur Verschlimmerung der Lage bei.

Leopold I. konnte die Not, die in Ungarn herrschte, unmöglich ignorieren, schon deshalb nicht, weil ohne den Beitrag des eroberten Landes der Krieg nicht fortzusetzen war. Wie aber sollte in dem verwüsteten Land die Armee untergebracht und ernährt werden? Auch die mangelnde Disziplin in der kaiserlichen Armee trug zu den Schwierigkeiten bei. Auf Leopolds Befehl verschärfte der Hofkriegsrat die Armeegesetze und forderte die Offiziere auf, notfalls Exekutionen vorzunehmen, wenn das ungesetzliche Plündern nicht anders zu verhindern war.

Leopold I. war sich jedoch vollkommen klar, daß es von den Ungarn selbst abhing, wieweit sie bereit waren, der kaiserlichen Sache zu dienen, und obwohl er niemals Sympathien für den extravaganten Nationalismus seiner magyarischen Untertanen empfunden hatte, befolgte er seit 1681 eine konziliante Politik, die sich im ganzen auch bezahlt machte. Daß so viele Kuruzzen sich von Thököly abgewandt hatten, war ein Beweis, daß es möglich war, die Loyalität zur Krone wiederaufzubauen, auch nach den Exzessen, die Kollonitsch und Szelepcsényi in ihrem Namen begangen hatten.

Schon während der Kriegsjahre hatte die Hofkanzlei, soweit es die Umstände erlaubten, zwischen die lokalen Verwaltungsbehörden der Großgrundbesitzer, Dörfer und Komitate auf der einen Seite und die Verwaltungsorgane der Krone auf der anderen Seite eine mittlere Verwaltungsbehörde geschoben, welche sich hauptsächlich mit der Kontrolle der Steuereintreibung beschäftigte, sich aber auch beim Straßen- und Brückenbau und bei der Wiederbesiedlung von verlassenem Agrarland nützlich machte. Nach 1686 erwarben sich diese Stellen große Verdienste in der Revitalisierung des verwüsteten Landes rund um Buda. Die Stadt füllte sich nach und nach wieder mit Einwohnern, neue Märkte wurden gegründet und die Verkehrsverbindungen langsam wieder in Ordnung gebracht.

Alle diese Maßnahmen hatten eines gemeinsam: die Absicht, das Königreich direkt der Autorität der Krone zu unterstellen. Aber so klar die Absicht auch war, die Durchführung litt unter den ständigen Kompetenzstreitereien der zentralen Behörden selbst. Solange Ungarn Kriegsland war, bestanden Konflikte zwischen den zivilen Verwaltungsbehörden, die in Finanzangelegenheiten der Hofkammer und in juristischen Fragen der österreichischen beziehungsweise ungarischen Kanzlei unterstellt waren, und den Kommandanten der Armee, die dem Hofkriegsrat Rechenschaft abzulegen hatten. Jede Behörde förderte natürlich nur die eigenen Angestellten, so daß die Koordinierung immer mehr zu wünschen übrig ließ. Nur die entschiedene Intervention des Monarchen selbst hätte Ordnung in die Verwirrung bringen können. Aber in Verwaltungsangelegenheiten hielt sich Leopold I. lieber zurück und überließ seine Minister ihren Problemen.

Ganz anders in Glaubensangelegenheiten. Hier konnte er nicht gleichgültig bleiben und unterstützte offen die Katholiken bei jedem ihrer Schritte. Zwar wurden die Verfolgungen durch die verhaßten Sondergerichtshöfe von 1672 nicht wiederaufgenommen, aber die offene Unterstützung, welche der Monarch den Katholiken zukommen ließ, führte zu vielen Klagen, und diese wieder stärkten Leopolds Mißtrauen gegenüber den ungarischen Protestanten. Jede Schließung einer protestantischen Kirche und jede jesuitische Niederlassung in einer protestantischen Stadt lieferte Grund zu neuen Klagen über die Krone und die Fremdherrschaft und verstärkte die Animosität dem österreichischen Regime gegenüber.

Leopolds Militärgouverneur von Ungarn, Antonio Caraffa, teilte die Abneigung des Kaisers den Ungarn gegenüber in einem solchen Maß, daß sie schon ans Pathologische grenzte.[3] Sein angeborenes Mißtrauen ließ ihn überall Verschwörung und Verrat vermuten und den unwahrscheinlichsten Gerüchten Glauben schenken. So berichtete er 1686 dem Kaiser von der Aufdeckung einer weitverzweigten Verschwörung, die sich gegen Leopold I. persönlich und gegen den katholischen Glauben gerichtet hatte. Was die Beweise nicht hergaben, hatte seine rege Phantasie ausgeschmückt, so daß Leopold I. und die Geheime Konferenz Caraffas farbigen Berichten Glauben schenkten.[4] Die schlimmen Erfahrungen, die man mit Zrinyi und Thököly gemacht hatte, saßen ihnen ja noch im Nacken. 1686 stimmte Leopold der Errichtung eines neuen Sondergerichtshofes in Eperjes zu; denn diese unglückliche Stadt wurde von Caraffa für das Zentrum der Verschwörung gehalten.

Im Febraur 1687 begann der Gerichtshof unter Caraffas persönlicher Leitung mit einer Reihe von Prozessen und „Ermittlungen“, die stark an die Hexenprozesse zu Anfang des Jahrhunderts erinnerten. Die unter der Folter erpreßten Geständnisse und Verdächtigungen brachten innerhalb weniger Monate siebzehn angesehene Bürger der Stadt aufs Schafott und führten zu einer Reihe von weiteren Verhaftungen. Unter diesem Druck war die Hysterie in der Stadt bald so stark, daß sogar gegen die höchsten Regierungsbeamten Verdächtigungen ausgesprochen wurden, gegen den Palatin Esterházy und den Markgrafen Hermann von Baden. Viele der wohlhabenden Bürger flohen nach Polen, ihre Flucht bestärkte freilich Caraffa nur in seinem Mißtrauen. Verbissen verfolgte er weiter jeden noch so zweideutigen Hinweis, der auf Verrat oder Sympathie für Thököly schließen ließ.

Immer wieder wurden die ungarischen Magnaten unter Führung ihres Palatins beim Kaiser vorstellig und machten ihn darauf aufmerksam, daß die Sondergerichte in Ungarn illegal seien. Caraffas unerhörte Prozeßführung in Eperjes zerstöre den letzten Rest von Vertrauen für das Regime und unterminiere die Loyalität des ungarischen Volkes für seinen gewählten König. Endlich setzten sich ihre Argumente durch. Am 21. August 1687 verbot Leopold I. mittels Dekret den Sondergerichtshof. Caraffas Name aber hatte sich bereits in Ungarn als gebräuchlicher Fluch durchgesetzt, und das Ansehen des Kaisers hatte durch die Angelegenheit stark gelitten.

Während Caraffa noch angebliche Verschwörer jagte, beschäftigte sich

Leopold I. bereits mit dem Problem, wie man die ungarische Krone für seinen Sohn, den Erzherzog Joseph, sicherstellen könnte. Im April 1687 beauftragte er eine Kommission, die sich im übrigen hauptsächlich aus Österreichern und Böhmen zusammensetzte, mit der Ausarbeitung eines politischen Reformprogramms. Ohne Zweifel war es seine Absicht, seine militärischen Erfolge dazu zu benützen, aus dem Wahlkönigtum Ungarn einen erblichen Besitz für das Haus Habsburg zu machen.

Der böhmische Kanzler Graf Kinsky und Kanzler Stratmann waren die führenden Köpfe dieser Kommission.[5] Kinsky wollte wie sein Vorgänger Lobkowitz Ungarn unter eine absolutistische Regierung nach böhmischem Modell zwingen und hielt es nicht für notwendig, dazu die Einwilligung der Stände oder des ungarischen Reichstags einzuholen. Stratmann hielt es dagegen für politisch geschickter, diese Ziele Schritt für Schritt durchzusetzen und dabei zu vermeiden, die Funken der Rebellion aufzuschüren. Seine Argumente setzten sich am Ende durch, wahrscheinlich weil sie Leopolds eigener Neigung entsprachen, immer den sichersten und vorsichtigsten Weg zu wählen. Leopold I. entschloß sich also, die Wahl Josephs zum König auf verfassungsmäßigem Wege mit Hilfe des ungarischen Reichstags durchzusetzen.

Man forderte daher die Abgeordneten auf, sich am 18. Oktober 1687 in Preßburg zu versammeln. Die Stephanskrone, die sich seit 1683 in Wien befand, wurde feierlich in die alte ungarische Hauptstadt zurückgebracht, und als Leopold I. mit Kaiserin Eleonore und Erzherzog Joseph am 30. Oktober in Preßburg eintraf, hatten die Mitglieder der Versammlung dank der Vorbereitungsarbeit Esterházys und Stratmanns bereits ihren Willen verkündet, Joseph zu ihrem „Erbkönig“ zu krönen. Nach der ungarischen Verfassung war dieser Titel freilich ungesetzlich.

In seiner offiziellen Antwort an den ungarischen Reichstag ging nun Leopold I. noch einen Schritt weiter und verkündete seine Absicht, Ungarn „neue Gesetze“ zu geben. Während er seine Bereitschaft erklärte, die traditionellen Freiheiten des Königreichs zu respektieren, forderte er die Abänderung des Dekrets von Andreas II. aus dem Jahr 1222, welches die ärgerliche Klausel des „ius resistendi“ enthielt, und die Legalisierung des erblichen Thronfolgerechts für das Haus Habsburg auf der Basis der Primogenitur. Wenn dies geschehen sei, so versprach Leopold I., würde er sich zwei Wochen lang die Beschwerden der Versammlung anhören. Als Befreier des Königreichs, der einen großen Teil des Landes mit seinen deutschen Truppen besetzt hielt, konnte Leopold I. es sich leisten, den ungarischen Adel mit so bestimmt formulierten Forderungen zu konfrontieren.

Abgesehen von einigen bösen Kommentaren über Caraffas schmutzige Arbeit in Eperjes, zeigte sich der Reichstag daher auch kompromißbereit, wählte Joseph zu seinem König und garantierte dem Haus Habsburg das Erbrecht auf die ungarische Krone für die männlichen Erstgeborenen als Dank für die

„Befreiung“ von den Türken. Die Sache mit dem „ius resistendi“ war freilich nicht so leicht zu regeln. Dieses alte Recht des Feudalsystems besagte, daß jeder Ungar sich gegen seinen Herrn auflehnen konnte, wenn seine berechtigten Klagen kein Gehör fanden, und es war für den ungarischen Adel zum Symbol für alle seine Freiheiten und Privilegien geworden, ja für manche Magnaten zur Grundlage ihrer Konstitution. Leopolds Minister hingegen sahen darin nur die Aufforderung zur Empörung gegen die Staatsgewalt.

Der Reichstag bot zunächst einen Kompromiß an, der das Dekret des Andreas dahingehend modifizierte, daß das „ius resistendi“ als Recht der Nation interpretiert werden sollte und nicht wie bisher als Recht jedes Menschen im Königreich. Leopold I. schien bereit, dies zu akzeptieren, aber Kinsky und Stratmann überredeten ihn, konsequent zu sein und den Reichstag zu zwingen, den ganzen Artikel aus der Konstitution zu streichen. Mit dem Beistand seiner Ratgeber hielt nun Leopold I. eisern an diesem Standpunkt fest, gab aber dafür gnädig in anderen Punkten nach, auch in solchen, die mit Religionsfreiheit zu tun hatten.

Der Reichstag murrte, konnte aber wenig tun, außer Verwirrung stiften und die Sache vertagen, ein Manöver, das Leopold I. aus seinen Verhandlungen mit den Ständen und Versammlungen seiner Länder reichlich bekannt war. Der entscheidende Moment kam, als der Reichstag an die Formulierung des Krönungseides ging, den Joseph bei seiner Krönung am 9. Dezember abzulegen hatte. In einer Reihe von Sitzungen in letzter Minute, an denen Kinsky, Stratmann und die Deputierten teilnahmen, wurde ein akzeptables Dokument ausgearbeitet, aber zwei Tage vor der Zeremonie legte der Reichstag eine neue Formulierung vor.[6] Da in der verbleibenden Zeit mit keiner Einigung zu rechnen war, ordnete Leopold I. an, daß die Krönung zum festgesetzten Zeitpunkt stattfinden und der Krönungseid die Klausel enthalten sollte, daß sich der neue König an die Rechte der Ungarn „so, wie man über deren Sinn und Anwendung zwischen König und Ständen übereinkommen würde“, halten wolle, was gar nichts besagte. Der fünfundneunzigjährige Primas von Ungarn, Georg Széchényi, setzte Joseph die alte Krone aufs Haupt, und der Reichstag debattierte noch über einen Monat mit den Ministern des Kaisers über die Formulierung des Krönungseides.

Somit hatte die Krone dem Reichstag ein Schnippchen geschlagen und den Weg für eine entscheidende Stärkung des königlichen Absolutismus bereitet. Ungarn behielt zwar seine Verfassung, deren Basis das Kondominium zwischen den Ständen und der Krone bildete, aber über diese Verfassung hatte sich nun die Krone gesetzt.[7] Das grundlegende Gesetz blieb teilweise das, was es war, nämlich eine Charta aller Privilegien und Rechte des Adels und damit der Nation, aber diese Rechte waren nun der Souveränität eines Königs, dessen Krone erblich und dessen Autorität unbegrenzt war, untergeordnet. Der König mußte sich nur an gewisse verfassungsmäßig festgelegte Regierungsmodalitäten halten.

Dennoch waren Kinsky und Stratmann mit den in Preßburg 1687 getroffenen Beschlüssen nicht ganz zufrieden. Wohl aber Leopold I., denn wenn auch diese Beschlüsse nicht auf Grund der freien Entscheidung des ungarischen Adels gefaßt worden waren, so repräsentierten sie doch das aktuelle Machtverhältnis zwischen den beiden Gegnern in einem Moment, da die Krone eindeutig alle wesentlichen Mittel der Unterdrückung besaß.[8]

Das Jahr 1688 markierte den Höhepunkt der österreichischen Macht im Osten. Und Leopold sah sich vor der einmaligen Möglichkeit, alle seine Kräfte konzentriert gegen die Türken einsetzen zu können. Da Buda vom Feind gesäubert und Siebenbürgen militärisch besetzt war, konnte das Ziel des nächsten Feldzugs nur Belgrad sein, die Schlüsselfestung des zentralen Donaubeckens, der letzte große türkische Stützpunkt nordwestlich des Balkangebirges.

Während man sich im Hofkriegsrat, in der Geheimen Konferenz und unter den Generälen über dieses Ziel vollkommen einig war, kam es über das leidige Problem der Führung der Armee zu hitzigeren Debatten denn je. Max Emanuel von Bayern fand es angebracht, daß er für die Erneuerung seines Vertrages mit Leopold I., der im Januar 1688 zu Ende ging, mit einem besseren Posten belohnt würde. Außerdem wurde er vom Marquis de Villars ermuntert, eine Allianz mit Frankreich in Erwägung zu ziehen. Villars kannte seinen Mann genau und bedrängte ihn mit seinem dynastischen Ehrgeiz. So meinte Villars, daß Max Emanuels Sohn mit Frankreichs Unterstützung eines Tages durchaus Kaiser werden könnte. Und abgesehen davon, konnte sich der Kurfürst doch berechtigte Hoffnung auf Spanien machen, hatte er doch das einzig überlebende Kind aus Leopolds Ehe mit Margaretha geheiratet. Wenn er jetzt mit den Habsburgern bräche, könnte sein illustres Haus zu ungeahnten Höhen aufsteigen.

Von Villars solcherart ermutigt, verlangte Max Emanuel von Leopold das Oberkommando über die gesamte kaiserliche Armee in Ungarn als Preis für die Erneuerung seines Vertrages. Und wieder einmal spaltete der Konkurrenzkampf zwischen Max Emanuel und Karl von Lothringen nicht nur den Hofkriegsrat und das diplomatische Korps, sondern auch die kaiserliche Familie. Als Max Emanuel sich kategorisch weigerte, Karl von Lothringen unterstellt zu werden, stand Leopold I. vor der Wahl, entweder seinen besten Kommandanten und Schwager zu entlassen oder seinen Schwiegersohn und wichtigen Verbündeten zu verlieren.

Die Ereignisse sollten ihm diese Entscheidung abnehmen, als Ende Mai Karl von Lothringen schwer erkrankte. Obwohl feststand, daß er den Feldzug unmöglich leiten konnte, zögerte Leopold einige Zeit, den Oberbefehl nun tatsächlich Max Emanuel zu übertragen. Erst Anfang Juli übermittelte Stratmann dem Kurfürsten seine Ernennung, und da gehörte die Chance, Belgrad auf leichtem Wege zu gewinnen, bereits der Vergangenheit an. Inzwischen hatte sich Jegen Osman Pascha, einer der Führer der Meuterei gegen

Mehmed IV., zum Kommandanten in Belgrad gemacht und war vom neuen Sultan bestätigt worden. Als sich die kaiserliche Armee in Bewegung setzte, hatte er bereits die große Festung restauriert und auf eine Belagerung gut vorbereitet.

Als Max Emanuel Ende Juli mit seiner Armee nach Belgrad marschierte, mußte er sich bald eingestehen, daß Ludwig Wilhelm von Baden mit der so wichtigen Bootbrücke nicht rechtzeitig von Slawonien eintreffen würde. Dennoch gelang es Marco d'Aviano, der wieder einmal die Truppen in die Schlacht begleitete, Max Emanuel zu überreden, weiter vorzustoßen, so daß die kaiserliche Armee nach einer sehr schwierigen Flußüberquerung bei Semlin Mitte August vor Belgrad erschien. Trotz seiner schwachen Artillerie begann Max Emanuel auf der Stelle mit der Belagerung. Im Gegensatz zu der langsameren, vorsichtigeren und methodischeren Art Lothringens führte der Kurfürst die Belagerung mit Bravour, die selbst vor hohen Verlusten unter den Offizieren nicht zurückschreckte. Am 6. September brachte ein Sturmangriff den Durchbruch in die Stadt. Die türkische Garnison kapitulierte, und unmittelbar darauf marschierten kaiserliche Truppen bereits die Donau abwärts bis zum Eisernen Tor und westwärts nach Bosnien und Serbien hinein. Sie trafen auf wenig Widerstand und kehrten nur um, weil die eigenen Nachschublinien zu weit zurückblieben. Montecuccolis Diktum, daß, wer die Donau unter Kontrolle halte, ganz Ungarn kontrolliere, erwies sich als wahr. Die Armee Leopolds I. hatte das gesamte Donaubecken fest in der Hand.

Der Jubel in Wien über den Sieg wurde allerdings durch einen neuerlichen Schlag der Franzosen gegen das Reich stark gedämpft. Es war kaum eine Woche nach seinem Triumph vergangen, als Max Emanuel bereits zurück nach Wien eilte, um mit dem Hofkriegsrat über die Lage im Westen zu konferieren. Der Kreuzzug gegen die Türken war beendet, aber der Krieg mit Frankreich stand schon vor der Tür, ein Krieg, der die Regierung Leopolds I. bis zum Ende überschatten sollte. Während sich nun die Aufmerksamkeit des Hofes und der Militärs wieder sowohl der Donau als auch dem Rhein zuwenden mußte, nutzte Leopold I. die durch die Eroberung Belgrads gewonnene Sicherheit, um die Umstrukturierung der ungarischen Administration fortzusetzen.

Nach Josephs Krönung hatte Leopold I. eine neue Kommission unter Fürst Ferdinand Dietrichstein damit beauftragt, detaillierte Vorschläge für eine Reform der königlichen Verwaltung auszuarbeiten. Unter den Mitgliedern dieser Kommission befanden sich keine Ungarn, aber sie ließ sich vom Palatin, dem betagten Primas und kurioserweise von Caraffa beraten, der durch die Berufung in das Kriegskommissariat aus Ungarn entfernt worden war. Die Kommission begann mit ihrer Arbeit im Juli 1688 und legte nach fast einem Jahr, nämlich im Sommer 1689, Leopold I. einen ersten Bericht vor.

Leopold I. gründete nun zu dieser Kommission noch zusätzlich mehrere Unterkommissionen. Eine davon hatte sich mit den sogenannten „Neoacquisita", den neu dazugewonnenen Ländereien in Ungarn, zu beschäftigen. Hierbei handelte es sich um eine enorm schwierige Aufgabe, denn sie implizierte unter anderem die Rückgabe der Länder an die Erben der früheren Besitzer, sofern solche nach so langer Zeit überhaupt noch auffindbar waren. Allein die Auffindung und Überprüfung der alten Urkunden, die sich auf diese herrenlosen Ländereien bezogen, welche etwa zwei Drittel des Gesamtterritoriums ausmachten, hätten innerhalb einer geordneten Gesellschaft schon genug Mühe verursacht, aber die Bevölkerungsverschiebungen unter der türkischen Besetzung und die Zerstörungen während der letzten Phase des Krieges machten diese Aufgabe praktisch unmöglich. Doch von irgendwoher aus mußte Ordnung geschaffen werden, und der ungarische Reichstag gab freimütig zu, daß die bestehenden Regierungsorgane in Ungarn absolut nicht in der Lage waren, mit dem plötzlichen Gebietszuwachs fertig zu werden.

Die Kommissionäre gingen von dem Grundsatz aus, wo immer es möglich war, die bestehenden legalen und fiskalen Strukturen unangetastet zu lassen. Anstatt zu versuchen, das lokale Gerichtswesen abzuschaffen, rieten die Kommissionäre lediglich zu einer Vereinheitlichung der Prozeßführung und zur Eliminierung einiger mittelalterlicher Gesetze, wie zum Beispiel jener, die Vasallen oder Untertanen verboten, Anklagen gegen ihre Herren zu erheben. Ein dem niederösterreichischen ähnlicher Strafkodex sollte die oft widersprüchlichen ungarischen Gesetze ersetzen. Die unabhängige Rechtsprechung der Großgrundbesitzer, der Städte und der Komitate sollte durch die Einrichtung von Appellationsgerichten in Kaschau, Buda und Zagreb abgelöst werden, und in allen Fällen diente der kaiserliche Gerichtshof als höchstes Appellationsgericht.

Was nun die verwickelten religiösen Angelegenheiten Ungarns anging, so wurde der Kommission ein äußerst scharf abgefaßter Bericht von Kardinal Kollonitsch vorgelegt. Dieser energische Sohn der Gegenreformation war ein intoleranter Gegner jeglicher Form von Häresie und begeisterter Verfechter eines homogenen Glaubens aller Untertanen Leopolds I. Die kaiserliche Garantie der Religionsfreiheit wollte Kollonitsch so eng wie möglich verstanden wissen und die Juden zum Beispiel ganz aus dem Königreich vertreiben. Jedenfalls empfahlen die Kommissionäre in allen Punkten eine großzügigere Auslegung.

Die Empfehlungen der Kommissionäre auf militärischem Gebiet waren vernünftig, ja geradezu aufgeklärt, angesichts der damaligen Kriegführung in Osteuropa und der seit 1664 emotionsgeladenen Atmosphäre. Es wurde sogar der Versuch unternommen, bei der Einquartierung der Truppen die lokalen Behörden heranzuziehen. Die Miliz dagegen sollte abgeschafft werden; die Kommission sah keine Notwendigkeit für eine bis an die Zähne bewaffnete Bevölkerung. Statt dessen empfahl sie ein 24.000 Mann starkes stehendes Heer, halb ungarisch, halb deutsch und nach dem österreichischen Modell organisiert.

Dieser Bericht der Kommission ist spürbar vom Einfluß der Wirtschaftstheoretiker Johann Joachim Becher, Philipp Wilhelm von Hörnigk und Wilhelm von Schröder geprägt.[9] Das zeigt sich vor allem darin, welche Bedeutung die Mitglieder der Kommission der engen Beziehung zwischen politischer Autorität und wirtschaftlicher Stärke beimessen, und in den Empfehlungen, die „Neoacquisita" durch systematische Bevölkerungspolitik und Subventionen wirtschaftlich zu sanieren. Kolonisten sollten von überall her willkommen geheißen und mit dem Versprechen auf eine gewisse Anzahl von steuer- und robotfreien Jahren zur Niederlassung ermuntert werden.

Pauschal gesehen war der Bericht repräsentativ für die Ansicht von Männern wie Kinsky, Stratmann und Kollonitsch, die in der zentralisierenden und integrierenden Macht der Monarchie die einzige Garantie für eine bessere Zukunft der Menschheit sahen. Leider vermochte es der Bericht nicht, sich in einem verhängnisvollen Punkt von der Tradition zu lösen: In der Abhandlung über die Kolonisierung der verlassenen Gebiete konnten die Kommissionäre sich nicht zurückhalten, starke antiungarische Vorurteile zu äußern. Deutsche, empfahlen sie, sollten als Kolonisten bevorzugt behandelt werden, damit das „Königreich, oder zumindest ein großer Teil, schrittweise germanisiert und das ungarische Blut mit seiner Neigung zu Unruhe und Revolution durch das deutsche gemildert und zur Loyalität und Liebe zu seinem natürlichen, erblichen König umerzogen werde".[10]

Diese taktlose Passage, welche einerseits nur ein Ausdruck der Gefühle der Wiener Kommissionäre war, die einen großen Teil ihres Lebens damit zugebracht hatten, sich mit den Problemen der ungarischen Rebellion zu beschäftigen, war andererseits ein grober Schnitzer, der die Ungarn dazu brachte, das ganze Programm mitsamt seinen Empfehlungen als den Versuch zu brandmarken, die nationale Identität der Ungarn zu zerstören.

Nach der Publizierung des Berichts kam es zu der erwarteten Auflehnung der Magnaten unter Führung ihres Palatins. Die „germanisierende" Tendenz des Dokumentes vereinigte alle ungarischen Magnaten, auch jene, die noch mehr Angst vor anderen Maßnahmen hatten, zum Beispiel vor jenen, die ihre Rechtsbeziehungen zur Bauernschaft regeln und die Robot auf drei Tage beschränken wollten oder aber die Adligen zur Besteuerung ihrer Domänen aufforderten.[11]

Der im Oktober 1689 in Preßburg tagende ungarische Reichstag gab eine starke Protestnote gegen nicht verfassungsmäßige „Erneuerungen" innerhalb des Königreichs heraus. Leopold I. befand sich gerade auf dem Reichstag in Augsburg, als die Kommissionäre ihm ihren endgültigen Bericht vorlegten. Nachdem er sich mit Kinsky und einigen Kommissionären beraten hatte, beschloß er, von allen Empfehlungen nur drei, die aber schnell und energisch durchzuführen: die Verwaltungsreform der ungarischen Kanzlei und der Justiz, die Gründung neuer katholischer Pfarren und die Rückgabe beziehungsweise den Verkauf von Land in den verlassenen Gebieten.

Das im folgenden Jahr begonnene Werk trug zwar einige Früchte – insbesondere konnte die Funktionstüchtigkeit der ungarischen Kanzlei spürbar verbessert werden –, aber auf anderen Gebieten waren nur wenige Fortschritte zu bemerken. Die Landrückgabe in den „Neoacquisita" an die Erben erwies sich als unlösbare Aufgabe. Es kam vor, daß einige Großgrundbesitzer sich über ihre eigenen Leibeigenen widerrechtlich Land aneigneten. Schließlich nahm der Palatin auf eigene Verantwortung Landübertragungen vor, und da Leopold I. in Ungarn über keinen geeigneten Verwaltungsapparat verfügte, blieb ihm keine andere Wahl, als das verbleibende Land zu verkaufen oder es als Belohnung verdienten Offizieren zu übertragen.

Die Kolonisierung ging unterdessen schnell weiter mit Siedlern aus dem Sudetenland, Schlesien und Mähren, und zwar in solchen Massen, daß die Großgrundbesitzer dieser Gebiete bereits über den Verlust von Arbeitskräften zu klagen begannen. So mußte Leopold I. 1699 ein Auswanderungsverbot für Schlesien und Mähren aussprechen, um die Produktivität der betroffenen Güter zu sichern. Die stärkste Einwanderungswelle deutscher Siedler kam jedoch erst nach dem Scheitern einer zweiten ungarischen Rebellion, in den Anfangsjahren der Regierung Karls VI. (1711–40).

Sehr vorsichtig behandelte Leopold I. das heikle Problem der Besteuerung des ungarischen Adels. Erst 1697 konnte die Hofkammer ihn dazu bewegen, eine Abordnung zu Verhandlungen mit den Magnaten über reguläre Kontributionen zu schicken. Angesichts der unbeugsamen Ablehnung der Magnaten versuchte Leopold I. den Beistand des zahlenmäßig stärkeren niederen Adels zu gewinnen, indem er den Magnaten eine Kontribution von 250.000 Gulden aufbrummte, den niederen Adel jedoch von der Steuer befreite. Aber selbst dieses gerissene politische Manöver konnte den Widerstand des Adels als Kaste nicht brechen. Erst 1715 erklärte der Reichstag die reguläre Kontribution für legal, wobei aber das Volk und nicht der Adel die Last zu tragen hatte. In seinem Versuch, den Adel zu besteuern, hatte Leopold vielleicht unwissentlich mitten ins Herz der aristokratischen Privilegien getroffen, und die Adligen verteidigten sich mit allen ihnen zur Verfügung stehenden Mitteln. Zumindest ihre „Libertät" hielt somit dem Ansturm des königlichen Absolutismus stand.

XIV. Zweifrontenkrieg

Der Wiener Hof hatte im September 1688 kaum begonnen, den Sieg Max Emanuels in Belgrad zu feiern, als die Nachricht eintraf, Ludwig XIV. ließe seine Armee über den Rhein in die Pfalz einmarschieren. Auf der Stelle riefen die verschiedenen Kreise des Reiches ihre Truppeneinheiten aus Ungarn ab. Der Waffenstillstand mit Frankreich, der für fünfundzwanzig Jahre abgeschlossen war, hatte nur ein Fünftel seiner Zeit gedauert.

Ludwigs Entscheidung, erneut ins Reich einzufallen, war teils ein Akt von Selbstüberschätzung, teils ein Akt der Verzweiflung.[1] Der französische Einfluß in Europa war seit 1683 abrupt zurückgegangen, besonders in Deutschland. Die Tage der Rheinliga waren vorbei. Mehrmals hatte Ludwig XIV. versucht, den Waffenstillstandsvertrag von Regensburg in einen endgültigen Friedensvertrag umzuändern, und hatte keine Mühe gescheut, die deutschen Fürsten zu umschmeicheln und einzuschüchtern. Aber alle seine Versuche, das Reich zu terrorisieren, hatten den französischen Einfluß in Deutschland immer mehr abgebaut und Leopolds Ansehen bei seinen deutschen Vasallen verstärkt. Höchst ungünstig wirkten sich dabei auch die ständigen Bemühungen des französischen Königs aus, seine dynastischen Ansprüche auf die Pfalz durchzusetzen. 1688 stand nur noch der Wittelsbacher Kurfürst von Köln treu zu Frankreich. Als der alte Erzbischof am 3. Juni starb, war es von entscheidender Bedeutung für Frankreich, daß der frankreichfreundliche Kardinal Fürstenberg zu seinem Nachfolger gewählt wurde.

Leopold I. konterte, indem er die Kandidatur von Joseph Clemens von Bayern, des Bruders Max Emanuels, unterstützte. Die Wahl brachte keine klare Entscheidung, keiner der Kandidaten hatte die Mehrheit des Domkapitels hinter sich gebracht. Zwar setzte sich nun Wilhelm von Fürstenberg kühn auf den Bischofsstuhl, aber Innozenz XI. erklärte Joseph Clemens für den Sieger der Wahl. Wenn sich das päpstliche Dekret durchsetzte, dann hatte Frankreich seinen letzten verläßlichen Verbündeten unter den deutschen Fürsten verloren.

Auch in der Pfalz entwickelten sich die Dinge nicht so, wie Ludwig XIV. es sich gewünscht hätte. Die alte kurfürstliche Familie war 1685 ausgestorben. Leopold I. versprach daraufhin das Kurfürstentum seinem Schwiegervater Philipp Wilhelm von der Pfalz, der eindeutig die berechtigtsten Ansprüche auf den Titel zu stellen hatte. Ludwig XIV. meldete nun Ansprüche auf Teile der Pfalz im Namen seines Bruders an, nämlich jenes Philipp von Orléans, der mit

Elisabeth Charlotte, der Schwester des letzten Kurfürsten, verheiratet war. Diese Ansprüche bezogen sich wohlgemerkt nicht auf die Souveränität über die gesamte Pfalz, sondern nur auf Teile derselben. Es war klar, daß er seine Ansprüche lediglich als Einsatz in dem politischen Handel mit Wien benützen wollte. Wien sollte endlich seine Gebietserweiterungen mittels der Reunionskammern und die Einverleibung Straßburgs akzeptieren. Aber Leopold I. lehnte es ab, über die in Regensburg 1684 getroffenen Vereinbarungen hinauszugehen.

Die Zeichen standen schlecht für Frankreich. Die meisten Alliierten hatten sich von Ludwig XIV. abgewendet. Seine Einmischung bei der Kölner Wahl hatte ihn um seinen Einfluß in Rom gebracht, wo Innozenz XI. ihm außerdem nicht verzeihen konnte, daß Ludwig an dem Kreuzzug gegen den Islam nicht teilgenommen hatte. Das Edikt von Fontainebleau 1685 hatte ihn zudem die Unterstützung seiner protestantischen Verbündeten gekostet, nämlich Brandenburgs und Schwedens. Auch von England war nicht viel zu erwarten; denn die für Frankreich so vielversprechende Thronfolge von Jakob II. hatte zu starken religiösen Unruhen geführt. Und die Holländer, die Ludwig XIV. in Nijmwegen versucht hatte zu neutralisieren, hörten immer mehr auf die militanten Ratschläge ihres Statthalters, Wilhelm von Oranien. Dieser hatte sich bereits der Hilfe Brandenburgs, Braunschweigs und Hessens versichert; denn er hatte vor, nach England überzusetzen, um den englischen Thron für seine Frau Mary zu beanspruchen und um England in die Koalition gegen Frankreich zu bringen. Die Liga von Augsburg entwickelte sich in der europäischen Politik zu einer reellen Macht. Augsburg deshalb, weil in dieser Stadt Wilhelm von Oranien und der Kurfürst von Brandenburg 1686 ihre Freundschaft besiegelt hatten. Nun versuchte Wilhelm von Oranien, auch Leopold I. für diese Partnerschaft zu gewinnen.

Wie immer hatte Leopold I. nicht nur starke Bedenken, Frankreich Schach zu bieten, auch das Ziel der Liga von Augsburg, den Katholiken auf dem englischen Thron durch einen Protestanten zu ersetzen, mußte Leopold zum Widerstand reizen, verletzte dieses Ansinnen doch die traditionelle Bindung seiner Familie an Rom. Noch verwirrender waren die militärischen Konstellationen. Der Eintritt in die Koalition gegen Frankreich würde Österreich in einen neuen Krieg am Rhein ziehen, und damit sah sich Leopold wieder in dem alten Dilemma, sich zwischen den „Ostlern" und „Westlern" an seinem Hof entscheiden zu müssen.

Leopold I. war nun achtundvierzig, fast so alt, wie sein Vater war, als dieser starb. Ganz so robust wie in seiner Jugend war er längst nicht mehr, aber kräftig genug, um in den Gebieten rund um Wien an ausgedehnten Jagden teilzunehmen. Seine Figur war dadurch geschmeidig und schlank geblieben, aber sein Gesicht trug die Spuren der vergangenen Jahre, sie machten sein Gesicht jetzt um vieles schärfer und ließen die Unterlippe übertrieben hervorstehen. So angenehm ausgeglichen er in seiner Jugend gewirkt hatte, so phlegmatisch wirkte er jetzt, und seine Audienzbesucher hatten es oft schwer mit ihm. An das steife

Hofzeremoniell hatte er sich so gewöhnt, daß er es nicht länger als lästig empfand, ja es war ihm bereits so sehr zu eigen geworden, daß er selten spontan reagierte, nicht einmal bei den höfischen Festen, für die er doch immer noch eifrig komponierte.

Im Gegensatz zu der Vitalität und ausgelassenen Fröhlichkeit, die an Ludwigs XIV. Hof in Versailles herrschten, verhielt man sich in der Umgebung Leopolds I. eher wie in einer Kirche als an einem weltlichen Fürstenhof. Jedenfalls erschien es den Besuchern so, und sie mögen recht gehabt haben. Während der siegreichen Feldzüge in Ungarn verging selten eine Woche ohne ein feierliches Tedeum zusätzlich zu den regulären Messen, Namensfesten der Heiligen und Prozessionen. Die ernste Atmosphäre der Hofburg schien in keinem Zusammenhang mit den glänzenden Triumphen der kaiserlichen Armeen zu stehen, aber es war der Lebensstil, der Leopold behagte, und der Hof schloß sich ihm an.

Der Schatten der ungesicherten Thronfolge, der so lange über der Familie gelegen war, hatte sich gelichtet. Leopolds ältestes Kind, Maria Antonia, hatte den Kurfürsten von Bayern geheiratet, aber lebte noch in Wien, während ihr Mann in den Krieg zog. Der elfjährige Joseph, jetzt König von Ungarn, war ein kräftiges, aktives Kind. Und auch der zweite Sohn, Erzherzog Karl, schien die gesundheitlich gefährlichsten Jahre der Kindheit überstanden zu haben. Vier Töchter rundeten den Kreis der Familie ab: Maria Elisabeth, Maria Anna, Maria Theresia und das Baby Maria Josepha. Die Zukunft der Dynastie schien vorläufig gesichert.

Auch politisch sah die Zukunft vielversprechend aus. Seit Maximilian I. hatte kein Kaiser mehr so viel Unterstützung von den deutschen Fürsten bekommen, und zwar sowohl von den katholischen als auch von den protestantischen. Ungarn war von den Türken befreit worden, die Erbländer hatten sich dadurch größenmäßig fast verdoppelt, und trotz der leeren Schatzkammer war die österreichische Militärmacht beträchtlich angewachsen.

Je mächtiger Österreich wurde, umso interessierter war Wilhelm III. von Oranien daran, diese Macht an die Liga von Augsburg zu binden. Im Mai 1688 schickte er den hessischen Schatzmeister Johann von Görz zu Verhandlungen nach Wien, wo ihm von Leopold I. freundlich Audienz erteilt wurde. Dann erklärte Görz dem unermüdlichen Franzosenfeind Borgomanero und Kanzler Stratmann Wilhelms Pläne, die das Versprechen beinhalteten, daß er, wenn er einmal auf dem englischen Thron war, keine Verfolgung von Katholiken zulassen würde. Für Leopolds Beitritt zur Allianz gegen Frankreich bot er die Garantie, daß jeder Widerstand gegen Leopolds Anspruch auf den spanischen Thron als „casus foederis“ gelten würde, ein Versprechen, das durch die Deklaration der Generalstaaten vom 20. Juli, in der Wilhelms Standpunkt voll unterstützt wurde, erheblich verstärkt wurde. Am 4. September erklärte Leopold I. seine Absicht, seinen früheren Verträgen mit den Holländern treu bleiben und ein neues Defensivbündnis abschließen zu wollen.

Die Nachricht von Leopolds Entschluß erreichte Versailles beinahe gleichzeitig mit dem Bericht über den Fall Belgrads. Beide Ereignisse waren nicht gerade dazu angetan, Ludwigs XIV. Stimmung zu verbessern, und so neigte er dazu, Louvois' Ratschlag zu folgen und den deutschen Reichsfürsten einen „heilsamen Schrecken" einzujagen. Am 24. September erklärte Ludwig XIV., bevor er einem endgültigen Frieden auf der Basis des Regensburger Waffenstillstands zustimmen könne, müsse er sich Philippsburg zurückholen und für seinen Verzicht auf die Pfälzer Ansprüche in bar bezahlt werden. Im gleichen Augenblick marschierten seine Truppen in die Pfalz ein, um „seine Rechte zu sichern", während andere Einheiten Mainz und Trier angriffen und die Hauptarmee unter Vauban und Boufflers und dem nominellen Oberbefehl des Dauphins Philippsburg attackierte, welches Ende Oktober kapitulierte. Die französischen Truppen hielten nun außer Köln und Koblenz sämtliche rheinischen Kurfürstentümer und die Pfalz besetzt.

Damit wollte Ludwig XIV. erreichen, daß der Reichstag gefügig wurde und Leopold I. seine Friedensbedingungen akzeptiere. Die Wirkung war genau die gegenteilige. Frankreichs Selbstüberschätzung hatte zur Folge, daß sich praktisch alle deutschen Fürsten im Magdeburger Pakt zusammenschlossen, und dieser Pakt war durch Brandenburg und Hessen mit der Liga von Augsburg verbunden. Die deutschen Truppeneinheiten wurden aus Ungarn abgezogen, ihnen folgten kurz darauf Leopolds eigene österreichische und ungarische Kontingente. Es blieben nur die nötigsten Garnisonen zum Schutz Ungarns zurück.

Am Wiener Hof war nun wieder die Diskussion zwischen den „Ostlern" und den „Westlern" voll im Gange. Karl von Lothringen argumentierte energisch gegen einen Zweifrontenkrieg, und die meisten Mitglieder der Geheimen Konferenz waren seiner Meinung, allerdings nicht unbedingt mit der Schlußfolgerung, daß der Krieg im Osten Priorität hatte. Papst Innozenz XI. stand nach wie vor mit Herz und Seele hinter seiner Kreuzzugsidee, ließ aber verlauten, daß seine Kasse leer sei.

Mit einem derart gespaltenen Hof blieb Leopold I. nichts anderes übrig, als selbst einen Entschluß zu fassen. Wie schon so oft schilderte er seine Sorgen um die Zukunft in einem Brief an Marco d'Aviano vom 23. Januar 1689.[2] Zu diesem Zeitpunkt war er aber schon davon überzeugt, daß er die Herausforderung annehmen und an zwei Fronten kämpfen mußte, was es auch kosten würde. Denn zu Ludwigs Bedingungen war der Frieden mit Frankreich unannehmbar. Wie sehr der König von Frankreich selbst den gelassenen Leopold in Rage bringen konnte, zeigten seine Worte, mit denen er den „Ostlern" am Hof erklärte, warum er sich unmöglich mit Frankreich verständigen könne, weil nämlich sein Cousin „Pakte, Allianzen und Eide" nicht respektiere.

Es gab aber noch einen anderen Grund, warum sich Leopold zum ersten und letzten Mal in seinem Leben für den gefährlicheren Weg entschloß. Die Nachfolge auf den Kaiserthron war seinem Sohn Joseph noch in keiner Weise garantiert worden, vom dynastischen Standpunkt aus war es daher klar, daß Leopold nichts unternehmen durfte, was das Haus Österreich in den Augen jener Fürsten diskreditieren konnte, die den nächsten Römischen König zu wählen hatten. Wenn Joseph Römischer König und Kaiser werden wollte, dann mußte Leopold angesichts der jetzigen Stimmung im Reich Frankreich den Krieg erklären.

Leopolds Entschluß, sich mit der Augsburger Koalition gegen Frankreich zu verbinden, während er den Krieg im Osten notfalls fortzuführen hatte, war die erste persönliche Entscheidung, die er gegen den Widerstand vieler seiner engsten Freunde und Berater traf. Aber dafür stand ihm das Reich in ungewohnter Einmütigkeit fest zur Seite. Und da er sich außerdem der Unterstützung der Holländer und nach Wilhelms Sieg in England 1689 auch der englischen sicher sein konnte, sah er auch ein Hauptziel seiner dynastischen Politik plötzlich in greifbarer Nähe: die habsburgische Thronfolge in Spanien und im Reich.

Trotzdem quälte die Allianz mit einem Protestanten Leopolds Gewissen. Und die Qual wurde noch größer, als Jakob Stuart alle katholischen Fürsten Europas aufrief, sich dem calvinistischen „Usurpator" in England zu widersetzen. Auch Marco d'Aviano war als Anhänger der „Ostler" von Anfang an gegen die Allianz gewesen. Um einen unparteiischeren Rat zu bekommen, legte Leopold I. das Problem einer Gruppe von sechs oder sieben katholischen Theologen vor.[3] Vier von ihnen sprachen sich für die Allianz mit Wilhelm aus. Durch diese Mehrheit in seinem Entschluß bestärkt, erklärte Leopold I. am 3. April 1689 im Namen des Heiligen Römischen Reiches Frankreich den Krieg. Einige Tage später schrieb er Jakob II. ins Exil, er könne seinem Aufruf nicht Folge leisten, denn dem katholischen Glauben hätte niemand mehr Schaden zugefügt als der Verbündete und Beschützer der Stuarts: Ludwig XIV.

Im Winter 1688–89 versuchte Leopold I., sich so weit wie möglich die Türken vom Hals zu halten, damit er sich auf den bevorstehenden Krieg mit Frankreich konzentrieren konnte. Das osmanische Regime hatte sich jedoch von den inneren Wirren der letzten Jahre ziemlich schnell erholt und erschien jetzt dank der nach der Meuterei durchgeführten Reformen stärker als zuvor. Die französische Invasion ins Reich konnte den Diwan nur noch mehr darin bestärken, bei den Friedensverhandlungen hart zu bleiben und Forderungen zu stellen, die Leopold I. unmöglich akzeptieren konnte. Die Verhandlungen im Februar und März in Wien führten daher zu nichts.

Stratmann handelte daraufhin mit den Holländern eine Allianz aus, die am 12. Mai signiert wurde und weit über die früheren Vereinbarungen hinausging. Es handelte sich hier um eine ausgesprochen offensive Allianz mit dem Ziel, die Franzosen hinter ihre Grenzen von 1648 und 1659 zurückzutreiben und sie zu zwingen, das Herzogtum Lothringen und alle „Reunionen" wieder herauszugeben. Die wichtigsten Passagen des Pakts waren für Leopold I. die geheimen Artikel, die auf holländischer Seite nur Jakob Hop, der Ratspensionär von Amsterdam und Gesandte Wilhelms in Wien, und auf österreichischer Seite Kanzler Stratmann unterschrieben. In diesen Passagen verpflichteten sich England und die Generalstaaten, Leopold I. in der Frage der spanischen Erbfolge zu unterstützen, wenn Karl II. ohne Erben sterben sollte, und ihren ganzen Einfluß aufzubieten, um Josephs Wahl zum Römischen König zu unterstützen.

Während die Koalition Formen annahm, taten die Franzosen alles, um die Initiative auf dem Schlachtfeld zu behalten. Obwohl sie 1688 an den Rhein zurückgedrängt worden waren, standen sie noch immer auf dem Boden des Reiches. 1689 gingen sie daran, systematisch die Pfalz zu verwüsten. Sie zerstörten im Januar Heilbronn und Heidelberg, im Mai rissen sie die Verteidigungsanlagen von Speyer, Worms und Oppenheim nieder und verwüsteten das Land rund um diese Städte.

Karl von Lothringen war zum Oberbefehlshaber am Rhein ernannt worden, aber der Streit unter den anderen Kommandanten hinderte ihn daran, die Franzosen in ihrem Zerstörungswerk rechtzeitig zu stoppen. Als er im Juli endlich seine Armee aufgestellt hatte, war es zu spät. Bis in den September hinein wurde nun Mainz belagert und, nachdem dieses gefallen war, Bonn, die Residenz des Erzbischofs und Kurfürsten von Köln. Bonn fiel am 9. Oktober. Diese beiden Einnahmen wurden als große Siege gefeiert, aber im Grunde war Lothringen nicht mehr gelungen, als zwei Brückenköpfe am Rhein zurückzuerobern. Und er hatte ohnmächtig mit ansehen müssen, wie die Franzosen eine der reichsten Provinzen Deutschlands total verwüsteten.

Trotzdem hielt Leopold I. den Moment für relativ günstig, um die Wahl seines Sohnes zum König von Rom durchzusetzen. Dieser war zwar erst zwölf Jahre alt, aber es galt, die momentane politische Stimmung in Deutschland auszunützen. Er rief also das Kurfürstenkollegium nach Augsburg zusammen und traf hier selbst mit der kaiserlichen Familie am letzten Augusttag des Jahres 1689 ein. Nun begannen die langen, schleppenden Verhandlungen, die einer jeden solchen Wahl vorherzugehen pflegten. Erst am 12. Dezember war man so weit, daß Leopold I. den Wählern seine Vorschläge unterbreiten konnte. Tatsächlich äußerte sich niemand gegen die Kandidatur Josephs. Und Leopold I. konnte sogar durchsetzen, daß die Wahlkapitulation für seinen Sohn wesentlich anders aussah als das demütigende Dokument, das er selbt 1658 hatte unterschreiben müssen. So fielen alle Restriktionen, die sich auf die Beziehungen des zukünftigen Kaisers mit Frankreich bezogen, weg, ebenso wie Artikel, die seine militärische Position in Deutschland stark beschränkten. Einwänden, Josephs Jugend betreffend, begegnete man durch die Vorkehrung, daß er im Notfall die Regierung mit sechzehn Jahren übernehmen würde.

Am 19. Januar wurde die Kaiserin Eleonore feierlich gekrönt, eine Formalität, auf die man bisher vergessen hatte, und am 24. Januar wählten die Kurfürsten Joseph zum Römischen König. Die feierliche Krönung fand zwei Tage später in der Ulrichskirche in Augsburg statt. Am 4. März hielt der neue König seinen zeremoniellen Einzug in der festlich geschmückten Hauptstadt Wien. Leopold I. hatte allen Grund, zufrieden zu sein, und konnte d'Aviano schreiben, in Augsburg sei alles wundervoll gelaufen.[4]

Der Augenblick war von Leopold I. tatsächlich gut gewählt gewesen; denn schon machte die Koalition die erste Krise durch. Der Wiener Kriegsrat hatte in seiner strategischen Planung angenommen, daß sich die Engländer an diesem Kontinentalkrieg beteiligen und Truppen an den Rhein entsenden würden. Wilhelm III. hatte jedoch andere Sorgen. Irland rebellierte, und hinter der Rebellion stand Jakob II., der Waffen und Offiziere aus Frankreich brachte. Die irische Rebellion schuf auch unter den Alliierten neue Spannungen; denn Leopold I. fühlte sich verpflichtet, sich für Wilhelms katholische Untertanen einzusetzen,[5] so wie die Holländer und Engländer für Leopolds protestantische Untertanen während der ungarischen Aufstände das Wort ergriffen hatten.

Der härteste Schlag für Leopold war jedoch der Tod Karls von Lothringen am 18. April 1690 in Wels. Leopold I. hatte sich in militärischen Fragen immer mehr auf den Rat seines Schwagers verlassen und dabei immer öfter den Hofkriegsratspräsidenten, Markgraf Hermann von Baden, umgangen. Nun, nach Lothringens Tod, forderten die wichtigsten deutschen Verbündeten wie Bayern, Brandenburg und Sachsen jeder für sich den Oberbefehl über die kaiserlichen Truppen. Leopold I. wählte schließlich Max Emanuel von Bayern, es wurde jedoch August, bevor alles geregelt war und der neue Kommandant ins Feld zog.

In militärischer Hinsicht hatte Frankreich 1690 das Rennen gewonnen, obwohl sich die gegnerische Koalition im Juli durch den Beitritt Spaniens und im Oktober durch den Beitritt Savoyens verstärkt hatte. Französische Truppen waren in die südlichen Niederlande einmarschiert und schlugen am 1. Juli bei Fleurus eine spanisch-holländische Einheit, bevor deutsche Truppen ihr zu Hilfe kommen konnten. Am 10. Juli bereitete die französische Seestreitmacht der englisch-holländischen Flotte vor der Küste von Sussex bei Beachy Head eine schlimme Niederlage, und selbst Wilhelms III. Sieg über Jakob II. in Irland konnte die verfahrene Situation auf dem Kontinent nicht bessern. Auch als Max Emanuel endlich die kaiserliche Armee um sich versammelt hatte, konnte er zu keinem entscheidenden Schlag ausholen, da er zunächst einmal den dringendsten Hilfeappellen Folge leisten mußte, die aus den verschiedensten Richtungen zu ihm drangen. So bezogen schließlich gegen Ende des Jahres beide Armeen, die französische und die kaiserliche, die Winterquartiere, ohne daß es zu einer entscheidenden Schlacht gekommen war.

Auch der Austritt des Herzogs von Savoyen aus seinem Bündnis mit Frankreich, der zunächst als Hoffnungsstrahl freudig begrüßt worden war, erwies sich nur als wenig ergiebiges Zwischenspiel.[6] In der Hoffnung, in Italien eine zweite Front bilden zu können, welche die französischen Truppen vom Rhein abziehen würde, schickte Leopold I. einen seiner jüngsten Generäle, den

Prinzen Eugen von Savoyen, mit einer kleinen kaiserlichen Streitmacht zu den spanischen und savoyischen Truppen nach Italien. Aber die Inkompetenz der Spanier und die Unerfahrenheit der Savoyer konnte selbst ein Prinz Eugen mit seiner viel zu kleinen Streitmacht nicht kompensieren. Die Franzosen hatten bald ganz Piemont erobert und begannen Savoyen zu verwüsten, so wie sie im Vorjahr die Pfalz verwüstet hatten.

Auch im Osten standen die Dinge schlecht. Die Türken hatten Belgrad zurückerobert und drohten in Siebenbürgen einzufallen. Die Seemächte zeigten jedoch wenig Verständnis für die Schwierigkeiten in Ungarn, ebenso wie die Heilige Liga absolut kein Interesse an Leopolds Kampf mit Frankreich hatte. England und der holländischen Republik ging es hauptsächlich um den ungestörten Handel in der Levante, und daher schlugen diese beiden Mächte Leopold I. im März 1691 vor, er solle auf Siebenbürgen verzichten, um die Türken zu einem Waffenstillstand zu bringen. Leopold I. antwortete in scharfen Worten, Siebenbürgen habe damit nichts zu tun und an einen Waffenstillstand sei nicht zu denken, solange Frankreich die Türken gegen ihn aufhetzte.

Abgesehen von dem Sieg Ludwigs von Baden in Slankamen, der die Türken für ein weiteres Jahr an die Grenzen Ungarns verwies, brachten auch die Feldzüge des Jahres 1692 keine spektakulären Erfolge. Am Oberrhein vergeudeten die kaiserlichen Generäle ihre Kraft mit internen Streitigkeiten, anstatt gegen die Franzosen vorzugehen, die selbstzufrieden auf ihren annektierten Reichsgebieten saßen, und in Italien konnte Prinz Eugen zwar bescheidene Siege erringen, aber weder ihm noch den Alliierten gelang es, die Franzosen aus ihren starken Stellungen in Piemont zu vertreiben.[7]

Der Zweifrontenkrieg erwies sich also als genauso schwierig, wie Karl von Lothringen es schon 1689 vorausgesagt hatte. Und der Versuch, zu einem vernünftigen Frieden mit den Türken zu kommen, der auf dem gegenwärtigen Besitzstand basieren sollte, scheiterte tatsächlich an der kontinuierlichen französischen Hetzkampagne. Resignierend begann Leopold I. an einen Seperatfrieden mit Frankreich zu denken.

In dieser katastrophalen Situation erzielte Frankreich auch noch einen diplomatischen Sieg in Deutschland, der die Einheit im Reich zu zerstören drohte. Einem diplomatischen Vorstoß Ludwigs XIV. war es nämlich gelungen, Herzog Ernst August von Hannover zum Austritt aus der Koalition gegen Frankreich zu bewegen. Und dieser Abfall kostete die kaiserliche Armee nicht nur ein großes und wertvolles Truppenkontingent, sondern konfrontierte den Kaiser mit der Gefahr, daß dem Beispiel Ernst Augusts auch noch andere deutsche Fürsten folgten, um eine „dritte Kraft“ zu bilden, eine von den Franzosen und dem Kaiser unabhängige Fürstenkoalition, deren Neutralität die Reichskapazität erheblich schwächen würde.[8]

Herzog Ernst August war also plötzlich eine Schlüsselfigur geworden, aber Leopold I. wußte, wie er mit ihm umzugehen hatte. Er brauchte ihn bloß bei seinem Ehrgeiz zu packen. Denn der Herzog strebte nach der Kurfürstenwürde für sein Haus, und diese konnte ihm nur der Kaiser gewähren. Die Geheime Konferenz allerdings wollte von diesem Handel nichts wissen; denn sie fürchtete mit Recht, daß man Brandenburg und Sachsen mit der Promotion Hannovers schwer verärgern würde. Der Kaiser handelte jedoch für seine Verhältnisse ungewöhnlich entschlossen und schnell, er verstand es, die Mehrheit der Konferenz auf seine Seite zu bringen, und verfügte im April 1692, daß Ernst August von Hannover und seinen Nachkommen die Kurfürstenwürde verliehen wurde. Wie der Kaiser erhofft hatte, setzten sich auf der Stelle hannoveranische Truppen nach Ungarn in Bewegung, und die Hofkammer füllte sich mit 750.000 Gulden. Das war der Preis, den Ernst August für seinen neuen Titel zu bezahlen hatte. Das Kurfürstenkollegium akzeptierte murrend den neuen Protegé des Kaisers, einige sahen hier eine Gefahr für die Reichsverfassung, andere, nämlich die katholischen Fürsten, eine Gefahr für das konfessionelle Gleichgewicht. Aber dieses eine Mal kümmerte sich Leopold I. nicht um das konfessionelle Problem und hielt an seiner Entscheidung fest. Am 19. Dezember 1692 fand die offizielle Amtseinführung des neuen Kurfürsten statt. Und schon nach einigen Wochen trat Hannover der Koalition gegen Frankreich wieder bei.

Während Leopold I. noch mit dem Abfall und der Wiedergewinnung Hannovers beschäftigt war, drohte bereits der nächste seiner deutschen Alliierten, das kaiserliche Lager zu verlassen. Kurfürst Johann Georg III. von Sachsen war trotz aller protestantischen Skrupel ein treuer Anhänger der Habsburger gewesen, bis zu seinem Tod im September 1691. Sein Nachfolger Johann Georg IV. jedoch, der sich für einen äußerst fähigen Feldherrn hielt, forderte das oberste Heereskommando als Preis für seine weitere Unterstützung der Koalition, und sein von den Franzosen bezahlter militärischer Berater, Feldmarschall Hans Adam von Schöning, tat sein Bestes, um seinen Ehrgeiz weiter aufzustacheln. Die Geheime Konferenz wußte aber von Schönings Beziehungen zu Frankreich und ließ ihn am 4. Juli 1692 in Teplitz, wo er sich zu einer Kur aufhielt, von kaiserlichen Beamten verhaften und in die Festung von Brünn bringen.[9] Der Kurfürst war außer sich über diesen sommerlichen Raubüberfall, aber da Schönings Verrat klar erwiesen war, zeigte man ihm allgemein die kalte Schulter. Und weit mehr als die Freiheit seines Feldmarschalls interessierte den Kurfürsten der Adelstitel für seine Mätresse, und da er dafür den Kaiser so nötig brauchte wie dieser ihn, wurde am 2. März 1693 ein Vertrag geschlossen, der Sachsen wieder ins kaiserliche Lager zurückbrachte.

Mit solchen und ähnlichen Mitteln mußte Leopold die lockeren Bande verstärken, welche die deutschen „Vasallen" mit ihrem Kaiser verknüpften. Teilweise waren diese Schwierigkeiten eine Folge des Dreißigjährigen Krieges, denn dieser hatte die Machtposition der deutschen Fürsten erheblich verstärkt. Zwar hatten angesichts der französischen Aggression die deutschen Fürsten bis zu einem gewissen Grade ihr egoistisches Unabhängigkeitsbestreben unterdrückt, aber nun bot ihnen der Tod Karls von Lothringen willkommene Gelegenheit, sich über die Frage der militärischen Führung zu entzweien. Keiner der vom Kaiser ernannten Oberkommandierenden schaffte es, das Vertrauen der anderen Generäle zu gewinnen, von denen die meisten selber souveräne Fürsten mit eigenen Armeen waren.

So war Max Emanuel von Bayern zwar ein glänzender Feldherr, aber ihm fehlte Lothringens Geschick in der Behandlung der Untergebenen. Außerdem war er kein Stratege. 1693 war er aber sowieso nicht mehr im Rennen; denn der Kaiser hatte ihn zum Statthalter der spanischen Niederlande ernannt. Sein erster Nachfolger, Graf Caraffa, die Geißel Ungarns, erwies sich ebenfalls als Fehlgriff. Unter den begabten jüngeren Feldherren wäre Ludwig Wilhelm von Baden in Frage gekommen, er wurde jedoch in Ungarn gebraucht, während Guido Starhemberg nicht den nötigen fürstlichen Rang besaß. Und Prinz Eugen schließlich, der sich unter den kaiserlichen Generälen durch seine Urteilsfähigkeit und Führerqualitäten ausgezeichnet hatte, war in Savoyen unabkömmlich.

Die Seemächte und einige seiner deutschen Alliierten drängten Leopold I., Ludwig Wilhelm von Baden zu ernennen, dessen brillante Siege über die Türken ihm den Ruf eines Helden eingebracht hatten. Leopold I. zögerte zwar, den erfolgreichsten seiner Generäle von der Stätte seiner Triumphe wegzuholen, willigte aber schließlich ein, ihn im Februar 1693 zum Oberkommandierenden im Reich zu ernennen. Kurioserweise erwies sich nun Ludwig Wilhelm, der in Ungarn ein Meister der spontanen Kriegführung gewesen war, in Deutschland als ein äußerst vorsichtiger Heerführer, der sich aus keiner sicheren Stellung herauswagte und darauf konzentrierte, ein stehendes deutsches Heer aufzubauen. Damit verbrachte er vier Jahre, und keiner seiner Feldzüge reichte an die heran, die ihm einst so viel Ruhm eingebracht hatten. Zwar hielt er die Franzosen jenseits des Rheins in Schach, was für die damalige militärische Lage immerhin eine Leistung war, aber dies war nicht genug, um den Krieg zu gewinnen.

Ludwig XIV. hatte 1689 den Krieg mit mehreren Vorstößen in nördlicher und östlicher Richtung begonnen, und seine Armeen hatten mehr oder weniger stabile Positionen in den Niederlanden, entlang des mittleren und oberen Rheins und in Italien erobert. Im Mai 1694 wandte er sich nun in die entgegengesetzte Richtung und fiel in Katalonien ein. Spanien wandte sich daraufhin hilfesuchend an seine Alliierten, aber Leopolds militärische Macht, die an einer einzigen Front konzentriert eine imponierende Streitmacht ergeben hätte, war bereits auf drei Fronten aufgesplittert, in Ungarn, am Rhein und in Norditalien. Durch Ludwigs XIV. Einfall in Spanien kam nun womöglich eine vierte und sehr entfernte Front dazu. Es lag auf der Hand, daß hier Österreichs politische und dynastische Interessen berührt wurden, eine prompte Antwort war daher erforderlich, aber die Grenzen von Leopolds Macht waren erreicht, wenn nicht schon überschritten.

XV. Die Verträge von Rijswijk und Karlowitz

Leopold I. mußte der neuen Krise mit einem neuen, nicht unbedingt zufriedenstellenden Mitarbeiterstab entgegentreten. Hermann von Baden hatte im Januar 1692 dem betagten Verteidiger von Wien, Ernst Rüdiger von Starhemberg, als Hofkriegsratspräsident Platz gemacht. Zwar zweifelte niemand an Starhembergs Verdiensten und Integrität, aber er war ein Mann der Aktion, kein Administrator. Seine Unkenntnis in politischen Angelegenheiten trat in der Geheimen Konferenz sehr rasch zutage, so daß seiner Stimme sehr wenig Bedeutung zukam.

Im Oktober 1693 starb Kanzler Stratmann. Leopold I. ernannte im Februar 1694 Graf Julius Bucellini zu dessen Nachfolger, der ihm schon viele Jahre als Vizekanzler gedient hatte. Die Routinearbeit war ihm daher wohlvertraut, aber die Brillanz seiner Vorgänger fehlte ihm so sehr, daß er es niemals zum ersten Minister brachte. Als nun auch noch 1694 der Reichsvizekanzler Graf Königsegg starb, verlor Leopold I. die letzte starke Persönlichkeit innerhalb der Konferenz, wenn man vom böhmischen Kanzler Graf Kinsky absah, der jetzt die unbestrittene Führung der Regierung übernahm.

Von 1694 bis 1703 sollten die Ereignisse Leopold I. zwingen, gegen seinen Willen mehreren Anhängern seines Sohnes und Nachfolgers höchste Ämter anzuvertrauen, aber bis dahin setzte sich die Geheime Konferenz hauptsächlich aus betagten Männern zusammen, deren Mitgliedschaft eigentlich nur die Belohnung für treue Dienste auf unterer Ebene darstellte. Abgesehen von Kinsky war dies also eher ein mittelmäßiges Ministerium. Die meisten Minister waren alte Höflinge, die wie der Obersthofmeister Fürst Dietrichstein Leopolds konservative Anschauungen und seine außerordentliche Vorsicht teilten. Wurden sie mit plötzlichen Gefahren für das Haus Österreich konfrontiert, war ihre Antwort meistens zögernd und unentschlossen. In diesen Jahren bildete sich daher an anderen Höfen der Eindruck, daß man es in Wien mit einer verschlafenen und inkompetenten Regierung zu tun habe, ein Eindruck, den die diplomatischen Berichte aus Wien und die Klagen der ehrgeizigen jungen Männer rund um den Thronerben nur noch mehr bestätigten.

In Wien selbst manifestierte sich die mangelnde Führungsqualität des Regimes in endlosen Konferenzdebatten und im Fehlen jeglicher politischer Initiative. Aber noch frustrierender für die jüngeren Politiker und Militärs war die wachsende Unordnung der militärischen Organisation, besonders was den

Unterhalt der Soldaten anging. Der Kaiser hörte sich die diesbezüglichen Klagen mit gewohnter Ruhe an und tat nichts.

„In einem modernen bürokratischen Regime", sagt man, „müssen quietschende Räder geschmiert werden." Aber Leopolds Regierung ist die interessante Ausnahme von der Regel. Die Gelassenheit des Kaisers gab ihm eine undurchdringliche Schutzschicht allen Kritikern gegenüber, vielleicht hatte sie sich im Lauf der Jahre als Folge der immer gleichen Klagen von allen Seiten gebildet. In dieser Hinsicht sehr bezeichnend sind die Beziehungen Leopolds zu dem begabtesten seiner jungen Feldherrn. Gemeint ist Eugen von Savoyen, der später einmal zum „Atlas der österreichischen Monarchie" werden sollte.

Der in Frankreich aufgewachsene Prinz war 1683 nach Wien gekommen und hatte bei der Befreiung der Stadt mitgekämpft. Da sich sowohl sein savoyischer Vetter wie auch der spanische Botschafter in Wien, Borgomanero, stark für ihn einsetzten, stieg er sehr schnell in den Offiziersrang auf. Aber nicht nur deshalb: In der Person des Prinzen verbanden sich die besten Eigenschaften von Leopolds besten Generälen: der politische Instinkt Karls von Lothringen, der persönliche Mut von Starhemberg, die taktische Begabung Ludwig Wilhelms von Baden. Und neben all diesen glänzenden Eigenschaften entwickelte er im höchsten Grade die Kunst, ein ständig quietschendes Rad im Staatsapparat zu sein.

Als 1693 durch höfische Intrigen die Planung für Eugens Feldzug in Italien erheblich behindert wurde, beklagte sich Eugen, nachdem er vergeblich den Hofkriegsrat bestürmt hatte, schnellere Entscheidungen zu fällen, und für seine Verhältnisse demütigend antichambriert hatte, bitter über die Laschheit und Zurückhaltung, der er überall in Wien begegnete: „Die Reichsgeschäfte haben heute Seine Majestät leicht beunruhigt", schrieb er im Juni 1693 an Ludwig Wilhelm, „aber Gott sei Dank gab es eine Prozession und alles war vergessen."[1]

Zu Eugens Frustration trug die Tatsache bei, daß Leopold I. auf seine Kritik äußerst gelassen reagierte, indem er seine Arbeit lobte und ihn zum Feldmarschall beförderte. Er machte ein paar Notizen, gab ein paar vage Versprechungen ab und tat nichts. Aber was sollte er auch tun? Da weder er noch der Hofkriegsrat das notwendige Geld für den italienischen Feldzug auftreiben konnten, blieb ihm nichts anderes übrig, als Eugen seine Dankbarkeit für seine Dienste auszudrücken, und das tat er immerhin auch dann noch, als Eugens Vetter Viktor Amadeus II. wieder den Mantel nach dem Wind drehte und die Koalition verließ.

Für Frankreich war der Krieg eine ebenso große Last wie für die Koalition. Ludwig XIV. befand sich zwar noch im Besitz dessen, was er zu Beginn des Krieges erbeutet hatte, aber andererseits sah er sich jetzt entlang einer starren Front zur Bewegungslosigkeit verdammt, und das erwies sich als genauso teuer wie die Führung eines siegreichen Feldzugs, wenn nicht noch teurer; denn es gab nun keine neuen Territorien mehr, die man hätte plündern können. Die von Colbert angesammelten Geldmittel waren aufgebraucht; die englischholländische Blockade der französischen Häfen trug zusammen mit den wachsenden Kriegskosten zur galoppierenden Inflation bei,[2] und drohend am Horizont erhoben sich zudem neue Probleme; eines war die spanische Erbfolge. So war auch Ludwig XIV. endlich so weit, Frieden schließen zu wollen; der Austritt Savoyens aus der Koalition schien ihm eine günstige Prämisse. Nun ging es darum, ein weiteres schwaches Glied zu finden, das er zum Abfall von der kaiserlichen Sache bringen könnte.

Diplomatische Geheimverhandlungen zwischen kriegführenden Gegnern waren damals integrierender Bestandteil der Kriegskunst. Eine der Lieblingsbeschäftigungen der Monarchen waren die vertraulichen, oft sehr persönlichen Gespräche mit den Agenten des Feindes, Gespräche, die vielfach selbst den wichtigsten Beamten der Krone verborgen blieben. Leopold I. bildete in dieser Hinsicht keine Ausnahme und schien diese kleinen Geheimniskrämereien mit ihrem Flair von Aufregung und Intrige sehr zu genießen.[3] Den Zugang zu dieser Art Hintertreppendiplomatie bot Leopolds Beichtvater, Pater Menegatti. Leopold I. benutzte ihn, um ein Netz von geheimen Kontakten zu französischen Agenten zu knüpfen.

Schon 1692 begannen die geheimen Verhandlungen. Abgesehen von einigen bemerkenswert romantischen Intrigen schaute jedoch nicht viel dabei heraus. 1693 kam dann der neue Reichsvizekanzler Graf Windischgrätz hinter diese inoffiziellen Kontakte und machte dem Kaiser heftige Vorwürfe, so wichtige Angelegenheiten politischen Neulingen wie Pater Menegatti und Amateurabenteurern wie Graf Giambattista Velo anvertraut zu haben.[4] Anstatt aber die Kontakte aufzugeben, zog Leopold I. Windischgrätz ins Vertrauen und gab ihm die Aufgabe, die geheimen Verbindungen mit Versailles aufrechtzuerhalten. Auf Windischgrätz' Vorschlag vertraute Leopold I. die Korrespondenz Johann Friedrich von Seilern an, dem ehemaligen Sekretär der Geheimen Konferenz und derzeitigen kaiserlichen Kommissär beim Reichstag in Regensburg. Seilern war schon ein Mitwisser der inoffiziellen Geschäfte der Konferenz gewesen und war somit ein profunder Kenner des inneren Triebwerks der kaiserlichen Regierung. Seine pedantische Art, verbunden mit einer gewissen Empfindlichkeit, machte ihn zu einem schwierigen Verhandlungspartner, und gerade diese Eigenschaft empfand Leopold I. jetzt als Vorteil, denn es war ihm gar nicht daran gelegen, die Geheimverhandlungen mit Ludwig XIV. in einer Atmosphäre der „Bonhomie" zu führen.

1694 führten die Vorverhandlungen noch zu keinem Ergebnis; denn Leopold I. zeigte sich bezüglich Straßburgs und der anderen Gebietserweiterungen unnachgiebig. In diesem Stadium bekamen plötzlich trotz aller Vorsichtsmaßregeln London und Amsterdam Wind von den Verhandlungen. Leopold I. zog sich geschickt aus der Affäre, indem er erklärte, nichts von der Angelegenheit gewußt zu haben, es könne sich hierbei nur um das Werk einiger Abenteurer gehandelt haben. Allerdings kam Pater Menegatti dann die schwierige Aufgabe zu, hernach das kaiserliche Gewissen beruhigen zu müssen; denn Leopold I. haßte die Lüge, auch wenn ihm vollkommen klar war, daß seine Alliierten mit ähnlichen Aktivitäten beschäftigt waren. Wilhelm III. verhandelte nämlich bereits durch Agenten mit den Franzosen in Amsterdam, und wahrscheinlich waren ihm auch durch diese die österreichischen Versuche zugetragen worden.

Auch durch den häufigen Ministerwechsel dieser Jahre waren die geheimen Kontakte mit den Franzosen gefährdet. Zu allem Unglück starb im Dezember 1695 Windischgrätz, und Leopold I. hatte keine andere Wahl, als die gesamte Diplomatie, die offizielle und die geheime, Kinsky anzuvertrauen, dem einzigen, der über das nötige Wissen verfügte, um die Fäden von Leopolds abenteuerlicher Intrige zu entwirren.

Zum Glück für die Koalition und für Leopolds zarte Bande mit Frankreich zeigte sich Wilhelm III. genauso halsstarrig wie die Habsburger und forderte von den Franzosen „ab initio" die Anerkennung seiner englischen Thronrechte. Ludwig XIV. aber wollte sich dieses Zugeständnis erst bei offiziellen Friedensverhandlungen teuer abkaufen lassen.[5]

In seiner Enttäuschung über die Verhandlungen mit Frankreich schlug Wilhelm III. nun allen Mitgliedern der Koalition vor, gemeinsam ihre Ausgangsposition bei den zukünftigen Verhandlungen mit Frankreich zu fixieren. Unerklärlicherweise lehnte nun Leopold I. ab, sich an dieser Vorgangsweise zu beteiligen, obwohl Kinsky bereits einen Bericht vorgelegt hatte, in dem er mit bewundernswerter Klarheit die dynastischen und kaiserlichen Interessen und Prioritäten herausgearbeitet hatte. Wahrscheinlich zögerte Leopold I. diesmal nicht aus Unentschlossenheit, sondern aus Mißtrauen Frankreich und seinen protestantischen Alliierten gegenüber. Wie auch immer, seine Weigerung, mit England und den Holländern offizielle Gespräche zu führen, erwies sich als schwerer Fehler. Denn die Seemächte begannen nun ungeniert mit Frankreich zu verhandeln, und in kürzester Zeit war Wien vollkommen isoliert.

Als Ludwig XIV. dem Vorschlag Wilhelms III. zustimmte, eine Konferenz auf der Grundlage der Friedensverträge von Münster und Nijmwegen zu eröffnen, und hier die ersten Präliminarien Wilhelms III., ohne zu zögern, akzeptierte, nahm Kinsky dies für ein Zeichen französischer Schwäche und veranlaßte Leopold I., ungewöhnlich hohe und unrealistische Forderungen zu stellen. Daraufhin bekamen Graf Auersperg in London und Graf Kaunitz in Den Haag die trockene Auskunft, die österreichischen Bedingungen seien vollkommen unberechtigt. Nun begann selbst die Geheime Konferenz zu befürchten, die Alliierten könnten das Reich im Stich lassen. Leopold I. gab jedoch nicht nach.

Er hatte 1696 guten Grund, sich so zurückzuhalten: Bevor er mit Frankreich Frieden schloß, hätte er gerne erreicht, daß der spanische Thron seinem zweiten Sohn, Erzherzog Karl, zugesprochen wurde. Er mußte also auf Zeit spielen, obwohl dies ein gefährliches Spiel war. Genau diese Erwägungen aber, die Leopold I. von der Friedenskonferenz fernhielten, zwangen Ludwig XIV., möglichst schnell mit den Seemächten zu einer Vereinbarung zu kommen. Denn Versailles wußte von den Geheimklauseln der Koalitionsverträge Spanien betreffend. Eine Verzögerung der Friedensverhandlungen konnte tatsächlich zur Folge haben, daß Leopold seine Ziele in Spanien mit holländischer und englischer Hilfe durchzusetzen verstand. Daher war Ludwig XIV. gerne zu einigen Konzessionen bereit, wenn er damit der Koalition ein Ende bereiten konnte, bevor Karl II. von Spanien das Zeitliche gesegnet hatte.

Auch die Seemächte wollten Frieden schließen, aber ihr Widerstandsgeist war noch nicht gebrochen. Als Ludwig XIV. Ende 1696 Wilhelm III. einzuschüchtern versuchte, indem er alle seine Konzessionen zurückzog und den Anschein erweckte, weiterkämpfen zu wollen, hatte er Wilhelms Macht in England sträflich unterschätzt; denn das Parlament genehmigte auf der Stelle weitere fünf Millionen Pfund für die Weiterführung des Krieges. Ludwig XIV. gab nach und versprach, Wilhelms Rechte auf den englischen Thron anzuerkennen, sobald der Friede unterzeichnet sei. Am 8. Januar 1697 gaben die Seemächte ihre Zustimmung zu einer allgemeinen Friedenskonferenz mit schwedischer Vermittlung, selbst wenn Wien und Madrid ihre unrealistischen Forderungen weiter aufrechterhalten würden.

In dem Moment, da es Frankreich gelungen war, die Koalition zu spalten, war die habsburgische Position unhaltbar geworden. Leopold I. konnte unmöglich hoffen, den Kampf gegen Frankreich ohne fremde Hilfe siegreich zu beenden, ohne seine Verteidigungsstellungen im Osten fühlbar zu schwächen. Und Spanien konnte nicht einmal Katalonien vor der französischen Invasion schützen. Daher schickte Leopold I., wenn auch widerstrebend, seine Delegierten zu der Konferenz, die am 9. Mai 1697 im Schloß Nieuwburg bei Rijswijk eröffnet wurde, möglicherweise mit der Absicht, einen offiziellen Friedensschluß so lang wie möglich hinauszuzögern.

Bei den kaiserlichen Gesandten handelte es sich um erfahrene Diplomaten: Graf Kaunitz, Reichsvizekanzler und österreichischer Delegierter in Den Haag, Graf Stratmann, der Sohn des letzten Kanzlers, und Johann Friedrich von Seilern. Alle drei waren an den geheimen Vorverhandlungen beteiligt gewesen und kannten in den meisten Fällen die Männer, mit denen sie jetzt in Rijswijk am Verhandlungstisch saßen. Kaunitz, der das Vertrauen des holländischen Ratspensionärs Heinsius besaß, hatte man die Aufgabe zugewiesen, die holländischen und englischen Delegierten bei Laune zu halten, während Seilern sein Bestes tat, um den endgültigen Vertragsabschluß hinauszuzögern.

Von Beginn an benutzte er jeden Trick, um die Verhandlungen zu verschleppen. Er hielt den Delegierten lange Vorträge über die komplizierte Rechtslage Straßburgs, Luxemburgs und der anderen „Reunionen". Mit pedantischer Genauigkeit verfolgte er alle dynastischen Verbindungen,

Präzedenzfälle und Verträge nicht nur der großen Städte und Festungen der zur Diskussion stehenden Gebiete, sondern auch aller Dörfer und kleineren Güter. Die Konferenz versank in einer Flut von Details; Wochen vergingen, ohne daß ein Beschluß gefaßt wurde. Schließlich begann Wilhelm separate Verhandlungen mit den Franzosen in Halle bei Brüssel, aber nicht einmal diese Initiative machte die Konferenz beschlußkräftiger.

Was Ludwig XIV. nicht am Konferenztisch gewinnen konnte, gewann er schließlich auf dem Schlachtfeld. Am 11. August 1697 marschierte seine Armee in Barcelona ein. In panischer Angst beauftragte der Staatsrat seine Gesandten in Rijswijk, um jeden Preis sofort Frieden zu schließen. Das war genau der Umschwung, auf den Ludwig gewartet hatte, und er nutzte ihn jetzt überaus geschickt, indem er Spanien großzügig entgegenkam, Barcelona und Katalonien zurückgab und nur Luxemburg beanspruchte, das er ohnehin seit Beginn des Krieges besetzt hielt. Seine Zurückhaltung wirkte sich auf die spanischen Gesandten so positiv aus, daß sie auf der Stelle einen Separatfrieden unterzeichneten. Für Leopold I. hatte es nun wenig Sinn, die Verhandlungsverschleppung weiter zu betreiben. Seine Erwartungen, Spanien betreffend, hatten sich als falsch erwiesen; um die Aussicht auf die habsburgische Thronfolge stand es schlechter denn je. In der Nacht vom 20. auf den 21. September 1697 unterschrieben die Seemächte den Friedensvertrag und garantierten Leopold I. einen Waffenstillstand bis 1. November. Diese Frist sollte dazu dienen, daß sich die Regierung in Wien mit ihren Stellvertretern in Rijswijk beraten konnte. Und obwohl Seilern nochmals versuchte, die Unterzeichnung zu verzögern, indem er einige prokatholische Artikel in den Vertrag zu integrieren versuchte, unterzeichneten die kaiserlichen Gesandten schließlich am 30. Oktober den Vertrag und traten das ganze Elsaß und die Stadt Straßburg an Frankreich ab. Dafür erkannte Ludwig die nominelle Souveränität des Herzogs von Lothringen über Lothringen an und gab die meisten seiner „Reunionen" am Rhein zurück. Dennoch hielt er den Großteil der eroberten Stützpunkte im Reich weiter besetzt.

Der Krieg im Osten endete dagegen auf triumphalere Weise. 1689 hatte Leopold I. seinen Befehlshabern im Osten befohlen, in die Defensive zu gehen; denn er teilte nicht die optimistische Expansionspolitik, die in seiner Geheimen Konferenz vorherrschte, sondern hielt an seiner Überzeugung fest, daß Frankreich und nicht die Türkei im Moment der gefährlichste Feind sei. Da die meisten der deutschen Truppen bereits wieder am Rhein waren und auch von den österreichischen Truppen viele nach Westen abgezogen wurden, standen Ludwig Wilhelm von Baden 1689 nur 24.000 Mann zur Verteidigung der ausgedehnten Ostgrenze zur Verfügung.

Die österreichische Expansion am Balkan hatte weitgehende politische Probleme zur Folge; denn der deutsche römisch-katholische Kaiser herrschte hier über eine Mehrheit von orthodoxen Slawen. Schon 1687 wandte sich der serbische Metropolit von Üsküb (Skoplje) um Hilfe gegen die Österreicher und Türken an Moskau.[6] Und im folgenden Jahr baten weitere orthodoxe Kirchenmänner die jungen Zaren Iwan und Peter, den Balkan nicht den römisch-katholischen Mächten der Heiligen Liga auszuliefern. Aber die Russen, die nun selber Mitglieder der Liga waren, hielten sich mit Zusagen zurück. Für sie war der Balkan weit weg, und die russischen Interessen konzentrierten sich noch auf die Krim. Aber immerhin legten diese Hilferufe aus dem südöstlichen Europa die Basis für die zukünftige österreichisch-russische Rivalität auf dem Balkan, die schon lange vor 1914 so bittere Früchte tragen sollte.

Im Frühsommer 1689 hatte Guido Starhemberg sein Bestes getan, um die Verteidigungsanlagen Belgrads wieder instand zu setzen, aber um die Stadt wirklich belagerungstüchtig zu machen, fehlten die finanziellen Mittel. Die Artillerie, welche die Garnison verstärken sollte, wartete weit donauaufwärts auf den Transport, während die Überschwemmungen im Theißtal noch immer ganze Truppenteile in ihren Winterquartieren in Oberungarn und in Siebenbürgen festhielten. Dennoch stellte sich Ludwig Wilhelm mit seiner kleinen Armee im Süden von Belgrad der türkischen Hauptarmee und schlug sie am 30. August vernichtend. Den fliehenden Rest der Armee verfolgte er bis Niš. Seine mutige Tat widersprach zwar ganz der Verteidigungsstrategie, die ihm der Hofkriegsrat vorgeschrieben hatte, aber mit seinen schwachen Kräften hätte Ludwig Wilhelm die Feste Belgrad nicht halten können. Seine Kühnheit hatte sich ausgezahlt. Aber der Mangel an Nachschub, der ihn in die Flucht nach vorn getrieben hatte, hielt ihn nun doch davon ab, mit seinen Truppen bis nach Sofia zu marschieren, wo sich der Sultan und der Großwesir verschanzt hatten.

Er beschränkte sich darauf, seine nur mehr 16.000 Mann starke Feldarmee zu teilen und General Aeneas Sylvius Piccolomini mit 6000 Mann nach Serbien zu schicken. Piccolomini führte seine Truppen durch die Midar-Ebene nach Pristina und trieb die flüchtenden Türken vor sich her. Für seine Soldaten fiel dabei reiche Beute ab. Von Pristina marschierte er nach Üsküb, wo kurz zuvor die Pest gewütet hatte, denn die Straßen und Häuser waren voller Pestleichen, und schließlich erreichte er am 6. November Prisren in Nordalbanien, wo ihn der Patriarch von Ipek, Arsen Černojević, feierlich willkommen hieß.

Dieses sollte der Höhepunkt und zugleich das Ende dieses so erfolgreichen Feldzugs sein. Denn am 9. November starb Piccolomini, der sich offensichtlich in Üsküb angesteckt hatte, an der Pest. Seinen Posten übernahm Georg Christian von Holstein, der mit seinen Truppen die Gegend rund um Prisren weiter absicherte, aber weder die militärische Begabung noch den Takt seines Vorgängers besaß. Denn während Piccolomini sich mit Erfolg bemüht hatte, die Sympathien der Bevölkerung zu gewinnen, führte Holsteins Regiment zu heftigen Reaktionen der Einheimischen auf die österreichischen Besatzungstruppen.

Der österreichische Sieg in Serbien hatte in Adrianopel eine neue Regierungsumbildung zur Folge. Zum neuen Großwesir wurde Mustafa

Köprülü, der Bruder des berühmten Ahmed, ernannt. Und Köprülü sandte nun eilends einige seiner besten Truppen nach Albanien. Im Januar war Georg Christian bereits zurück nach Niš getrieben worden, und dem Patriarchen von Ipek blieb nichts anderes übrig, als aus seiner Heimat zu fliehen. Mit fast 40.000 serbischen Familien wanderte er nach Nordungarn aus, viele der Flüchtlinge ließen sich am Maros nieder, andere suchten weiter im Norden und Westen Zuflucht, oftmals in verlassenen Dörfern. Leopold I. hieß die Flüchtlinge hocherfreut willkommen. Am 21. August versprach er ihnen in aller Form die Freiheit, ihre orthodoxe Religion auszuüben, das Recht, ihre eigenen Patriarchen zu wählen und ihren alten Kalender zu benutzen.

Piccolominis Erfolg hatte die Siegesstimmung in Wien wieder einmal hochgehen lassen. Vergeblich versuchte Ludwig Wilhelm durch sachliche Einwürfe die Stimmung im Hofkriegsrat zu dämpfen, indem er darauf aufmerksam machte, daß man die militärischen Operationen südlich von Belgrad unmöglich ausweiten könne, solange die Hauptstreitmacht des Kaisers am Rhein stände. Er schlug vor, die Verteidigungslinie von Niš nach Belgrad zurückzuverlegen, um so die Türken davon abzubringen, erneut in Siebenbürgen und in Oberungarn einzudringen. Leopold I. aber schloß sich der optimistischeren Sicht des Hofkriegsrats an und verbot Ludwig Wilhelm ausdrücklich, nochmals von einem Rückzug aus den eroberten Landstrichen südlich der Save zu sprechen.

Zur selben Zeit, nämlich im Spätwinter 1690, arbeitete Mustafa Köprülü emsig an der Reformierung des türkischen Staates. Viele inkompetente Paschas mußten von ihren Posten zurücktreten, und natürlich wurde eine neue und schlagkräftige Armee aufgestellt. Da am 15. April 1690 Michael Apáfi starb, machte der Sultan Emmerich Thököly, der als Pensionär an der Pforte lebte, zu seinem Nachfolger, das heißt zum Fürsten von Siebenbürgen unter der Oberherrschaft des Sultans. Einige Monate später machte sich Thököly mit einer Streitkraft, die sich aus Moldauern, Walachen, einigen unversöhnlichen Kuruzzen und einigen gefürchteten Krimtataren zusammensetzte, auf den Weg nach Siebenbürgen.

Mit seiner buntgemischten Armee schlug Thököly im August mehrere österreichische Garnisonstruppen. Die Regierung und ein Teil des Landtags flohen daraufhin nach Klausenburg und sandten verzweifelte Hilferufe nach Wien. Auf sein Renommee von früher vertrauend, rief Thököly die Stände zusammen, tatsächlich folgten viele seinem Ruf und wählten ihn am 22. September zu ihrem Fürsten. Somit war Siebenbürgen großteils verlorengegangen, und Oberungarn mußte sich, wie Ludwig Wilhelm es vorausgesagt hatte, auf Bürgerkrieg und Tatarenüberfälle gefaßt machen.

Die Debatten im Hofkriegsrat über die östliche Strategie hielten Ludwig Wilhelm bis Mitte August 1691 in Wien. Erst dann begab er sich wieder zu seinen Truppen, überließ, als er von Thökölys Sieg hörte, Niš und Belgrad sich selber und marschierte, begleitet von einer starken Flußflotte, donauaufwärts. Guido Starhemberg konnte sich drei Wochen in Niš halten, dann war er so weise, die Festung gegen freien Abzug zu übergeben. Damit hatte er seinen Soldaten das Leben gerettet, aber der letzte kaiserliche Stützpunkt südlich Belgrads war verloren. Am 28. September schlossen die Türken Belgrad ein.

Graf Aspremont, dem Ludwig Wilhelm die Verteidigung der großen Flußfeste anvertraut hatte, war der Ansicht gewesen, so spät im Jahr würde der Feind keine Belagerung mehr beginnen, und hatte daher wenig Vorkehrungen getroffen. Nun war es zu spät, die Mängel zu beheben. Am 8. Oktober traf ein türkisches Projektil einen Turm der Zitadelle. Feuer brach aus und erfaßte das Pulvermagazin. Einen Moment später explodierte die Festung, und die ganze Stadt brannte. Zwischen einstürzenden Mauern und Türmen und brennenden Häusern versuchten Soldaten und Bürger in panischer Angst ihr Leben zu retten. Aspremont floh auf einem Schiff über die Donau. Wer nicht verbrannte, wurde von den Türken niedergemetzelt. Von den 8000 Soldaten der Garnison konnten nur wenige ihr Leben retten.

Als Ludwig Wilhelm am 3. Oktober in Siebenbürgen eintraf, mußte er feststellen, daß nur die deutsche Minderheit im Land dem Kaiser noch treu ergeben war. Der Großteil der Bevölkerung hatte Thököly als ihren Fürsten anerkannt. Ludwig Wilhelm begann nun mit der Verfolgung des Usurpators. Aber dieser zog kreuz und quer durchs Land und ließ sich auf keine Entscheidungsschlacht ein. Da erhielt Ludwig Wilhelm die Nachricht, daß Belgrad gefallen war, und traf daraufhin die schwere Entscheidung, Siebenbürgen seinem Schicksal zu überlassen, um das mittlere Donaubecken zu schützen. Thököly aber fühlte sich durch dieselbe Nachricht ermuntert, seine Herrschaft über Siebenbürgen weiter auszudehnen. Nachdem er seine Truppen eilig zusammengezogen hatte, machte er sich auf den Marsch ans Eiserne Tor. Nun aber sah Ludwig Wilhelm seine Chance gekommen und hetzte ihm eine starke Kavallerieeinheit nach. Thököly wurde gestellt und vernichtend geschlagen. Der ungarische Rebell zog sich wieder einmal auf sicheres türkisches Territorium zurück, während Ludwig Wilhelm mit dem Bewußtsein an die Donau zurückkehren konnte, daß die österreichische Herrschaft in Siebenbürgen vorläufig gesichert war. Dies war der einzig wirkliche Erfolg in diesem an Katastrophen so reichen Jahr.

Die Mißerfolge an beiden Fronten dämpften zu Ende des Jahres 1691 endlich doch die unverbesserlichen Optimisten der Geheimen Konferenz. In der Planung für 1692 dominierte die Vorsicht. Aber wieder entschloß sich Ludwig Wilhelm entgegen seiner Order, als sich das kaiserliche und türkische Heer im Norden von Belgrad gegenüberstanden, seine Chance wahrzunehmen und die direkte Auseinandersetzung zu suchen. Nach einer Reihe von lebhafteren Scharmützeln unter der brennenden Augustsonne zwang er die türkische Hauptarmee am 19. August bei Slankamen zu einer der blutigsten Entscheidungsschlachten dieses langen Krieges. Während der ersten vier Stunden lag der Sieg bei den Türken, bis Ludwig Wilhelm in eigener Person einen verzweifelten Kavallerieangriff auf die türkische Flanke anführte und erfolgreich durchbrach. Nach weiteren Stunden mörderischen Kampfes war die türkische Armee vernichtet. Mustafa Köprülü und die meisten seiner Befehlshaber lagen unter Tausenden von türkischen Soldaten tot auf dem Schlachtfeld.

Der Sieg von Slankamen, der in Wien als weiteres Wunder des Hauses Österreich gefeiert wurde, war in dem Sinn entscheidend, als eine österreichische Niederlage unweigerlich die türkische Wiederbesetzung Mittelungarns nach sich gezogen hätte. Der Preis war allerdings erschütternd: Fast ein Drittel der kaiserlichen Armee war tot oder verwundet. Slankamen sollte für fünf Jahre die letzte große Schlacht gegen die Türken bleiben. Wien konnte nun seine Aufmerksamkeit wieder dem sich ausweitenden Krieg im Westen zuwenden, und die Donau-Save-Linie erwies sich für einige Jahre als stabile Front der beiden total erschöpften Gegner.

Als Leopold I. Ludwig Wilhelm nach Deutschland schickte, um hier das Oberkommando über die kaiserlichen Truppen zu übernehmen, hatte er keinen kompetenten Nachfolger für ihn in Ungarn bei der Hand. 1693 stellte der Herzog von Croy seine Unfähigkeit unter Beweis und wurde schon im folgenden Jahr durch den betagten Feldmarschall Caprara ersetzt, der prompt erkrankte und seinen Posten erst Ende August übernehmen konnte. Während auf diese Weise zwei Jahre vertan wurden, konnten sich die Türken rekrutieren und eine neue Armee aufstellen.

Sultan Ahmed starb im Februar 1695. Sein Nachfolger Mustafa II. schien noch tüchtiger als alle seine Vorgänger zu sein und noch ehrgeiziger, den alten Glanz des Osmanischen Reichs wiederherzustellen. Da die Wahrsager die Zeichen für günstig erklärten, die venezianische Flotte bei Chios zerstört worden war und die Tataren wieder ihre Raubzüge nach Polen hinein unternahmen, zog Sultan Mustafa II. selbst mit seinen Truppen ins Feld und führte seine Armee von Adrianopel nach Belgrad. Hier plädierte Anfang August sein Kriegsrat dafür, einen Festungsstreifen vor der siebenbürgischen Grenze anzugreifen.

Leopold I. mußte sich abermals wegen einer sofortigen Hilfe an die deutschen Fürsten wenden. Da fand er in dem jungen Kurfürsten von Sachsen, Friedrich August, der seinem Bruder im April 1694 auf den Thron gefolgt war, einen potentiellen Verbündeten, denn Friedrich August war darauf erpicht, im Kampf gegen die Ungläubigen zu Ruhm zu kommen. Er bot Leopold I. 8000 Sachsen an und forderte dafür das Oberkommando über die gesamte kaiserliche Armee in Ungarn. Der Preis war hoch, aber Leopold I. verfügte ohnehin nicht über fähige Generäle, die beleidigt hätten sein können. Wenn auch widerstrebend, ernannte er daher den fünfundzwanzigjährigen sächsischen Heißsporn zum Oberkommandierenden und machte Caprara zu seinem Stellvertreter in der Hoffnung, daß er seinen mäßigenden Einfluß geltend machen würde. Vom Augenblick ihrer

Begegnung an aber haßten sich die beiden Kommandierenden so sehr, daß sie mehr gegeneinander als gegen die Türken kämpften.

Der Türke übernahm indessen die Initiative, überschritt die Donau bei Páncsova und nahm Lippa am 7. September im Sturmangriff. Friedrich August ließ seine Armee nach Osten marschieren, um der Invasion entgegenzutreten, änderte aber plötzlich seine Meinung, ohne General Veterani zu informieren, dessen siebenbürgisches Armeekorps bereits nach Süden unterwegs war, um sich mit Friedrich Augusts Truppen zu vereinen. Dieser grobe Fehler des Oberbefehlshabers sollte ihm zum Verderben werden. Am 20. September fiel eine fünfmal so starke türkische Einheit über ihn her. Tödlich verwundet fiel Veterani, der beste und erfahrenste Kommandant in Ungarn, in die Hände der Türken, die seinen Schmerzen ein Ende bereiteten, indem sie ihn enthaupteten. Etwa 2000 kaiserliche Soldaten blieben tot auf dem Schlachtfeld, die Überlebenden flohen zurück nach Siebenbürgen. Siegestrunken kehrte Sultan Mustafa im Triumph nach Konstantinopel zurück.

Friedrich August hatte es während nur eines Feldzugs geschafft, sich im ganzen Offizierskorps unbeliebt zu machen, nicht allein wegen seiner Unfähigkeit, sondern vor allem wegen seiner Prahlerei und Rücksichtslosigkeit. Unbestritten war nur seine physische Stärke, und seine sexuellen Heldentaten bildeten bereits genügend Gesprächsstoff für den ganzen Kontinent. Es waren aber nur einige Wochen nötig gewesen, um seine Inkompetenz auf militärischem Gebiet gleichfalls legendär zu machen. Leopold I. mußte zugeben, daß er einen Fehlgriff getan hatte, aber nun war es gar nicht so einfach für ihn, aus dem Handel wieder herauszukommen. Zwar erwog er, Ludwig Wilhelm aus Deutschland abzuberufen und Friedrich August an seiner Stelle an die Westfront zu schicken, aber schließlich war der Bedarf an prätentiöser Inkompetenz am Rhein ja nicht größer als an der Donau. Da er keine überzeugende Alternative sah, beließ Leopold I. Friedrich August auf seinem Posten, nachdem er versprochen hatte, für den Feldzug 1696 weitere 12.000 Mann zu stellen.

Zunächst begann der ungarische Feldzug mehr oder weniger wie geplant. Im Juni zog der Kurfürst ins Feld. Aber der hoffnungsvolle Anfang täuschte. Friedrich August marschierte zunächst nach Temeschwar, drehte aber um, als ihn die Nachricht erreichte, daß Mustafa II. die Donau bei Semlin überquert hatte. Denn nun bestand die Gefahr, daß die kaiserliche Armee von ihrer Nachschubbasis abgeschnitten würde, wo sich zudem die halbe Artillerie befand. Auf halbem Weg zurück kam dem Kurfürsten zu Ohren, daß das Gerücht falsch war, so kehrte er nochmals um, und zog zurück nach Temeschwar. Inzwischen aber hatten die Türken tatsächlich die Donau bei Páncsova überquert und marschierten ihrerseits auf Temeschwar zu. In der allgemeinen Konfusion hatte die kaiserliche Armee die Türken plötzlich im Rücken und wurde an den Ufern der Bega zur Entscheidungsschlacht gezwungen. Nach einem blutigen, aber unentschlossenen Kampf zogen sich beide Armeen zurück. Nichts war gewonnen, und der Feldzug war damit zu Ende.

Immerhin hatten Leopolds Armeen im Osten keine totale Niederlage einstecken müssen und es möglich gemacht, daß man ungestört die Eingliederung Siebenbürgens in die habsburgische Monarchie vornehmen konnte. 1691 hatte Leopold I. die „Leopoldinischen Diplome" herausgegeben, die in den folgenden Jahren die Basis für die Verfassung Siebenbürgens liefern sollten. In gewisser Hinsicht waren sie ein Vorbild an Zurückhaltung, besonders was den Respekt vor den traditionellen Freiheiten der vier anerkannten Kirchen anging: der katholischen, lutherischen, calvinistischen und unitarischen Kirche. Der Adel wurde durch die Anerkennung existierender Besitzrechte besänftigt. Die Autorität des Kaisers repräsentierte ein Gouverneur, der zwar von den Ständen gewählt, aber vom Monarchen bestätigt werden mußte. Die ständigen Kontributionen wurden auf jährlich 50.000 Taler im Frieden und 400.000 in Kriegszeiten festgesetzt. Dafür garantierte Leopold I., keine außergewöhnlichen Steuern zu erheben. Man richtete in Wien ein Sonderbüro ein, daß sich ausschließlich mit den siebenbürgischen Rechtsangelegenheiten zu befassen hatte.

Mehrere Jahre lang erklärte nun Leopold I. den Erben Michael Apáfis zum Erben seines Fürstentitels, während die reichen Einnahmen dieser Stellung, da der Erbe noch ein Kind war, der Hofkammer zugute kamen. 1696 holte man den jungen Apáfi nach Wien, wo man ihm nahelegte, auf seine Ansprüche zu verzichten. So hatte es Leopold I. durch seine geschickte Vorgangsweise, die sich durch weise Mäßigung und ein wenig Betrug auszeichnete, geschafft, der direkte Herrscher über eine der reichsten und größten aller mit seinem Herrschaftsbereich assoziierten Provinzen zu werden. Durch die Schaffung einer separaten Kanzlei erhob er die Provinz auf den gleichen Status, den das Königreich Ungarn besaß. Dies kränkte selbstverständlich die Ungarn, aber es stärkte die kaiserliche Position in dieser östlichen Bastion des sich ausdehnenden habsburgischen Reiches.

So hatte Leopold I. 1696 seinen Einfluß sowohl in Ungarn als auch in Siebenbürgen wieder gestärkt, aber beide Länder mußten noch immer der Gefahr einer türkischen Invasion ins Auge sehen. Sowohl ihm als auch seinen Ratgebern war es vollkommen klar, daß das Verbleiben des sächsischen Kurfürsten im Amt diese Gefahr erhöhte. Daher rieten der Hofkriegsratspräsident Ernst Rüdiger von Starhemberg und mehrere Mitglieder der Geheimen Konferenz Leopold I., Friedrich August abzuberufen und an seiner Stelle Prinz Eugen von Savoyen nach Ungarn zu entsenden, der 1696 nach den beendeten Operationen in Italien für neue Aufgaben frei war. Von ganzem Herzen stimmte Leopold I. diesem Vorschlag zu, aber er wußte nicht, wie er den Kurfürsten loswerden sollte, ohne dabei seine sächsischen Truppen zu verlieren.

In dieser Not schuf unerwarteterweise eine Königswahl in Polen glückliche Abhilfe. 1696 starb Johann III. Sobieski, und der polnische Adel trat zusammen, um den Nachfolger zu wählen. Wie üblich handelte es sich bei den meisten Kandidaten um Ausländer, die von Polens Nachbarn unterstützt wurden. So favorisierte Frankreich den Prinzen Conti, Brandenburg Ludwig Wilhelm von Baden. Die Österreicher unterstützten zunächst Sobieskis unpopulären Sohn Jakob, dann Max Emanuel von Bayern, der Sobieskis Tochter 1694 nach dem Tod Maria Antonias geheiratet hatte.

Während der ersten Wochen dieser Wahlvorbereitungen schien niemand in der Geheimen Konferenz zu merken, daß Friedrich August von Sachsen in aller Ruhe auf seine eigene Wahl hinarbeitete. Erst als sich erste Erfolge in Polen selbst zeigten, wandte er sich an Kinsky, der ihm auch auf der Stelle die österreichische Hilfe anbot. Nichts konnte den habsburgischen Interessen besser dienen als der freiwerdende Oberbefehlsposten in Ungarn, die Konvertierung des Sachsen zum Katholizismus und die Besetzung des polnischen Throns mit einem Mann, der Wien wegen seiner Unterstützung zu Dank verpflichtet war.

Leopold I. und Kinsky taten daher alles, um Friedrich August den Weg auf den polnischen Thron zu ebnen, und auch der Kurfürst tat sein Bestes. Am 1. Juni 1697 begab er sich nach Baden, südlich von Wien, und ließ sich nach hastiger Instruktion zum Katholizismus bekehren. Am 25. Juni war er in Breslau, zwei Tage später war er zum König von Polen gewählt. Die gute Nachricht erreichte Wien am 5. Juli: Auf der Stelle ernannte Leopold I. den Prinzen Eugen zum Kommandanten in Ungarn.[7] Und bereits nach einer Woche traf Eugen im kaiserlichen Lager in Kolluth ein, wo ein heilloses Durcheinander herrschte.

Binnen kürzester Zeit aber schaffte es dieser erfahrene und tatkräftige Kommandant, Ordnung in das Chaos zu bringen und entlang der Theiß eine Kette von Vorratslagern anzulegen. Als Mustafa II. am 10. August vor Belgrad erschien, hatte Eugen bereits die weitverstreuten kaiserlichen Truppen zusammengezogen. Die Türken überquerten die Donau bei Páncsova, teilten dann ihre Armee und verfrachteten einen Teil mit der Flußflotte nach Slankamen, während die Hauptarmee unter dem Befehl des Sultans in Richtung Siebenbürgen marschierte. Eugen setzte daraufhin eilends seine Truppen ostwärts in Bewegung, um die Übergänge über die Theiß abzudecken, und Mustafa II. wandte sich, als er bemerkte, daß der Fluß praktisch abgesperrt war, nach Süden, um Peterwardein zu belagern.

Da Eugen an der Theiß die siebenbürgischen Truppen seiner Armee inkorporierte, unterstand seinem Befehl nun praktisch eine Armee von 50.000 Mann. In mehreren Gewaltmärschen führte er diese Armee in einem Bogen um die Türken, um sie von der Festung Peterwardein abzuschneiden. Dies gelang auch, aber die heißersehnte Entscheidungsschlacht fand nicht statt; denn die Türken kehrten, als sie bemerken mußten, daß der Feind ihnen erneut zuvorgekommen war, auf der Stelle um und hofften, daß sie nun ungehindert über die Theiß entkommen könnten. Aber wieder verfolgte sie Eugen und trieb seine erschöpften Truppen zurück nach Norden. Am 11. September traf er mit Mustafas Armee südlich von Zenta zusammen.

Die osmanische Armee hatte bereits begonnen, den Fluß auf einer improvisierten Bootsbrücke zu überqueren. Der Sultan und ein großer Teil seiner Kavallerie befanden sich schon auf dem östlichen Ufer. Die Infanterie wartete indessen am Westufer darauf, ihrerseits den Fluß überschreiten zu können. Eugen faßte nun den Entschluß, auf der Stelle anzugreifen, obwohl der Nachmittag schon vorgeschritten war und seine Truppen nach dem langen Marsch erschöpft waren.[8] Seine Reiter fielen über die fast ungedeckte türkische Infanterie her, die sich vergeblich hinter hastig aufgeschütteten Erdwällen zu schützen versuchte. Als Sultan Mustafa sah, wie hilflos seine Infanterie der schweren kaiserlichen Kavallerie ausgeliefert war, sandte er seine „Spahis" zu ihrer Hilfe über die Brücke zurück. Damit blockierten sie aber den Rückzug der fliehenden Infanterie. Viele Türken wurden in den Fluß gedrängt und ertranken, die anderen wurden von den vorrückenden Reitern ausnahmslos niedergemetzelt. Auch der Großwesir kam bei diesem Massaker mit den meisten seiner Offiziere ums Leben. Hilflos mußte der Sultan mit ansehen, wie seine Armee vor seinen Augen vernichtet wurde. Während das Gemetzel am westlichen Brückenkopf noch im Gange war, entschloß er sich, mit seiner Kavallerie nach Temeschwar zu fliehen, der gesamte Nachschub und die türkische Kriegskasse wurden eine Beute der Kaiserlichen.

Die Schlacht von Zenta, welche die Kaiserlichen nur 2000 Verwundete und Tote kostete, war der größte Sieg in der Geschichte des langen Kriegs gegen die Türken. Nachdem er noch mit einer ausgesuchten Truppe von 7000 Mann einen Streifzug durch Bosnien unternommen hatte, kehrte Eugen am 17. November nach Wien zurück und überreichte Leopold I. das große Siegel des Osmanischen Reiches, das er dem toten Großwesir auf dem Schlachtfeld von Zenta abgenommen hatte. Es folgten noch einige kleinere Feldzüge, die aber nicht mehr als ein Epilog waren. Im Januar 1698 erklärte sich der Sultan mit der Vermittlung Lord Pagets, des englischen Botschafters bei der Pforte, einverstanden, und nach einigen Monaten begannen die Verhandlungen zwischen Wien und Konstantinopel.

Im Frühling 1698 schienen alle Voraussetzungen gegeben, mit der Türkei einen dauerhaften Frieden zu schließen. Die Verbündeten der Heiligen Liga waren sich allerdings in ihren Forderungen nicht einig. Venedig war bereit, mit Österreich auf der Basis des „uti possedetis" zusammenzuarbeiten, aber Polen und Rußland waren immer noch auf Gebiete aus, die sie noch gar nicht zurückerobert, ja niemals besessen hatten. Zar Peter brach seine Europareise ab und eilte nach Wien, um, wenn möglich, einen Separatfrieden zwischen dem Reich und der Türkei zu verhindern.

Leopold I. beauftragte Graf Kinsky, mit dem Zaren zu verhandeln, und der böhmische Kanzler ging sehr streng mit seinem hohen und launischen Gast um.

Als Peter äußerte, er wünsche sich einen Hafen am Schwarzen Meer für seine zukünftige Flotte, meinte Kinsky trocken, dann solle er ihn sich schnell erobern, Österreich sei nicht in der Lage, weiter Krieg im Osten zu führen.

Enttäuscht verließ der Zar am 29. Juli Wien und begab sich eilends auf die Heimreise nach Rußland, wo inzwischen der Strelitzen-Aufstand ausgebrochen war. Er unterbrach aber seine Reise in Warschau, um seine baltischen Pläne mit Friedrich August zu besprechen. Schließlich einigten sich der Zar und die Polen, ebenfalls Bevollmächtigte zu den Verhandlungen mit den Türken zu entsenden. Die Aussicht, sich auf Kosten der Schweden im Norden zu bereichern, war doch zu verlockend.

Ende Oktober 1698 trafen die Delegierten, Übersetzer und der Vermittler Lord Paget in Karlowitz ein. Auf der Grundlage des „uti possedetis" kam man sehr bald zu einem Vertragsentwurf zwischen dem Reich und der Pforte. Kein Land mußte den Besitzer wechseln. Die österreichische Hoffnung, Temeschwar gegen eine Zahlung von 200.000 Gulden zurückzuerhalten, scheiterte. Und als die Verhandlungen mit den anderen Partnern der Heiligen Liga, nämlich Polen, Rußland und Venedig, sich Woche für Woche verschleppten, gab die Geheime Konferenz den kaiserlichen Gesandten die Instruktion, im Notfall auch ohne sie den Vertrag zu unterzeichnen. Dazu sollte es aber nicht kommen. Der Leiter der osmanischen Delegation, Rami Reis Efendi, unterzeichnete, nachdem er seine Astrologen konsultiert hatte, welches der günstigste Moment sei, am 26. Januar 1699 um 11.45 Uhr die Vertragsdokumente.[9] Rußland hatte allerdings nur einen Waffenstillstand akzeptiert.

Der Friede von Karlowitz bestätigte dem Kaiser alle seine Gewinne während des sechzehnjährigen Krieges gegen die Türken. Die neuen Grenzen, die dieser Vertrag festsetzte, galten bis auf kleine Änderungen bis 1918. Und hinter der befestigten Grenze entlang der Donau und der Save baute die Habsburgermonarchie nun langsam ihr großes Reich auf, das sich wesentlich von den nur lose miteinander verknüpften Herrschaftsbereichen unterschied, die Leopold I. 1657 geerbt hatte.

XVI. Die spanische Erbfolge

Im Reich und in den Erbländern hatte Leopold I. die Thronfolge seiner Dynastie sichern können, das Problem der spanischen Erbfolge blieb jedoch ungelöst. Seit 1665 sorgte er sich nun schon um die Gesundheit seines Neffen und Cousins, Karls II. von Spanien, der mit schwacher Hand sein großes Reich in Europa und Übersee regierte. Aber allen Erwartungen widersprechend lebte Karl II. immer noch, trotz seiner physischen und geistigen Schwäche und trotz seiner Ärzte. Seine Mutter, Leopolds Schwester Maria Anna, führte die Regentschaft. Mehr als zehn Jahre schaffte sie es, trotz ihrer Unbeliebtheit und dem Mißtrauen, das man ihr schon wegen ihrer deutschen Berater entgegenbrachte, Hof und Regierung fest unter ihrer Kontrolle zu halten.[1]

Nur einmal verlor sie für kurze Zeit die Macht. Während des Holländischen Krieges sammelte sich die Opposition am Madrider Hof um den Bastard Don Juan d'Austria, den Sohn Philipps IV. und der Schauspielerin María Calderón, der sich als Führer einer frankreichfreundlichen Partei hochspielen ließ. Maria Anna mußte den Hof verlassen, und der Hof arrangierte unter Don Juans Einfluß eine französische Heirat für den König. Im November 1679 heiratete Karl II. Ludwigs XIV. Nichte Marie Louise d'Orléans. Die Heirat war ein Teil des Friedensvertrags von Nijmwegen.

Aber Don Juan d'Austria starb plötzlich im September 1679, bevor noch die Heirat stattgefunden hatte. Maria Anna kehrte einflußreicher denn je an den Hof zurück und bekämpfte nun mit Hilfe von Leopolds Botschafter Graf Mansfeld die französische Partei, indem sie die unglückliche junge Königin und ihr französisches Gefolge von allen Staatsangelegenheiten fernhielt. Aber alle diese Manöver waren nicht mehr als momentane Schutzmaßnahmen, die nur so lange galten, als Karl II. keinen Erben hatte. Die rudimentären medizinischen Kenntnisse der Zeit reichten immerhin aus, um dies für unwahrscheinlich zu erklären.

Jedes Jahr, das verging, machte es wahrscheinlicher, daß Spanien nach Karls Tod an einen ausländischen Fürsten kommen würde, aller Voraussicht nach an einen Habsburger oder an einen Bourbonen. 1685 gestaltete sich die Angelegenheit noch komplizierter, als Leopold I. nämlich seine Tochter Maria Antonia mit Max Emanuel von Bayern verheiratete. Denn Maria Antonia brachte einen Sohn zur Welt, der als Urenkel Philipps IV. von Spanien nun eigentlich die legalsten Ansprüche auf den spanischen Thron hatte. Vor allem aber bot er allen jenen Mächten, besonders England und Holland, die Spanien weder habsburgisch noch bourbonisch regiert haben wollten, einen willkommenen Ausweg.

Leopold I. hatte allerdings versucht, dieser Komplikation aus dem Weg zu gehen, und hatte Maria Antonia dazu gezwungen, feierlich auf ihre und die Rechte ihrer Kinder, den spanischen Thron betreffend, zu verzichten, und zwar zugunsten der männlichen Erben Leopolds I. Max Emanuel wurde für diesen Verzicht bezüglich der Rechte seiner Kinder die volle Souveränität über die spanischen Niederlande zugesprochen, für den Fall, daß Österreich Spanien erben sollte. Leopold I. hatte außerdem versprochen, sich dafür einzusetzen, daß der Kurfürst bereits zu Lebzeiten Karls II. in den Besitz der Niederlande kommen würde.

Es dauerte nur ein Jahr, bis die Franzosen die Abmachungen dieses bayerischen Handels entdeckt hatten und prompt ihre Kenntnisse an die spanische Regierung weitergaben. Sie kannten die Empfindlichkeit der Spanier, wenn es um ihr Reich ging, und sie nahmen daher an, Madrid würde dieses Geschäft als einen neuerlichen Versuch Leopolds auffassen, das Erbe zu teilen. Aber die Reaktion in Madrid war ganz anders als erwartet. Der Staatsrat weigerte sich, Maria Antonias Verzicht anzuerkennen, und hieß statt dessen die Aussicht auf einen bayerischen Prinzen gut, der als Nachkomme Philipps IV. das ganze Reich erben würde. „Alle meine Länder", schrieb Karl II. 1687 an Leopold I., „sind der festen Überzeugung, daß ganz zweifellos die Erzherzogin, meine Nachfolgerin, Erbin in allen meinen Reichen sei."[2]

Aber der Wunsch Leopolds, die Nachfolge für seinen zweiten Sohn Karl zu sichern, schien 1689 der Erfüllung näher zu kommen, als Spanien in die Koalition gegen Frankreich eintrat. In den Verträgen, die Spanien an die Alliierten band, gab es einige geheime Artikel, die Leopolds Erben zu Thronfolgern erklärten, wenn Karl II. kinderlos sterben sollte. Diese neue proösterreichische Einstellung der spanischen Regierung, die hauptsächlich das Werk der englischen und holländischen Diplomatie war, verstärkte sich noch im nächsten Jahr, als der spanische Staatsrat nach dem Tod der Marie Louise d'Orléans die Heirat des Königs mit Maria Anna von Pfalz-Neuburg, Leopolds Schwägerin, sanktionierte.

Diese Heirat und die Verträge von 1689 schienen vorübergehend das spanische Erbfolgeproblem in Leopolds Sinn geregelt zu haben. Aber Max Emanuel von Bayern forderte nun immer ungeduldiger die Belohnung, die man ihm 1685 versprochen hatte. Daher zwang Leopold I. mit Maria Annas Hilfe im Dezember 1691 Karl II., ein Dokument zu unterschreiben, das den Kurfürsten zum Gouverneur der Niederlande machte, obwohl der Staatsrat sich ausdrücklich gegen die Ernennung eines „Ausländers" ausgeprochen hatte, aber persönliche Schwierigkeiten wirkten sich weiterhin ungünstig auf die Beziehungen Max Emanuels zu den Habsburgern aus.

Denn der Bayer verletzte Leopolds Anstandsgefühle durch sein Betragen seiner geliebten ältesten Tochter gegenüber. Nicht nur, daß er sich ungeniert mit mehreren Mätressen umgab, er hielt es nicht einmal für nötig, seine Frau mit nach Brüssel zu nehmen, als er dort seinen Gouverneursposten antrat. In Wien zurückgelassen, brachte Maria Antonia im Oktober 1692 einen zweiten Sohn zur Welt und starb zwei Monate später. In ihrem letzten Testament verzichtete Maria Antonia nochmals auf Spanien, aber nichts konnte mehr die Tatsache ändern, daß ihr letztgeborener Sohn, Joseph Ferdinand, in Spanien als der rechtmäßige Erbe angesehen wurde, und zwar weit mehr als Leopolds zweiter Sohn aus seiner Ehe mit der Deutschen Eleonore von Pfalz-Neuburg. Sogar Leopolds eigene Schwester Maria Anna ignorierte die Wünsche ihres Bruders und die Familientradition und unterstützte die bayerische Kandidatur. Denn mit den Jahren fühlte sich Maria Anna immer mehr als Spanierin und sah nun mit kritischer Distanz, daß die allzu enge Bindung von Spanien und Österreich Spanien nur geschadet hatte. Durch diesen Stellungswechsel verringerten sich die Aussichten von Leopolds zweitem Sohn Karl, in Spanien König zu werden, erheblich; denn Maria Annas Einfluß auf den König hielt bis zu ihrem Tod im Mai 1669 unverändert an.

Ihr Tod machte nun die junge Königin Maria Anna von Pfalz-Neuburg zur einflußreichsten Persönlichkeit am Hof. Wie Leopold gehofft hatte, vertrat sie loyal die habsburgischen Interessen. Was er nicht erwartet hatte, war, daß ihr Hang zu Intrige und ihre politische Ignoranz seiner Sache mehr schadeten als nützten. Unsinnigerweise machte sich die Königin Kardinal Portocarrero zum Feind. Dieser war der führende Kopf des Staatsrats und wahrscheinlich der einzige fähige Politiker im damaligen Spanien.

Da der Kardinal nicht mit der Königin zusammenarbeiten konnte, beschloß er, sie zu umgehen. Ohne ihr Wissen brachte er den König dazu, ein Testament zu unterschreiben, in dem er den Prinzen Joseph Ferdinand zu seinem Generalerben erklärte. Als Maria Anna dies entdeckte, zwang sie Karl dazu, das Testament mit seinen eigenen Händen zu zerreißen, ohne den Staatsrat darüber zu informieren. Natürlich mußte dieses ständige Hin und Her am spanischen Hof die ausländischen Mächte verführen, sich ständig in die spanischen Angelegenheiten einzumischen.

1697 sandte Leopold, als gerade die Vorverhandlungen für den Vertrag von Rijswijk begannen, Graf Ferdinand Harrach als seinen Botschafter nach Spanien. Harrach hatte Leopold I. schon von 1674 bis 1677 in Madrid vertreten und kannte daher die meisten Männer, mit denen er zu tun haben würde. Zwar war er insofern gleich erfolgreich, als er Karl II. dazu bringen konnte, Leopold I. zu schreiben, er beabsichtige, Erzherzog Karl zu seinem Erben zu ernennen, aber Harrach schloß an den königlichen Brief die Warnung an, das politische Klima in Spanien sei für die österreichische Thronfolge höchst ungünstig.

Trotz Harrachs Warnung betrachteten Leopold I. und die Geheime Konferenz die österreichischen Chancen mit unvermindertem Optimismus und ließen sich 1697 die einzige Gelegenheit entgehen, sich durch eine Geste in Spanien Anhänger zu schaffen. Der Staatsrat hatte um Hilfe bei der Verteidigung von Barcelona gebeten, und Leopold I. hatte versprochen, kaiserliche Regimenter von Italien abzuziehen. Leider aber erschienen ihm dann andere Dinge wichtiger. Entscheidungen wurden vertagt und wertvolle Zeit vertan, während die kaiserlichen Regimenter in Italien auf den Abtransport warteten. Barcelona fiel, und Spanien schloß mit Frankreich Frieden.

Daß Ludwig XIV. sich dabei so großzügig zeigte, hatte den erwünschten Effekt. Die Stimmung am spanischen Hof veränderte sich entschieden zuungunsten des Hauses Österreich. Dazu trug auch die Königin bei. Nicht einmal Harrach gelang es, sie davon abzuhalten, den spanischen Hof aufs neue zu beleidigen, indem sie den König überredete, den Grafen Oropesa vom Hof zu verbannen, der im Staatsrat eine bedeutende Rolle spielte. Die österreichische Geheime Konferenz machte die Sache noch schlimmer dadurch, daß sie wegen verschiedener Truppenpräsenzen in Italien herumfeilschte und Ansprüche auf die Statthalterschaft von Mailand stellte. Die Aussichten Erzherzog Karls verringerten sich jedenfalls zusehends. Graf Harrach beendete seine undankbare Mission im Oktober 1698 und legte die Interessen Leopolds seinem Sohn Alois ans Herz.

Der französische Botschafter am Hof von Madrid nach dem Frieden von Rijswijk hatte es dagegen viel leichter. Gegen ihn und den zurückgekehrten Grafen Oropesa, der sich wieder der königlichen Gunst erfreuen und die Leitung des Staatsrats übernehmen durfte, konnte selbst Maria Anna nichts ausrichten.

Als sich Leopold I. endlich keine Illusionen mehr über seine Chancen in Madrid machen konnte, wandte er sich an die Seemächte, die ihm ja in den Bündnisverträgen von 1689 geheime Garantien bezüglich der österreichischen Erbfolge gegeben hatten. Nun aber traf er hier auf wenig Entgegenkommen. Die Seemächte lehnten es ab, irgend etwas zu unternehmen, bevor Karl II. nicht in seinem Testament ausdrücklich den Erzherzog zu seinem Erben erklärt hatte.

Diese Antwort sollte aber nur über die Bemühungen Wilhelms III. hinwegtäuschen, die spanische Thronfolge ohne einen allgemeinen Krieg zu regeln. Während mehrerer geheimer Gespräche, über die Wien erstaunlicherweise nichts erfuhr, arbeitete Wilhelm mit französischen Diplomaten einen Teilungsplan Spaniens aus. Am 11. Oktober 1698 wurde diese Vereinbarung im Schloß von Het Loo unterschrieben. Der bayerische Prinz sollte Spanien, Indien und die Niederlande bekommen, Leopold I. Mailand, der Dauphin von Frankreich Neapel, Sizilien und einen kräftigen Teil der baskischen Provinzen.

Max Emanuel wußte sehr schnell Bescheid über den Teilungsplan und ließ seinen sechsjährigen Sohn Joseph Ferdinand von Wien nach Brüssel nachkommen. Leopold I. nahm die Gefährlichkeit dieses Schachzuges nicht wahr und gab seinem Enkel die herzlichsten familiären Grüße für den Schwiegersohn mit auf den Weg.

Madrid erfuhr schließlich von dem Teilungsplan über den bayerischen Hof in München. Tief verletzt über die Arroganz, mit der die protestantischen Seemächte und Frankreich die spanischen Besitzungen in Europa aufteilen wollten, brachte der Staatsrat Karl II. dazu, ein neues Testament zu unterzeichnen, in dem wieder Joseph Ferdinand zum Generalerben ernannt wurde, seine Rechte aber für null und nichtig erklärt wurden, wenn irgendein Teil der Erbschaft abgetrennt würde.

Leopolds Geheime Konferenz wurde erst im Dezember 1698 über den Teilungsplan in Kenntnis gesetzt, gerade zu der Zeit also, als Harrach mit einer äußerst pessimistischen Beurteilung der Lage aus Madrid zurückkehrte. Die Nachricht von Karls II. neuestem Testament rief daher in Wien eine enorme Erleichterung hervor. Als Leopold hörte, daß Joseph Ferdinand in diesem Testament wieder als Alleinerbe eingesetzt worden sei, sagte er: „Nun ja, immerhin ist er mein Enkel.“ In einem Brief an Marco d'Aviano vom 31. Januar 1699 legte der Kaiser dar, daß er zwar das spanische Testament als eine Ungerechtigkeit betrachte, da es allen Verträgen zuwiderliefe, die man mit ihm getroffen habe, daß man aber nun, da es einmal geschehen sei, nichts anderes tun könne, als Frieden zu halten und den Prinzen vor allen anderen Kandidaten zu schützen.[3] Soweit es also ihn anging, war die Angelegenheit geregelt.

Aber nur eine Woche nach diesem Brief an Marco d'Aviano starb am 6. Februar 1699 plötzlich der Prinz in Brüssel. So jung er war, so sehr war er bereits zum Symbol für Frieden und Kompromiß geworden. Mit seinem Tod war auch wieder die Möglichkeit für einen allgemeinen Krieg gegeben. Denn zwar war rechtlich an der Kandidatur Erzherzog Karls nichts auszusetzen – vorausgesetzt, Europa respektierte die dafür abgeschlossenen Verträge und Verzichte –, aber andererseits blieb die Tatsache bestehen, daß der Herzog von Anjou, Ludwigs zweiter Enkel, von Philipp IV. abstammte, Erzherzog Karl dagegen nicht.

Zum Unglück für Europa war das spanische Reich zu groß, als daß seine Zukunft lediglich als Familienangelegenheit hätte behandelt werden können. Der Anschluß eines größeren Teils der Erbschaft an Frankreich oder an das Haus Österreich mußte verständlicherweise die Besorgnis der anderen Mächte erregen. Vor den realistischen Erwägungen der internationalen Politik mußten dynastische Interessen zurücktreten, und Leopold I. befürwortete die Empfehlung der Geheimen Konferenz, zur Rettung des Friedens in direkte Verhandlungen mit Frankreich zu treten.

Aber bevor noch Leopold I. seine Zustimmung zu direkten Verhandlungen gegeben hatte, hatten sich schon mehrere höhere Beamte dem französischen Gesandten in Wien, Marquis Villars, genähert, um ihm mitzuteilen, daß sie persönlich einen Krieg für unnotwendig hielten. Frankreich hatte nämlich seine Truppen in den Pyrenäen stehen lassen und hätte sehr leicht ganz Spanien besetzen können. Österreich, so gaben sie zu verstehen, sei hauptsächlich an Italien interessiert, und immer weniger wichtige Persönlichkeiten am Hof unterstützten die dynastische Bindung an Spanien, auf die Leopold I. so großen Wert legte. Die französische Besetzung aber von Mailand, der Lombardei, Neapel und Sizilien würde klar gegen Österreichs Interessen verstoßen.

Durch diese inoffiziellen Gespräche mit Villars kannten die Franzosen Leopolds Absichten, noch bevor er offiziellen Gesprächen mit Frankreich zugestimmt hatte. Die Franzosen taten nun alles, um diese hinauszuzögern, wobei ihnen der Tod Kinskys im Februar 1699 zu Hilfe kam.

Denn Leopold I. befand sich momentan in einer ungewöhnlich starken Position. Der im Januar unterzeichnete Friede von Karlowitz hatte seine Ostgrenze abgesichert, und seine Armee war nun frei, andernorts eingesetzt zu werden. Natürlich erkannte auch Ludwig XIV. die vorteilhafte Lage Leopolds I. und sagte sich, er würde wahrscheinlich zur jetzigen Zeit mit den Seemächten ein besseres Geschäft als mit Österreich machen. Während also Villars in Wien alle möglichen Verzögerungstaktiken anwandte, eröffnete Ludwig XIV. neue Verhandlungen mit Wilhelm III., indem er London einen neuen Teilungsplan übermittelte, bei dem erstaunlicherweise die Habsburger gar nicht schlecht wegkamen. Erzherzog Karl sollte König von Spanien werden und das Kolonialreich bekommen, der Dauphin sollte Neapel und Sizilien samt den toskanischen Häfen erhalten und Mailand dem Herzog von Lothringen, oder wenn dieser statt dessen lieber sein eigenes Herzogtum haben wollte, Max Emanuel oder Viktor Amadeus II. überlassen werden.

Am 11. Juni 1699 unterschrieb Wilhelm III. einen auf diesen Punkten beruhenden Teilungsplan, in dem außerdem gefordert wurde, daß die Krone von Spanien niemals mit den österreichischen Erbländern oder dem Heiligen Römischen Reich vereint werden dürfe. Ludwigs Gesandten war es gelungen, Wilhelm davon zu überzeugen, daß es nur eine Möglichkeit gab, die Teilung ohne Krieg durchzusetzen, nämlich Leopold vor ein „fait accompli" zu stellen. Trotz einiger Gewissensbisse über die schlechte Behandlung seines alten Verbündeten, stimmte Wilhelm III. schließlich zu.

In der Zwischenzeit hatten in Wien Harrach, der Kinskys Posten als Kanzler übernommen hatte, und Kaunitz, der nach seiner Rückkehr von Den Haag Reichsvizekanzler geworden war, die Diskussionen mit Villars wiederaufgenommen, aber kaum Fortschritte erzielt. Leopold I. war zwar sehr darauf aus, möglichst schnell zu einer Vereinbarung mit Frankreich zu kommen, zugleich aber mußte er sehr vorsichtig vorgehen, um Madrid nicht zu beleidigen. Denn der spanische Hof reagierte natürlich auf jedes Gerücht über eine Teilung äußerst verletzt. Dies wurde deutlich, als Ende Juni in Madrid der Vertrag zwischen Wilhelm III. und Frankreich bekannt wurde.

Als der zweite Teilungsvertrag Leopold I. offiziell übermittelt wurde, begleitete ihn eine Forderung der französischen Regierung, der Kaiser solle ihn ohne etwas zu ändern akzeptieren. Einen ganzen Sommer hindurch beriet die Geheime Konferenz nun über die spanische Frage – bei den Sitzungen waren häufig Leopold I. und sein ältester Sohn Joseph anwesend –, um im Oktober einmütig zu beschließen, daß der Vertrag, so wie er war, unannehmbar sei. Freilich gingen die Ansichten der Minister darüber, welcher Art Teilung Österreich zustimmen könnte, weit auseinander.[4]

Graf Kaunitz, der realistischste und, wie sich herausstellen sollte, der weitsichtigste Minister der Konferenz, riet Leopold I., auf Spanien selbst endlich zu verzichten. Österreich, argumentierte er, sei niemals in der Lage, es gegen Frankreich zu verteidigen. Dasselbe galt seiner Meinung nach für die spanischen Niederlande, die für die Monarchie eine ständige Last darstellten und wenig Machtzuwachs bringen würden. Die beste Lösung wäre diese: Man überließe Spanien und die spanischen Niederlande Max Emanuel und annektiere dafür Bayern. Die italienischen Besitzungen, besonders Mailand, sollten jedoch unbedingt bei Österreich bleiben. In diesem Punkt gäbe es keinen Kompromiß.

Aber so gut Kaunitz auch argumentierte, die ehrgeizigen Pläne, die Leopold I. für Erzherzog Karl hegte, waren stärker und auch sein stark entwickeltes Verantwortungsgefühl für die dynastische Tradition und das habsburgische Familienunternehmen. In einer offiziellen, an Jakob Hop, den holländischen Botschafter, gerichteten Stellungnahme schrieb Leopold I., er könne den Teilungsplan nicht akzeptieren und vertraue darauf, daß Gott der Herr jene gerecht bestrafe, „die fremde Königreiche teilen und zerreißen".

Leopolds fester Ton wurde als ein weiteres Beispiel österreichischer Selbstüberschätzung interpretiert. Dies war insofern ungerechtfertigt, als Leopold I. ernstlich versucht hatte, durch Villars mit Frankreich zu einer Einigung zu kommen. Er hatte aber seine Bemerkung durchaus in der Absicht gemacht, daß sie veröffentlicht würde, da er hoffte, daß zumindest in Madrid seine Festigkeit einen guten Eindruck machen würde. Und tatsächlich kam die spanische Abneigung dem Teilungsplan gegenüber der österreichischen Sache zugute.

Leopold I. konnte sich sehr standhaft erweisen, wenn es um seine Rechte ging, aber er war nicht fähig, sie durch entschlossenes Handeln zu fördern. Je älter er wurde, umso lethargischer und zugleich eigensinniger wurde er und begnügte sich damit, den unrealistischen Optimismus seiner alten Ratgeber, besonders Harrachs, Dietrichsteins und Mansfelds, zu teilen. Kaunitz, der die aktivistische Gruppe in der Konferenz anführte, hatte es dagegen schwer, auch nur Gehör zu finden. Als Villars am 18. Mai 1700 den ratifizierten Teilungsplan vorlegte und auf schnelle Entscheidung drängte, lehnte Leopold I. nochmals mit aller Entschiedenheit ab, sich an der Teilung zu beteiligen. Dabei wiegte er sich jedoch in falschen Hoffnungen, und es sollte sich herausstellen, daß er die Stimmung in Spanien gründlich mißverstanden hatte.

Karl II. hatte wahrscheinlich, soweit man ihm überhaupt ein unabhängiges Urteil zutrauen konnte, und auch hierin überschätzte man ihn in Wien, wirklich die Absicht, sein Reich einem Mitglied der eigenen Dynastie zu übergeben. Auch

Maria Anna war für einen Habsburger, weil sie wußte, wie gefährlich ihr persönlich ein Bourbone werden würde. Und beide stimmten mit dem Staatsrat überein und, soweit man das heute noch beurteilen kann, auch mit dem Volk, daß nämlich das Reich ungeteilt erhalten bleiben müßte.

Die Integrität des Reiches war jedenfalls das treibende Motiv der spanischen Politik während der letzten Monate, die der König noch zu leben hatte. Daher hatte auch Harcourt Versailles immer wieder von einem neuen Teilungsvertrag abgeraten, der Spanien ja geradezu zwang, einen Habsburger zu wählen. Ludwig XIV. aber schloß, daß Spanien, wenn es sich für Erzherzog Karl entschied, Teilung und Krieg mit Frankreich wählte oder aber, wenn es einen Bourbonen nahm, das mächtige Frankreich auf seiner Seite hätte, um die Integrität des spanischen Reiches zu beschützen. Ludwigs Berechnung erwies sich insofern als richtig, als es nämlich in Madrid einige wenige intelligente Männer gab, die sich einen klaren Blick bewahrt hatten und sahen, daß nur Frankreich das spanische Erbe in seiner Gesamtheit schützen konnte.

Und tatsächlich gelang es Kardinal Portocarrero, den Staatsrat zu überzeugen, daß es für Spanien am besten sei, wenn ein Bourbone den Thron bestiege. Im Mai 1700 hatte er die Mehrheit des Staatsrats trotz Ludwigs Ratifizierung des Teilungsplans hinter sich. Jetzt galt es nur noch, den König zu überzeugen. Portocarrero berief sich auf Karls Frömmigkeit und scheute nicht davor zurück, das Gespenst des protestantischen Einflusses in den Kolonien an die Wand zu malen. Im Juni 1700 riet auch Papst Innozenz XII., der schon immer mit Frankreich sympathisiert hatte, Karl II., der Empfehlung seines Staatsrats zu folgen. Karl II. informierte Leopold I. über den päpstlichen Rat und fügte vage hinzu, er beabsichtige trotz allem, seine Krone „pro domo austriaca" intakt zu halten. Und wieder wiegten sich Leopold I. und die Geheime Konferenz in dem Glauben, ihre Sache würde letztendlich in Madrid triumphieren, wenn sie nur an dem jetzigen Stand der Dinge nicht rüttelten. Gesundheitlich ging es Karl II. im August ja auch noch recht gut.

Schon im September erkrankte jedoch der spanische König erneut, und nun wurde sein Krankenbett das dramatische Zentrum eines skrupellosen Kampfes um das königliche Testament. Am 29. September brachten ihn die Königin und Alois Harrach mit Hilfe seines Beichtvaters dazu, ein Testament zu unterzeichnen, das Erzherzog Karl zu seinem Alleinerben machte. Im letzten Moment erfuhr Kardinal Portocarrero davon und ließ am Abend des 3. Oktober den halb bewußtlosen König sein „yo el rey" unter ein anderes Testament setzen, das den Herzog von Anjou zum Erben erkannte. Noch vier Wochen lang schwebte Karl II. zwischen Leben und Tod. Schließlich starb er am 1. November. Auf der Stelle publizierte Portocarrero das Testament vom 3. Oktober und schickte die Kuriere nach Versailles. Damit setzte er die Mechanismen in Bewegung, die Frankreich, Österreich und schließlich ganz Europa in einen neuen langen Krieg hineinziehen sollten.

XVII. Die Neubildung der Koalition

Nach der Unterzeichnung des Friedens von Karlowitz 1699 erlebte die habsburgische Monarchie zwei Jahre des Friedens, und das Haus Österreich schien sich auf dem Höhepunkt der Macht und des Glückes zu befinden. Ungarn war nach einhundertfünfzigjähriger türkischer Besetzung endlich befreit und wiedervereinigt, Leopolds Ansehen in Deutschland war trotz der an Frankreich verlorengegangenen Gebiete unverändert hoch,[1] Erzherzog Joseph war bereits Römischer König und damit unbestrittener Anwärter auf die Kaiserkrone, und das noch kürzlich von den Türken belagerte Wien war nun die Hauptstadt einer Monarchie, die nach Frankreich die stärkste Macht des Kontinents darstellte. Die phänomenalen Resultate von Leopolds vierzigjähriger Regierung.

Auch im äußeren Erscheinungsbild hatten sich Leopolds Länder nach 1683 stark verändert. Kaum waren die Türken von Wien abgezogen, als schon die kaiserliche Regierung per Dekret die Wiederherstellung von Kirchen, Klöstern, Bittsäulen und Denkmälern befahl. In allen Erbländern, besonders im Wiener Becken, in Niederösterreich, Teilen der Steiermark, in Mähren und in Ungarn, begann nun eine unvergleichliche Bautätigkeit, welche diese Länder für alle Zeiten durch den gemeinsamen architektonischen Stil prägen sollte: das österreichische Hochbarock.[2] Der Triumph des Kreuzes über den Halbmond fand seinen adäquaten Ausdruck in dem aus Italien importierten, überschäumende Lebensfreude symbolisierenden, an Schmuckelementen reichen Baustil, den die heimischen Künstler mit Begeisterung imitierten und weiterentwickelten.

Vom Baufieber wurden auch abgelegene Marktflecken und Dörfer ergriffen. In den kleinsten Pfarrkirchen ersetzte man die strengen gotischen Altäre durch geschwungene barocke Gebilde, und viele abgelegene ländliche Klöster erbauten nun prachtvolle neue Kirchen, Bibliotheken und Festsäle, um ihre fürstlichen Gäste würdig empfangen zu können. Aber nirgendwo war die Verwandlung so eklatant wie in Wien selbst. Die Hofburg wurde renoviert und vergrößert und gegenüber von dem nun barockisierten Leopoldinischen Trakt ein prächtiges Kanzleramt erbaut. Und auch der Adel überbot sich im Bauen und Renovieren von Palästen sowie in der Barockisierung seiner Lieblingskirchen und -kapellen. Selbst die Dörfer außerhalb der Stadtmauern bauten ihre Kirchen um. In Schönbrunn nahm der Kaiser die Arbeiten an einem prunkvollen Sommerschloß wieder auf, das so schön und fast so groß wie Versailles werden sollte.

Die Pracht des österreichischen Barock hat angesichts der chronischen Leere der Staatskasse etwas von einem Wunder. Freilich ging ein großer Teil der geleisteten Arbeit auf das Konto der Robot, aber dennoch flossen große Geldsummen in die Hände von Lieferanten, Unternehmern, Handwerkern, Malern und Bildhauern. Zum Großteil kam das Geld zweifellos aus dem Einkommen der Aristokraten und der Geistlichen, die ja immer noch keine Steuern zu zahlen hatten. Nur wenige beklagten sich, daß der Preis für diese Pracht zu hoch war. Am wenigsten der alternde Kaiser, der in jedem neuen Altar ein Dankesopfer für die göttliche Gnade sah, die seinem Haus in so großem Maße zuteil ward.

Fast sechzigjährig war er bereits älter als die meisten seiner Vorgänger: Sein Verstand war noch immer klar, aber seine physischen Kräfte hatten stark nachgelassen, und es wurde immer schwerer für seine Minister, ihn dazu zu bewegen, sich an den Regierungsgeschäften zu beteiligen. In dem Bestreben, diese Lasten teilweise abzugeben, nahm er immer häufiger Joseph in die Sitzungen der Geheimen Konferenz mit, aber die Entscheidungen konnte wie eh und je doch nur er treffen, und nur er konnte mit seiner Unterschrift die Gesetze, Verfügungen und Verträge ratifizieren. Während die Aktivisten, die Josephs inoffiziellen Hof bildeten, Reformen forderten, wurde der alte Kaiser immer vorsichtiger und neigte immer mehr dazu, dem Rat seiner alten, vertrauten Freunde in der Konferenz zu folgen, deren gelassener Optimismus ihm behagte.

Am kaiserlichen Hof gab es nun zwei klar erkennbare Lager. Um Leopold gruppierte sich die Mehrheit der Geheimen Konferenz: Dietrichstein, der 1698 starb und als Obersthofmeister vom alten Harrach ersetzt wurde, Graf Kinsky, der 1699 starb, Ernst Rüdiger von Starhemberg, der im Januar 1701 starb und von Fürst Mansfeld ersetzt wurde. Nach der Formulierung von Oswald Redlich handelte es sich um einen „Rat von Alten“,[3] die schon der Tod gezeichnet hatte. Von den in den neunziger Jahren in die Konferenz berufenen Männern überlebte nur einer, Kanzler Bucellini, das Ende der leopoldinischen Regierung. Wurde ein wichtiges Amt vakant, wählte Leopold meistens einen Mann seiner Generation zum Nachfolger. Bei diesen handelte es sich meistens um gewissenhafte Staatsdiener, die das hohe Amt als gerechte Belohnung, sozusagen als eine Art gehobener Pension auffaßten.

In der Geheimen Konferenz sprach sich nur Kaunitz offen für die wachsende Opposition aus. Er war auch nicht mehr der Jüngste, aber sein politischer Weitblick ließ ihn mit Josephs Lager sympathisieren. Josephs Anhänger waren meist jüngere Männer, wie zum Beispiel Prinz Eugen, der Sieger von Zenta, Graf Wenzel Wratislaw, ein ungewöhnlich brillanter Diplomat, Josephs Lehrer Prinz Salm und Graf Jörger, der Statthalter von Niederösterreich. Die meisten waren Soldaten, denen die Aussicht auf einen Krieg um die spanische Erbfolge nicht unwillkommen war. Aber ihr größtes Interesse galt einer gründlichen Finanzreform und der Bildung einer Streitmacht, die verhindern sollte, daß

Österreich, wie so oft in der Vergangenheit, ein Opfer der französischen Aggressionsgelüste wurde. Allgemein gesagt, sahen diese Männer nicht mehr wie Leopold I. die europäische Politik aus dem dynastischen Gesichtswinkel, sondern betrachteten die österreichischen Interessen in Zentraleuropa und besonders in Italien schon ganz als Realpolitiker. Alle ihre Hoffnungen setzten sie in dieser Hinsicht auf den Thronfolger.

Joseph unterschied sich von seinem Vater sowohl äußerlich als auch charakterlich. Schon als Kind war er äußerst lebhaft und verwegen gewesen. Die geduldige, gründliche, gelehrtenhafte Art seines Vaters fehlte ihm. Schnell war er gelangweilt, immer unberechenbar. Leopold I. sorgte dafür, daß er die seiner zukünftigen Position entsprechende Ausbildung erhielt und seiner hohen Stellung gemäß behandelt wurde, aber die Beziehungen zwischen Vater und Sohn blieben kalt und gingen über pflichtmäßige Kontakte nicht hinaus.

Josephs Erzieher, Prinz Karl Theodor von Salm, sein „Ajo", ein intelligenter und freundlicher Herr, hatte in kürzester Zeit die Zuneigung seines Schützlings gewonnen. Im Lauf der Zeit verstand er es immer besser, mit dem hitzköpfigen Thronfolger umzugehen. Interessanterweise waren keine Jesuiten unter Josephs Lehrern, und Salm war zwar fromm, aber kein Gegner der neuen rationalistischen Geistesbewegung Westeuropas. Der interessanteste von Josephs Lehrern aber war sein Lehrer in Geschichte und Politik, Doktor Hans Jakob Wagner, Jurist, Humanist, vielgereister Schriftsteller und Autor von flammenden patriotischen Pamphleten, in denen er die Deutschen zum Widerstand gegen Ludwig XIV. aufrief.[4] Sein in den achtziger Jahren geschriebener und 1692 veröffentlichter „Ehrenruf Teutschlands" – 1691 war er Josephs Lehrer geworden – rief zum Protest gegen alles Französische und zur Wiedererstarkung des nationalen Selbstbewußtseins auf. Johann Georg von Buol, ebenfalls Jurist, brachte Joseph die Grundlagen des „öffentlichen und privaten" Rechtes bei. Hierin erwies sich Joseph als besonders gelehriger Schüler. Leopold I. erwies Buol seine Dankbarkeit, indem er ihn 1699 zum Sekretär der Geheimen Konferenz ernannte.

1700 hatte sich um Joseph bereits eine embryonale Regierung gebildet. Sie bestand aus dem Sohn seines „Ajos", dem jungen Prinzen Salm, aus Buol, Kaunitz, Prinz Eugen und Wratislaw. Sie alle teilten die politischen Anschauungen, die sich Joseph auf Grund seiner Erziehung zu eigen gemacht hatte. So war für sie die Donaumonarchie bereits etwas Selbstverständliches, da ihre politischen Erfahrungen nicht in die Zeit vor 1683 zurückreichten. Außer Kaunitz konnte sich keiner mehr an die Zeit erinnern, als die türkische Grenze nur wenige Marschstunden von Wien entfernt war. Die Interessen Österreichs, das für sie bereits als Einzelstaat und nicht mehr nur als Konglomeration von Herrschaftsbereichen existierte, waren bei ihnen nicht von dynastischen Erwägungen geprägt wie noch unter Leopold I. und auch nicht mehr von dem militanten Katholizismus, der die habsburgische Politik bestimmt hatte.

Joseph war zu dem Glauben erzogen worden, daß es seine patriotische Pflicht sei, die ihm von Gott verliehene absolute Macht für die Interessen des Staates, zum Wohle der Allgemeinheit einzusetzen. Nationalistische deutsche Historiker haben wiederholt versucht, aus Joseph ein Abbild Friedrichs des Großen zu machen, indem sie in seiner kurzen Regierung hoffnungsvolle Ansätze zu einer deutschnationalistischen Politik zu entdecken versuchten. Tatsächlich aber dachte Joseph vor allem als Habsburger, als König von Ungarn und Böhmen. Sein Staat lag an der Donau, nicht im Reich und nicht am Rhein. Seine ganze Haltung war noch nicht die eines aufgeklärten Monarchen, sondern eines leidenschaftlichen barocken Herrschers.

1699 heiratete Joseph, nicht zuletzt auf sein eigenes ungeduldiges Drängen, die reizende Prinzessin Wilhelmine Amalie, die Tochter von Herzog Johann Friedrich von Braunschweig.[5] Sie war fünf Jahre älter als er, aber sie schienen ausgezeichnet zusammenzupassen und sich sogar zu lieben. Leopold I. schätzte Wilhelmine, weil sie einen beruhigenden Einfluß auf Joseph ausübte und ohne Schwierigkeiten Kinder gebar.

Die offizielle kaiserliche Politik in den Monaten vor dem Tod Karls II. von Spanien war nach wie vor auf die habsburgische Thronfolge in Spanien gerichtet und auf die Gewinnung der militärischen Unterstützung Brandenburgs, die sich am Rhein und in Ungarn als so wirksam erwiesen hatte. Kurfürst Friedrich III., der 1688 seinem Vater nachgefolgt war, stand von Anfang an dem Haus Österreich freundlich gegenüber. Vor allem aber wollte er, daß der Kaiser ihm für seine Besitzungen in Preußen den Königstitel verlieh. Dies war der Punkt, um den alle seine Verhandlungen mit Wien kreisten. Die Geheime Konferenz lehnte zunächst einmal ab, einem Reichsfürsten zu demselben Rang, wie der König von Böhmen ihn einnahm, zu verhelfen. Leopold I. jedoch sah in der Erhöhung weder für sich noch für seine Dynastie eine Gefahr, nun, da er (1690) die Wahl Josephs zum Römischen König durchgesetzt hatte.

Leopold I. hatte nach der Unterzeichnung des zweiten Teilungsvertrags jede Hoffnung aufgeben müssen, daß England und Holland seine Ansprüche unterstützen und seine Interessen in Italien verteidigen würden. So rang sich Ende Juli 1700 die Geheime Konferenz zu der Ansicht durch, daß ein Königstitel kein zu hoher Preis für Brandenburgs Unterstützung sei. Nach einigen weiteren Verhandlungen über die Größe der brandenburgischen Hilfstruppen und die Höhe der Subsidien zu ihrem Unterhalt wurde am 16. November 1700 der Vertrag unterzeichnet. Zwei Tage später erfuhr Leopold I., daß Karl II. gestorben war und den Herzog von Anjou zu seinem Erben ernannt hatte.

Leopold I. reagierte auf die unerwarteten Nachrichten aus Spanien mit ungewöhnlicher Festigkeit und Eile.[6] Schon bevor ihm übermittelt wurde, daß Ludwig XIV. die spanische Krone im Namen seines Enkels angenommen hatte, gab Leopold I. dem Hofkriegsrat die Anweisung, kaiserliche Truppen zum Schutz Mailands nach Norditalien zu entsenden. Zum Oberbefehlshaber ernannte er am 21. November Eugen von Savoyen und gab zur selben Zeit den Militärbehörden in Tirol die Order, alle Vorbereitungen für den Marsch der Armee über die Berge in die Lombardei zu treffen. Anscheinend wollte Leopold I. sich durch diesen schnellen Entschluß einen wichtigen Teil der Erbschaft sichern; bei eventuellen Teilungsverhandlungen mit Frankreich würde das erheblich die Position verbessern.

Das spanische Testament war für Leopold I. ein harter Schlag, aber auch für Ludwig XIV. war es eine Enttäuschung. Denn dieser hatte die Teilung immer als die einzig vernünftige politische Lösung im Erbschaftsstreit angesehen. Und nun ging durch Portocarreros Testament der Thron nur an den Herzog von Anjou, wenn er und der König von Frankreich die Integrität des spanischen Reiches respektieren wollten. Taten sie es nicht, dann ging das Erbrecht automatisch nach einer sehr kurzen Zeitspanne an Erzherzog Karl. Ludwig XIV. nahm die Herausforderung an und begann aufzurüsten.

Am 31. Dezember erließ er ein Dekret, indem er ausdrücklich Anjous Recht auf den französischen Thron betonte, obwohl gerade diese Union der beiden Kronen im direkten Widerspruch zu den Bedingungen des spanischen Testaments standen. In Europa verbreitete sich die Furcht vor einer „universalen Monarchie", und die alte Koalition zwischen Österreich und den Seemächten lebte wieder auf. Wilhelm III. und Heinsius begannen auf der Stelle mit Verhandlungen. Es gelang allerdings keinem von beiden, die Öffentlichkeit im eigenen Land so schnell zu mobilisieren, daß sie Österreich bei seinem ersten Feldzug in Italien helfen konnten.

Leopold sandte daraufhin Wratislaw nach London, um Wilhelm III. zu größerer Eile zu drängen. Wratislaw konnte jedoch nichts ausrichten, weil Wilhelm III. sich dazu entschlossen hatte, abzuwarten und die Ereignisse für sich arbeiten zu lassen. Über kurz oder lang, so kalkulierte er, würden die Franzosen etwas so Widerwärtiges tun, daß das Parlament ihn zwingen würde, das zu tun, was er seit langem wollte. Inzwischen mußte Wratislaw sich der schwierigen Aufgabe unterziehen, die englische Parlamentspolitik der österreichischen Geheimen Konferenz zu erklären.

Ludwig XIV. besetzte zur Absicherung der bourbonischen Thronfolge als erstes die spanischen Niederlande. Daraufhin beschlossen die Generalstaaten, das Beste aus der Situation zu machen, und erkannten im Februar 1701 den Herzog von Anjou als Philipp V. von Spanien an. Dieser übereilte Schritt war für die Abgeordneten der holländischen Generalversammlung eine Bestätigung dafür, daß das neue Regime in Madrid total von Frankreich abhängig war. Holländische Agenten wurden zu Verhandlungen nach England und nach Wien geschickt.

Leopold I. konnte von einer starken Position aus verhandeln. Sein Bündnis mit Brandenburg war in Kraft getreten, und sowohl Kurfürst Georg Ludwig von Hannover (der zukünftige Georg I. von England) als auch Kurfürst Johann

Wilhelm von Pfalz-Neuburg, Leopolds Schwager, waren starke und bedingungslose Unterstützer der habsburgischen Sache. Im Januar und Mai 1701 konnte sich Leopold I. zudem die Allianz der mächtigen Familie Schönborn und Sachsen-Weimars sichern. Die einzige Enttäuschung sollte ihm sein erster Schwiegersohn, Max Emanuel von Bayern, bereiten.

Max Emanuel mußte sich in dem Augenblick, da das spanische Testament veröffentlicht wurde, zwischen Frankreich und Österreich entscheiden. Er entschied sich für Frankreich und öffnete die Festungen der spanischen Niederlande den französischen Truppen. Zum Dank dafür, daß die Franzosen ihn in seinem Posten als spanischer Statthalter bestätigten, schloß er nun mit Ludwig XIV. einen Angriffs- und Verteidigungspakt. Auch sein Bruder Joseph Clemens, Kurfürst von Köln, der seine Wahl ursprünglich Leopolds Unterstützung verdankte, folgte dem Beispiel Max Emanuels, so daß Ende 1702 etwa 85.000 Mann französisch-spanischer Truppen in aller Ruhe ihre Positionen in den Niederlanden und im Reich beziehen konnten.

Gerade als Leopold I. nun so weit war, den Franzosen entgegentreten zu können, brach in Nordeuropa ein neuer Krieg aus. Zar Peter, der im Sommer 1700 einen Waffenstillstand mit den Türken geschlossen hatte, wandte sich nun dem Baltikum zu, getrieben von seinem ehrgeizigen Wunsch nach einem „Fenster zum Westen“. Auch der neue polnische König August hatte Interessen in dieser Richtung. Sowohl Polen wie Rußland wollten dem jungen schwedischen König Karl XII. einen Teil seines Reiches auf dem Baltikum wegnehmen und überfielen im August 1700 die baltischen Provinzen. Was aber als ein schneller Raubüberfall auf einen schwachen Nachbarn begonnen hatte, verwandelte sich in rasender Eile zu einem allgemeinen Desaster, auch für die irregeführten Alliierten. Denn Karl XII. gelang es, sowohl die Dänen, die mit Rußland verbündet waren, als auch die Russen (bei Narwa am 30. November 1700) zu schlagen. Sachsen-Polen standen nun allein dem neuen schwedischen Alexander gegenüber.

Auf den Kriegsausbruch im Norden reagierte man in Wien mit gemischten Gefühlen. Teilweise empfand man ihn als Segen, denn er band die Kräfte der im Norden und Osten an Österreich grenzenden Staaten, die sich in der Vergangenheit allzu oft als frankreichfreundlich erwiesen hatten. Nach der Niederlage Peters des Großen bei Narwa jedoch mußte Wien mit der Möglichkeit rechnen, daß der Krieg ins Reich getragen würde; denn Sachsen und Polen hatten ja einen gemeinsamen Herrscher. Während der Krieg gegen Frankreich die europäischen Mächte zu verschlingen drohte, betrachtete Wien mit Sorge die Vorgänge im Norden, und es war kein kleiner Erfolg der österreichischen Diplomatie, daß sie es schaffte, den Nordischen Krieg und den Krieg im Westen voneinander zu trennen.

Leopolds kühne Offensive in Norditalien ließ sich gut an. Prinz Eugen hatte früher als erwartet mit seinen Truppen die noch winterlichen Alpen überquert und marschierte bereits im Mai 1701 in die Lombardei ein. Obwohl er nur über eine kleine Armee verfügte, die sich zudem ständig durch die Zurücklassung von Garnisonen beim Weitermarsch verringerte, konnte er zwei bedeutende Siege über die französisch-spanischen Truppen bei Capri am 9. Juli und bei Chiari am 1. September erringen. Mailand selbst war noch im Besitz der Anhänger Philipps V., aber Eugen besaß nun feste Stützpunkte in der Lombardei und hatte demonstriert, daß Leopold I. in der Lage war, seine Interessen zu verteidigen. Dies wiederum lieferte Wratislaw die notwendigen Argumente für die Erneuerung des Bündnisses von 1689 mit England und Holland.

Er war instruiert worden, daß der neue Bündnisvertrag dem Haus Österreich die spanische Erbfolge „in toto“ garantieren müsse. Wilhelm III. war aber weiterhin der Ansicht, daß nur eine Teilung als brauchbare Lösung in Frage käme. Wratislaw war privat derselben Ansicht, wie übrigens auch sein Mentor Kaunitz, aber er wies ausdrücklich darauf hin, daß Leopold I. Ansprüche auf die ungeteilte Erbschaft erheben müsse, um die Spanier zu beruhigen, die der Gedanke an eine Teilung mit großer Sorge erfülle. Tatsächlich hatte die Geheime Konferenz schon im Januar 1701 Leopold I. geraten, nicht auf die Unteilbarkeit zu pochen und Wratislaw die Instruktion mitzugeben, er, der Kaiser, sei zufrieden, wenn die Proportionen gewahrt blieben und das Mächtegleichgewicht nicht gestört würde. Widerstrebend hatte Leopold I. sich dazu durchgerungen, Italien als sein Hauptinteresse anzusehen. In den Bündnisverträgen durfte allerdings die Teilung nicht erwähnt werden.[7]

Die Seemächte waren nun allerdings keineswegs bereit, Leopolds Interessen in Italien zu verteidigen. Für das englische Parlament hatten Spanien und das Kolonialreich Vorrang, während für die Holländer die Barrierefestungen entlang der Grenze zwischen den Vereinigten Provinzen und den spanischen Niederlanden das Hauptproblem waren.[8] Die Engländer wollten also, daß Leopold I. um Spanien kämpfte, die Holländer dagegen, daß er sich darauf konzentrierte, die Niederlande zu erobern. Und Leopold selbst wollte den spanischen Thron für seinen Sohn Erzherzog Karl gewinnen. Weder er noch seine Minister hatten Interesse an den Niederlanden, die zu weit entfernt von Österreich waren, um jemals einen integralen Teil der österreichischen Erbländer bilden zu können.

Im März 1701 ließ Leopold I. dennoch Wratislaw wissen, daß er die Niederlande akzeptieren würde, wenn die Holländer nichts dagegen hätten, daß er die spanischen Territorien in Italien annektierte.[9] Widerstrebend gaben die Engländer ihre Zustimmung, aber die Holländer lehnten ab. Sie hofften, Ludwig XIV. zu einem friedlichen Kompromiß bringen zu können, wenn sie sich dafür einsetzten, daß Neapel und Sizilien weiter bei Frankreich blieben. Erst Eugens Siege in Italien und Marlboroughs Intervention zugunsten Wratislaws brachten die Holländer dazu zuzustimmen. Der Vertrag der Dreierallianz wurde am 7. September 1701 in Den Haag unterzeichnet. Leopold I. unterzeichnete ihn seinerseits sofort, als er am 19. September in Wien eintraf. So wurde wahr, was viele befürchtet hatten: Die spanische Erbfolge führte zu einem neuen europäischen Krieg, der nichts anderes war als ein Krieg um die dynastischen Interessen der Habsburger und der Bourbonen.

XVIII. Die Opposition übernimmt die Macht

Die Möglichkeit, Spanien für das Haus Österreich zu gewinnen, erschien im Jahre 1701 ziemlich gering. Die Geheime Konferenz hatte nur mehr eines im Sinn, die spanischen Besitzungen in Italien für das Haus Österreich zu sichern: Mailand und die Lombardei, weil ihr Besitz eine Garantie für Österreichs Sicherheit im Süden war, Neapel und Sizilien für Österreichs wachsende Interessen an der Adria. Als Eugen die Alpen überquerte, schien selbst diese bescheidene Teilung der spanischen Erbschaft noch über die verfügbaren Kräfte zu gehen. Aber Eugens Genialität und seine exzellente Kenntnis des Terrains machten ihn schnell zum Herrn der Lage, und als er Villeroy bei Chiari schlug, schien ihn nichts mehr von der Einnahme Mailands zurückhalten zu können. Sein Sieg aber verführte die Geheime Konferenz, die Zukunft in rosigem Licht zu sehen und die Schwierigkeiten komplett zu ignorieren, mit denen sich die kleine kaiserliche Armee in der Lombardei herumzuschlagen hatte.

In Wien hatte eine Gruppe von neapolitanischen Adligen Zuflucht gesucht, die sich in Opposition zum Statthalter von Neapel befand. Dieser hatte sich für den Bourbonen Philipp V. erklärt. Die Flüchtlinge verbreiteten nun in Wien das Gerücht von einem Aufstand gegen den Statthalter, und dieser Aufstand war auch tatsächlich geplant worden: Eine kleine Gruppe von Adligen hatte Erzherzog Karl zum König von Neapel proklamiert. Aber die Unfähigkeit der Anführer führte zur Niederschlagung des Aufstands, und die Folge war, daß weitere Emigranten in Wien eintrafen und Pläne ausbrüteten, wie sie mittels eines österreichischen Sieges in Süditalien wieder zu ihrem früheren Besitz kommen könnten.

Der Kaiser und sein Hof lauschten bereitwillig diesen verlockenden Projekten und erwogen alle Möglichkeiten für einen Feldzug gegen Neapel. Dabei unterschätzten sie aber die Größe der Armee, die sie für die Realisierung ihres Projektes benötigten. Die nach Italien entsandte, ursprünglich 40.000 Mann starke kaiserliche Armee war durch Desertion und Verluste erheblich reduziert worden. Eugen hatte bereits dringende Appelle um Verstärkung nach Wien geschickt, denn in den regnerischen Wintermonaten von 1701 vervielfachten sich die in den Schlachten erlittenen Verluste noch durch Seuchen.

Trotzdem tat Eugen, was er konnte, um nicht die errungene Initiative abgeben zu müssen. Im Februar 1702 entführte er bei einer kühnen nächtlichen Attacke auf das französische Hauptquartier in Cremona Marschall Villeroy, worüber ganz Europa lachte.[1] Aber die Franzosen erholten sich schnell von dieser Schlappe, und der Nachfolger Villeroys, Marschall Vendôme, erwies sich als ein wesentlich gefährlicherer, weil fähigerer Gegner.

Solange Starhemberg Präsident des Hofkriegsrats gewesen war, waren die militärischen Interessen mit einiger Bestimmtheit in der Geheimen Konferenz vertreten worden. Sein Nachfolger jedoch, Graf Mansfeld, hatte nur ein geringes militärisches Verständnis, und seine Kenntnisse stammten aus der vorigen Generation. Zwischen ihm und Eugen bestand eine unüberbrückbare Kluft verschiedenen Alters und ungleichen Temperaments. Eugens abenteuerliche Überfallstaktik fand Mansfeld abscheulich. Sie erinnere ihn an die Kuruzzen, meinte er verächtlich. Er war überzeugt, daß Eugen seine Schwierigkeiten übertrieb, um seine Siege glorioser hinzustellen. Und als Eugens Forderungen nach Geld, Soldaten und Nachschub immer schärfer klangen, zeigte sich Mansfeld immer gereizter und beantwortete sie schließlich gar nicht mehr.

Als Prinz Eugen entdeckte, daß die normalen Prozeduren ihm nicht weiterhalfen, schickte er seine Berichte jedem, von dem er annehmen konnte, daß er einflußreich genug war, um die Mauer des Schweigens in Wien durchbrechen zu können. Einer der Adressaten war Pater Bischoff, der Beichtvater Leopolds I. Zu Eugens Unglück waren gerade im Sommer 1702 die Männer der „Opposition" in alle Winde zerstreut. Wratislaw befand sich in London oder begleitete Marlborough auf seinen verschiedenen Reisen. Joseph machte einen Feldzug des Ludwig Wilhelm von Baden mit und konnte am 10. September die Eroberung Landaus beobachten. So war niemand am kaiserlichen Hof, der den Kaiser aus seiner Gleichgültigkeit aufgerüttelt hätte, und die Kaiserin Eleonore tat ihr Bestes, alle Nachrichten aus Italien zu filtern, um beunruhigende Wahrheiten vom Kaiser fernzuhalten.[2]

Im August 1702 befand sich Eugen daher in höchster Gefahr, durch Vendômes Truppen total von Österreich abgeschnitten zu werden. Verzweifelt verließ er daher seine starke Verteidigungsposition und trat am 15. August bei Luzzara zur offenen Schlacht an. Es wurde ein blutiger, verlustreicher Kampf, der aber immerhin Vendôme zum Rückzug brachte und Österreich drei relativ ruhige Monate bescherte. Wien jubelte über diesen neuen „Sieg", aber der Hofkriegsrat tat nichts, um die verzweifelte Situation seiner armseligen Truppen zu verbessern. Eugen stellte nun das Ansuchen, persönlich nach Wien kommen zu dürfen, nachdem er zwei Jahre nicht mehr am Wiener Hof gewesen war. Mansfeld jedoch witterte Gefahr und hielt die Petition, solange er konnte, zurück. Schließlich gab im Dezember 1702 Leopold selbst Eugen die Erlaubnis, in die Hauptstadt zurückzukehren. Dies sollte der erste Schritt der nun einsetzenden Machtübernahme der Opposition sein.

Von Wien aus gesehen, waren die Ereignisse des Jahres 1702 ganz dazu angetan, den Optimismus der Minister zu bestärken. Am 14. Oktober hatte Ludwig Wilhelm Villars bei Friedlingen geschlagen und damit für ein weiteres

Jahr die Vereinigung der französischen und der bayerischen Armee verhindert. Luzzara, Landau und Friedlingen: für die alten Räte in Wien Beweise genug, daß die Lage durchaus nicht hoffnungslos war. Als Eugen am 8. Januar 1703 in Wien eintraf, mußte er feststellen, daß die Situation weit verfahrener war, als er gefürchtet hatte. Es war eigentlich seine Absicht gewesen, unter den Beamten des Hofkriegsrats gerade so viel Unruhe zu erzeugen als nötig war, um zu den Verstärkungen und dem Geld zu kommen, das er in Italien brauchte. Nun mußte er sich eingestehen, daß nicht nur er Schwierigkeiten hatte. Von allen Seiten trafen ähnlich dringende Appelle um Geld, Material und Rekruten ein. Von Ludwig Wilhelm in Deutschland, bald danach aus Tirol und schließlich aus Ungarn, wo wieder ein Aufstand ausgebrochen war. Und immer noch taten die Minister nichts, vor allem nicht Mansfeld und der träge Hofkammerpräsident Salaburg, außer den Kaiser mit irreführenden Berichten über die kaiserlichen Erfolge in Italien zu erfreuen.

Prinz Eugen hatte sicher recht mit seiner Ansicht, daß die militärischen Probleme auf die Inkompetenz und persönliche Feindseligkeit der Minister zurückzuführen waren, womit er besonders Mansfeld und Salaburg meinte. Aber das Problem lag doch noch tiefer. Die strategische Planung auf globaler Basis verlangte eine fundamental neue Einstellung, die man von dem engstirnigen Hofkriegsrat in seiner jetzigen Zusammensetzung nicht erwarten konnte. Und auch die Hofkammer war nicht in der Lage, die komplizierten finanziellen Operationen der Seemächte zu verstehen, deren Kredite und Subsidien lebenswichtig waren. Ende 1703 wurde klar, daß die Monarchie mit ihren veralteten Strukturen einer allgemeinen Krisis entgegenging.

Die Wurzel aller Probleme war wie immer der Geldmangel. Nur mit Bargeld konnten die Truppen und ihre Offiziere bezahlt werden und Munition, Waffen, Kleidung, Essen und Zugtiere eingekauft werden. Ohne Geld war das System nur mehr eine Hierarchie von Beamten, die nichts taten, als Befehle hinunter- und Entschuldigungen hinaufzuleiten, ohne daß das geringste geschah. 1703 waren die Operationen des Kriegskommissariats praktisch zum Stillstand gekommen, da von der Hofkammer kein Geld und vom Hofkriegsrat keine präzisen Anordnungen kamen. Während Eugen den Hof gegen sich aufbrachte, weil er seinem Ärger in heftigen Auftritten Luft machte und, wo er nur konnte, gegen Mansfeld wetterte, lagen die Schwierigkeiten des Regimes eigentlich in der Hofkammer begraben, in dieser Hofkammer, von der Leopold I. glaubte, er habe sie mit der Hofkammerordnung von 1681 in Ordnung gebracht.

Die Leere der Schatzkammer war jahrelang durch die geschickten Manipulationen von Samuel Oppenheimer, dem „Hofjuden“, der dem ganzen Hof als Zielscheibe antisemitischen Spotts diente, verschleiert worden. Dieser erfolgreiche Bankmann war die wichtigste Geldquelle der Monarchie und der Hauptlieferant des Kriegskommissariats, und seine Zusammenarbeit mit der Schatzkammer hatte sich für beide als höchst profitabel erwiesen.[3] Aber Ende

April 1703 starb Oppenheimer, und mit ihm schwand das Vertrauen in seine Bank dahin, das trotz der großen Summen, die er der Krone geliehen hatte, kraft seines persönlichen Prestiges immer intakt geblieben war. Nach dem Zusammenbruch der Oppenheimerbank stand das Regime buchstäblich ohne Notgroschen da. Oppenheimers Tod war schließlich mehr als die militärischen Schwierigkeiten daran schuld, daß Leopold I. endlich die Initiative ergriff.

So widerwärtig es ihm war, seine alten Freunde zu verlassen, es blieb Leopold unter dem Druck seiner Gläubiger und Alliierten keine andere Wahl. Am 28. Juni 1703 entließ er Mansfeld aus seinem Amt als Hofkriegsratspräsident und entfernte Salaburg vom Posten des Hofkammerpräsidenten. Zwei Tage später ernannte er Eugen von Savoyen zum neuen Hofkriegsratspräsidenten und Gundaker Starhemberg zum Präsidenten der Hofkammer. Dieser besaß bereits den Ruf, ein geschickter Finanzmann zu sein, und war der jüngere Bruder von Ernst Rüdiger (Präsident des Hofkriegsrats bis 1701). Beide begannen, so gut sie konnten, das Haus zu reinigen, aber Eugen schrieb schon am Abend nach seiner Ernennung, er habe wenig Hoffnung auf Erfolg in einer so verfahrenen Situation.[4]

Am unmittelbarsten wirkten sich diese Veränderungen in der Geheimen Konferenz aus, wo nun die josephinische Partei über die Mehrheit verfügte. Kaunitz stellte sich ganz auf die Seite der reformbegierigen neuen Minister Starhemberg und Eugen. Und dazu kam Wratislaw, der sich zwar noch in diplomatischer Mission in England, Holland und Deutschland befand, praktisch aber schon als Außenminister agierte und nach Den Haag die Kopien der wichtigeren Depeschen geschickt bekam, um sie mit seinem Rat versehen zurück an die Geheime Konferenz und an Eugen zu schicken. Von seinen neuen Ministern bekam Leopold I. nun eine realistische Sicht der Situation vorgelegt, und dies schien ihn mit neuer Entschlußkraft zu erfüllen. Nachdem ihn erst die Umstände dazu zwingen mußten, neue Männer in die Konferenz aufzunehmen, stand er nun zu seinem Entschluß und unterstützte ihre Entscheidungen mit ganzer Autorität.

Die personellen Veränderungen waren kaum vorgenommen, als mehrere Gefahren zugleich das Reich bedrohten. Französisch-bayerische Truppen fielen im März 1703 in Oberösterreich und im Juni in Tirol ein. Im Osten drohten neue Unruhen, als in Konstantinopel wieder eine kriegslüsterne Partei an die Macht kam und Fürst Franz Rákóczi II. die Rebellion in Ungarn zu schüren begann. Mitten in diese Probleme platzte die Aufforderung der Seemächte, Österreich möge mit ihnen und Portugal Ansprüche auf das gesamte spanische Reich für Erzherzog Karl stellen.

Im März 1702 war nämlich Wilhelm III., der erste Befürworter einer Teilung, gestorben, und die Minister der Königin Anne entwickelten nun, angestachelt von einem wesentlich aggressiveren Parlament, bei weitem expansivere Kriegsziele als bisher. Schon lange war es ein Ziel der englischen Politik gewesen, das spanische Handelsmonopol in seinem Kolonialreich zu brechen. Erzherzog Karl als Thronanwärter zu propagieren schien nun ein erfolgversprechendes Mittel zu sein. Diese Wendung weg von der ursprünglichen Teilungsidee zu der Unterstützung von Leopolds ursprünglich gestellten Ansprüchen auf die spanische Erbschaft in toto kristallisierte sich in den Verhandlungen heraus, die schließlich zu Portugals Beitritt zur Koalition gegen Frankreich führten.

Mit dem Segen der Königin Anne und des Parlaments setzten der Kaufmann und Politiker John Methuen und sein Sohn Paul ihren ganzen Einfluß in Lissabon ein, um Pedro II. von seiner Allianz mit Frankreich zu lösen. Nach langen Verhandlungen 1702 und 1703, während denen es oft zu heftigen Unstimmigkeiten zwischen den Methuens und Leopolds verschrobenem Botschafter Waldstein kam, wurde schließlich ein Vertrag ausgearbeitet. Pedro II. versprach, mit Frankreich zu brechen und Philipp V. den Krieg zu erklären, vorausgesetzt, die Seemächte übernähmen die Hauptlast des Krieges und belohnten Portugal reichlich (in Form von Geld und zukünftigen Eroberungen) für seine bescheidene Beihilfe. Pedro II. stellte auch die Forderung, daß Erzherzog Karl nach Portugal käme, damit man einen Führer hatte, in dessen Namen man die „Befreiung" Spaniens durchführen konnte. Der erste Artikel des am 16. Mai 1703 in Lissabon unterschriebenen Vertrags verpflichtete Leopold I. dazu, Karl als König von Spanien zu proklamieren und ihn dann sofort nach Lissabon zu schicken.

Waldstein hatte ernste Zweifel an diesem Vertrag. Er wußte, daß der Ehrgeiz Englands und Hollands weit über Leopolds unmittelbare Ziele hinausging, auch wenn sie im Moment mit dem Wunsch des Kaisers übereinstimmten, Karl auf dem spanischen Thron zu sehen. Als der Text des Vertrages Wien erreichte, widersetzte sich zunächst die Konferenz der Ratifizierung, riet aber schließlich dennoch dazu, weil man zu der Ansicht gelangte, daß Österreich nicht riskieren konnte, den Beistand Englands zu verlieren. Leopold I. schloß sich ebenfalls dieser Ansicht an, obwohl sein Gewissen ihn quälte und er berechtigte Zweifel daran hegte, ob es richtig sei, seinen Lieblingssohn nach Spanien zu entsenden, mit einer protestantischen Flotte und unter dem Schutz von protestantischen Soldaten.

Bevor Karl Wien verlassen konnte, mußten erst einige schwerwiegende Familienangelegenheiten geregelt werden. So ließ Leopold I. seine beiden Söhne eine Vereinbarung unterschreiben, in der die spanischen Besitzungen in Norditalien Joseph als Römischem König zugesprochen wurden. Joseph selbst hatte darauf bestanden, und der Konferenz gelang es, Leopold I. klarzumachen, daß es hier um die Verteidigung der österreichischen Interessen ging, auch wenn die Vereinbarung Karl verärgerte und zu einer gewissen Spannung zwischen den beiden Brüdern führte. Der Familienvertrag, der am 5. September 1703 unterschrieben wurde, spiegelte die neue Sicht der Minister von den Interessen Österreichs wider und war ein Beweis dafür, wie sehr diese Interessen bereits über die dynastischen Erwägungen dominierten. Zugleich aber zwang das Dokument Karl dazu, der Teilung eines Königreichs zuzustimmen, das er erst noch erobern mußte.

Genau eine Woche später, am 12. September, fanden zwei weitere zeremonielle Handlungen in der „Favorita" statt. Leopold I. und Joseph verzichteten auf ihre Ansprüche bezüglich der spanischen Krone. Dann begaben sich der Kaiser und seine Söhne zu einer Sitzung von elf Räten, also einer etwas erweiterten Geheimen Konferenz, und hier verlas Leopold I. laut einen geheimen Pakt über die Regelung der Nachfolge im Haus Österreich im Falle fehlender männlicher Erben Josephs. Dieses „pactum mutuae successionis" gab Karl das Recht, Joseph in Österreich, Ungarn und Böhmen zu beerben, und sah vor, daß, wenn es keine männlichen Erben gab, die älteste Tochter des letzten männlichen Erben diesem auf dem Thron nachfolgen sollte.[5] Leopold I., Joseph und Karl schworen feierlich, vor den Räten als Zeugen, diese Vereinbarung zu respektieren. Nachdem dies erledigt war, begab sich Leopold I. in ein weiteres Zimmer, wo er vor einer größeren Versammlung von Höflingen kurz den Verzicht verkündete und Karl zum König von Spanien proklamierte. Daraufhin ging Graf Harrach ins Vorzimmer und verkündete die Thronbesteigung Karls den versammelten Diplomaten und Würdenträgern. Der Pakt über die Thronfolge blieb bis 1713 geheim.

Nachdem er, so gut er konnte, auf diese Weise für seine Dynastie vorgesorgt hatte, nahm Leopold I. voller Schmerz Abschied von seinem Sohn, der am 19. September von Wien abreiste. Leopold I. hatte gehofft, daß man einen Weg finden könnte, um Karl, wenn er über Italien reiste, eine katholische Eskorte mit auf den Weg geben zu können, aber es sollte nicht sein. Karl mußte, um Bayern zu umgehen, den Umweg über Hannover, die nördlichen Niederlande und England machen. Er brach in eine Zukunft auf, die genauso unsicher aussah wie das Schicksal der Habsburgerdynastie.

Die französische Strategie für 1703 konzentrierte sich auf Bayern. Villars bekam den Befehl, sich mit Max Emanuel zu vereinen und in Österreich einzumarschieren, während Vendôme mit seiner Armee aus Italien dazustoßen sollte.[6]

Diesmal erkannte der Hofkriegsrat rechtzeitig die Gefahr und schickte eine Streitkraft unter General Schlick nach Bayern. Sie wurde jedoch bei Passau von Max Emanuel geschlagen. Dieser wandte sich, nachdem er auch in Oberösterreich die sich sammelnden österreichischen Truppen auseinandergetrieben hatte, weiter westlich, um sich mit den Franzosen zu vereinen. Mitte Mai 1703 hatte Villars den Schwarzwald durchquert und traf mit Max Emanuel am Oberlauf der Donau zusammen. Hier legte er ihm nun den französischen Plan für die Einnahme Wiens vor. Der Moment schien günstig, denn der Hofkriegsrat hatte die meisten österreichischen Garnisonstruppen gerade nach Ungarn verlegt, und Vendôme war bereit, einen Teil seiner italienischen Armee über die Alpen marschieren zu lassen, damit sie die Invasion unterstützten.

Merkwürdigerweise aber lehnte Max Emanuel den französischen Plan ab. Die Truppenstärke reiche nicht aus, um Wien zu nehmen, gab er zu bedenken. Wahrscheinlich aber befürchtete er, daß die Franzosen ihm hier eine Falle stellen wollten. Denn nach dieser Aktion würde er nie mehr die Chance haben, sich mit Leopold I. zu versöhnen. Jedenfalls schlug er vor, daß die französisch-bayerischen Einheiten zunächst einmal Tirol einnehmen sollten, um Leopolds Verbindung mit Italien abzuschneiden. Villars akzeptierte.

So wurde Tirol, das hundertfünfzig Jahre vom Krieg verschont geblieben war, plötzlich von über 12.000 bayerischen und französischen Soldaten überfallen. Tirol war erst 1665 direkt Österreich eingegliedert worden (nach dem Aussterben der Tiroler Linie der Habsburger) und hatte sich einen größeren Grad von Unabhängigkeit als sämtliche anderen österreichischen Länder bewahren können. Die Stärke Tirols bildete seine Volksmiliz, das Landaufgebot, das praktisch alle Männer des Landes zu Wehrübungen heranziehen konnte. Dadurch war Tirol vielleicht das wehrtüchtigste Land in ganz Europa geworden. Vor allem aber waren die Tiroler in der Lage, sich in kürzester Zeit zu bewaffnen, und verstanden es auch, mit diesen Waffen umzugehen.

Schon im Mai 1703 warnte der Tiroler Landtag vor einer möglichen Invasion und begann mit der Aktivierung des Verteidigungssystems. Da man aber lange keinen Gebrauch mehr davon gemacht hatte, funktionierte es bei weitem nicht so, wie es sollte. Den Krieg kannten die Befehlshaber ja nur vom Hörensagen und vom Paradeplatz; wie man aber die Truppen im Ernstfall mobilisierte und dirigierte, davon hatten sie wenig Ahnung. In sträflichem Leichtsinn verabsäumte es General Gschwind, die Pässe von Bayern nach Tirol zu sperren.

Max Emanuel konnte daher, ohne daß ihm der geringste Widerstand entgegengesetzt wurde, nach Tirol einmarschieren und nahm am 18. Juni 1703 die Festung Kufstein ein. Die Bauern flohen vor ihm durch das Inntal nach Innsbruck, wo sie ihren Zorn an den Ständen und namentlich an General Gschwind ausließen, der sich nur mit Mühe vor dem aufgebrachten Volk in Sicherheit bringen konnte. Max Emanuel nutzte die allgemeine Verwirrung und zog am 2. Juli in Innsbruck ein, wo die kaiserlichen Beamten vor ihm den Huldigungseid ablegen mußten. Daraufhin ließ er sich frische Truppen aus Bayern kommen, besetzte den Brenner und schickte seine Soldaten aus, um die Festungen im Inntal zu besetzen.

Aber der allzu leichte Sieg sollte sich in einen Alptraum verwandeln, als die Tiroler sich von ihrem Schock erholten und begannen, ihre Verteidigung zu organisieren. In Südtirol trat die Volksmiliz zusammen, um Brixen zu verteidigen, wo sich eine provisorische kaiserliche Regierung gebildet hatte. Andere Miliztruppen eroberten den Brenner zurück. Im oberen Inntal schlugen Tiroler Einheiten ein französisch-bayerisches Truppenkontingent zurück und vernichteten es buchstäblich bis auf den letzten Mann durch einen sorgfältig geplanten Erdrutsch. Die fliehenden Überlebenden wurden von Tiroler Scharfschützen von oben her erschossen.

Am 17. Juli versuchte Max Emanuel, den Brenner zurückzuerobern. Aber als er zu diesem Zweck seine schweren Einheiten aus Innsbruck abzog, erhob sich hinter ihm das ganze Inntal. Stadt für Stadt befreite sich von den Besatzern, und der Kurfürst mußte plötzlich damit rechnen, total von Bayern abgeschnitten zu werden. „Wenn du nur wüßtest", schrieb er am 28. Juli an seine Frau, „was das heißt, ein bewaffnetes Volk in den Bergen zu bekämpfen!"[7] Am 21. August trat er die Flucht nach München an und hatte die vielleicht demütigendste Erfahrung erlitten, die es für einen Fürsten gab, der sich für einen großen General hielt: von Bauern besiegt zu werden.

Damit war jedoch die Gefahr für die Tiroler nicht beendet; denn von Süden her marschierte Vendôme über die Alpen. Durch die ersten Berichte von den bayerischen Siegen ermutigt, ließ er am 19. Juli seine Marschkolonnen an beiden Ufern des Gardasees nach Norden marschieren, gerade als dem Kurfürsten die fürchterliche Niederlage am Brenner bereitet wurde. Vor Trient versperrten ihm von Prinz Eugen eilig entsandte österreichische Einheiten den Weg, während von den Bergen aus das „bewaffnete Volk" seine Soldaten überfiel.

Zu diesem Zeitpunkt war bereits klar, daß Max Emanuels Invasion gescheitert war. Trotzdem bombardierte Vendôme eine Woche lang, vom 1. bis 7. September, Trient, dann zog er nach Süden ab, um mit Viktor Amadeus II. zu verhandeln, der gerade im Begriff war, sich von Frankreich zu trennen und der Koalition beizutreten. Tirol war frei, nur Kufstein war noch in der Hand einer starken bayerischen Garnison. Max Emanuel besetzte Augsburg und Passau und rückte mit dem Rest seiner Armee in Oberösterreich ein, wo er die hilflosen Bauern zwang, seine Truppen unterzubringen und zu verpflegen.

Im Osten ging es nicht weniger beunruhigend zu. Zwar war 1687 in Ungarn die Ruhe hergestellt worden, aber es war deshalb noch lange nicht wirklich friedlich. Durch die Trägheit der Wiener Regierung in den Jahren nach Zenta hatte sich der alte Wettstreit zwischen den Komitatsbehörden und den Vertretern der Zentralregierung weiter verschärft, und die Bemühungen des hochangesehenen Erzbischofs Széchényi um Frieden wurden beständig durch das hochmütige, kompromißlose Verhalten der österreichischen Beamten unterminiert, welche kamen, um die vom ungarischen Standpunkt aus ungesetzlichen Kriegskontributionen einzutreiben. Bauernaufstände entlang der Theiß waren ebenfalls eine Warnung, die von Wien ignoriert wurde. Man wartete nur noch auf einen Führer.

Franz II. Rákóczi schien für diese Rolle geboren zu sein. Als Enkel eines siebenbürgischen Fürsten und Peter Zrinyis war er im Haus seiner Mutter Helene Zrinyi und seines Stiefvaters Emmerich Thököly aufgewachsen. Im Alter von siebenundzwanzig Jahren überredete ihn 1703 sein Freund Nikolaus Bercsényi, die Führung im Freiheitskampf seiner Kompatrioten zu übernehmen.

Rákóczi begann im Mai, seine Leute um sich zu scharen, aber die Geheime Konferenz war so mit der Invasion in Tirol beschäftigt, daß sie den Aufstand erst im Juli ernst nahm, als eine aufständische Armee von 8000 Mann durch Ungarn zog, königliche Beamte gefangennahm und den ganzen österreichischen Verwaltungsapparat zerstörte. Verständlicherweise waren die Franzosen hocherfreut, daß der alte rebellische Geist sich wieder regte, und schickten prompt wieder Subsidien, die sich noch immer für Frankreich als gute Investition erwiesen hatten.[8]

Kuruzzenbanden drangen die Donau hinauf bis ins Wiener Becken vor. Die kaiserlichen Garnisonstruppen konnten sie nicht stoppen. Hastig befahlen nun der Hofkriegsrat und die Stadtbehörden, daß neue Befestigungen rund um Wien gebaut wurden. In der Stadt ging das Gerücht um, Leopold I. bereite die Flucht nach Kärnten vor. Der holländische Botschafter Hamel-Bruynincx schrieb am 16. Januar 1704 an Heinsius, in Wien stehe es so schlecht, daß das Haus Österreich seinem Ende entgegenzugehen scheine.

Angesichts der Katastrophen des letzten Jahres war dieser Pessimismus gar nicht so unbegreiflich. Aber Freund und Feind unterschätzten doch die Stärke der Regierung. Leopolds konsequente Unterstützung der neuen Minister wirkte sich bereits positiv aus. So bestand kein Zweifel daran, daß Prinz Eugen die wichtigste politische und militärische Persönlichkeit des Reiches geworden war. Durch seine enge Zusammenarbeit mit Wratislaw, der sich wiederum mit Marlborough sehr gut verstand, konnte Eugen endlich jene breitangelegte Strategie entwickeln, die bisher den österreichischen militärischen Operationen gefehlt hatte.

So gelang es Wratislaw, Marlborough davon zu überzeugen, daß er Bayern zum Schauplatz des Feldzugs von 1704 wählen sollte, und Eugen dazu zu bringen, selber den Oberbefehl über die kaiserliche Armee zu übernehmen. Als sich Marlborough und Eugen zum ersten Mal trafen, erkannte einer sofort im anderen den Bruder im Geiste, und aus ihrem wechselseitigen Respekt entwickelte sich die so seltene Partnerschaft zwischen zwei Heerführern verschiedener Nation.

Eugen verführte die Franzosen durch geschicktes Manövrieren, Marschall Tallard mit einer größeren Streitkraft zu den Bayern zu entsenden, während Marlborough, nachdem er sich die lästigen holländischen Felddeputierten vom Hals geschafft hatte, seine glänzend ausgerüstete englische Armee ostwärts marschieren ließ, um sich mit Eugen an der Donau zu vereinen. Hier beschlossen sie gemeinsam, eine große Schlacht zu riskieren. Und diese Schlacht, die den Österreichern als die Schlacht von Hochstädt, den Engländern als Schlacht bei „Blenheim" (Blindheim) in Erinnerung geblieben ist, wurde ein brillanter und entscheidender Sieg für Marlborough und Eugen. Die französisch-bayerische Armee wurde vernichtend geschlagen und Tallard mit 9000 Soldaten gefangengenommen. In die Hände der Sieger fielen außerdem der ganze Gepäckszug und „34 Wagen mit französischen Frauen".[9]

Die politischen Folgen des Sieges machten sich sofort bemerkbar. Die Franzosen zogen sich aus Süddeutschland zurück, Max Emanuel ernannte seine Frau zur Regentin in München und floh mit seinen Mätressen nach Brüssel. Von Wien eilte Joseph heran, um Eugen bei der Belagerung Landaus zuzuschauen, welches die Franzosen 1703 zurückerobert hatten. Die neue bayerische Regierung suchte sofort um Frieden an, und das Friedensgesuch kam praktisch einer Kapitulation gleich. Max Emanuels polnische Gemahlin behielt den Herrschertitel und das Einkommen aus dem persönlichen kurfürstlichen Erbe, der bayerische Staat und seine Einkünfte kamen unter kaiserliche Verwaltung.

Hochstädt/Blenheim war ein weiteres „Wunder des Hauses Österreich"; es sollte für Leopold I. das letzte sein. Da ihm Alter und Krankheit schwer zusetzten, kümmerte er sich immer weniger um die Staatsgeschäfte. Sie befanden sich ohnedies schon fast zur Gänze in den Händen der Männer, die seinem Nachfolger bereit waren zu dienen. Selbst die Siegesfeiern ermüdeten ihn nur, und so zog er sich ganz in den Kreis der Familie zurück und widmete sich der Musik und seinen Büchern, seiner Kuriositätensammlung und seinem Glauben. Den Männern, die sein Reich vor dem Verderben gerettet hatten, drückte er wie gewöhnlich seine tiefe und aufrichtige Dankbarkeit aus, und Marlborough verlieh er die Würde eines Reichsfürsten. Eugen von Savoyen war nicht nur sein mächtigster Minister, er war in seinen Diensten auch einer der reichsten Männer Europas geworden.

XIX. Epilog

Am 17. April 1705 vermerkte Obersthofmeister Graf Harrach in seinem Tagebuch, daß der Kaiser dem Rat seiner Ärzte gefolgt war und eine Jagd in Laxenburg abgesagt hatte. Am Abend desselben Tages zeigten sich bei ihm die Symptome einer oder mehrerer leichter Herzattacken; schmerzhafter Druck auf der linken Seite, Atemnot, Appetitlosigkeit. Noch immer empfing er am Morgen seine Hauptberater und gab am Nachmittag Audienzen. Um der anhaltenden Atemnot Abhilfe zu schaffen, verabreichten die Ärzte nach drei Tagen ein Abführmittel, welches eine unerwartet heftige Wirkung hatte. Am nächsten Tag schien sich der Kaiser besser zu fühlen. Er konnte sogar wieder musizieren. Die Besserung war jedoch nur von kurzer Dauer. Er fühlte sich bald so geschwächt und litt unter derartiger Atemnot, daß er nach seinem Beichtvater schickte. In den Kirchen Wiens wurden Gebete für seine Genesung gelesen; der Hof stellte sich bereits auf das Unvermeidbare ein.

Da man ihn von früh auf gelehrt hatte, sich auf den Tod vorzubereiten, erwartete Leopold I. ihn nun gelassen und fromm.[1] Am 26. April unterschrieb er sein letztes Testament, das Seilern für ihn vorbereitet hatte. Zwei Tage später übergab er Joseph die Regierungsgeschäfte, quälte sich noch eine Woche und starb schließlich am frühen Nachmittag des 5. Mai bei vollem Bewußtsein. Mit ruhiger, klarer Stimme nahm er Abschied von seiner Familie und seinen Dienern.

Dieses ruhige Ende einer so langen Regierung hatte keine politischen Überraschungen zur Folge. Keine Kuriere flogen aus, um die Nachricht zu denen zu bringen, die auf ihre Machtergreifung warteten. Josephs Männer hielten bereits die höchsten Ämter besetzt oder standen auf der Anwärterliste.[2] Nur bei den zeremoniellen Ämtern des kaiserlichen Haushalts, die gewöhnlich von den persönlichen Günstlingen des neuen Monarchen besetzt wurden, waren in den nächsten Wochen einige Umbesetzungen zu verzeichnen.

Während sich der Hof den vorgeschriebenen Trauerfeierlichkeiten widmete,[3] die einem Kaiser galten, der immerhin drei Generationen von Ministern überlebt hatte, ging der europäische Krieg in voller Stärke weiter. Wer von dem neuen Monarchen auf der Stelle umwerfende Reformen erwartet hatte, wurde daher enttäuscht. Eugen von Savoyen erhielt die Nachricht von Leopolds Tod in Italien, wo er versuchte, zugleich den italienischen Feldzug und den Hofkriegsrat zu leiten. Durch seine Energie und Gründlichkeit funktionierte die militärische Verwaltung nun besser als vorher, aber eine grundlegende Reform des Systems mußte auf ruhigere Tage verschoben werden. Dasselbe galt für die Hofkammer unter Gundaker Starhemberg.

Mitten in einem Mehrfrontenkrieg mußten sich nun auch Josephs Minister darauf beschränken, aus der Situation das Beste zu machen; die Kredite und Subsidien aus England und Holland blieben nach wie vor die wirksamsten Mittel, der Katastrophe zu entgehen.

Immer noch ermutigten die Franzosen in aller Offenheit den Rákóczi-Aufstand in Ungarn, und immer noch hielten die Seemächte die Rebellen eigentlich für Opfer der habsburgischen Intoleranz auf religiösem Gebiet. Dabei waren Rákóczi und viele seiner Anhänger Katholiken. Joseph besaß für die Ungarn wesentlich mehr Sympathie als sein Vater, aber die Einmischung seiner eigenen Verbündeten machten seine besten Absichten zunichte, schwächten seine Autorität und vergifteten zugleich seine Beziehungen mit den Alliierten, ohne deren Geld er keinen Krieg führen konnte.

Die österreichische Besetzung Bayerns, eine der wichtigsten Folgen des Sieges von Hochstädt, stellte sich sehr bald als kostspielige Operation heraus. Die schlecht bezahlten Besatzungstruppen trieben ihren Soldrückstand bald von ihren Quartiermachern ein, und die Wiener Regierung erhob zusätzliche Sonderkontributionen, um die chronisch leere Kriegskasse aufzufüllen. Ende Juli 1705 befahl der Hofkriegsrat außerdem eine Sonderrekrutierung bayerischer Soldaten, die zum Dienst in der kaiserlichen Armee gepreßt wurden. Die jungen Bayern flohen daraufhin in die Berge und versteckten sich vor den Rekrutierern im Wald, wo sie sich bald zu Guerillabanden organisierten. Sie verstanden es, die Besatzungstruppen so zu terrorisieren, daß diese bald verstärkt werden mußten. Im Oktober standen in Bayern bereits über 7000 Soldaten, die man lieber auf anderen Kriegsschauplätzen eingesetzt hätte.

Während Josephs sechsjähriger Regierungszeit aber zeigten seine Minister, daß sie mit den Schwierigkeiten immer besser fertig zu werden wußten. Alles, was an Mitteln zur Verfügung stand, wurde eingesetzt, um Österreichs Großmachtziele zu verwirklichen, und mit der großzügigen Hilfe des englischen Parlaments und der nur ungern gewährten, aber ebenso gern akzeptierten Unterstützung der Holländer gelang es Prinz Eugen und Marlborough, Frankreich in Schach zu halten und fast niederzuringen. In Barcelona hielt Erzherzog Karl hinter den englischen Bajonetten Hof und wartete darauf, daß ihm die spanische Krone zugesprochen würde.

Die imponierenden Erfolge der Koalition bannten für den Moment jeden Gedanken an eine Teilung Spaniens. „Kein Friede ohne Spanien“ lautete die Parole in London und Amsterdam. Tatsächlich streckte Ludwig XIV. 1709 seine Friedensfühler aus und versprach, den Alliierten weitmöglichst entgegenzukommen. Spanien sollte Karl von Österreich bekommen, den Engländern wurden koloniale und kommerzielle Konzessionen in Aussicht gestellt, den Holländern eine undurchdringliche Festungsbarriere. Nur in einem Punkt blieb Ludwig XIV. hart. Er weigerte sich, als Verbündeter der Koalition seinen Enkel aus Madrid zu vertreiben. Und als die Alliierten sich in diesem Punkt auf keinen Kompromiß einlassen wollten, stoppte Ludwig XIV. die Verhandlungen und machte sich verbissen daran, die eigenen Grenzen zu verteidigen.

Die Gelegenheit, die sich die Alliierten in Den Haag hatten entgehen lassen, kam nie wieder. Denn trotz seiner wirtschaftlichen Erschöpfung und dem härtesten Winter seit Menschengedenken kämpfte Frankreich weiter, während die Alliierten bereits kriegsmüde waren. In England verstärkten sich die Stimmen, die ein schnelles Ende der Schlächterei forderten. Anfang 1711 zeigte die Koalition bereits Risse, und nach dem plötzlichen Tod Josephs brach sie auseinander. Joseph hatte sich im April 1711 an den Pocken angesteckt und war schon auf dem Weg der Genesung, als er plötzlich unerwartet einen Rückfall erlitt und am 17. April starb. Da er nur zwei Töchter und keinen Sohn besaß, erbte auf Grund des Familienpakts von 1703 sein Bruder Karl die österreichische, böhmische und ungarische Krone, zusammen mit dem dynastischen Anspruch auf die Kaiserkrone. Die Seemächte einigten sich daraufhin schnell auf die bourbonische Thronfolge in Spanien. Die biologische Glückssträhne der Habsburger war zu einem vorläufigen Ende gekommen.

1713 schlossen die Seemächte in Utrecht mit Frankreich Frieden, indem sie die bourbonische Thronfolge in Spanien sanktionierten. Und nach einem weiteren, nichts entscheidenden Feldzug begab sich 1714 auch Eugen von Savoyen zu Friedensverhandlungen nach Rastatt. Damit war der lange dynastische Kampf um Spanien beendet. Bitter enttäuscht umgab sich Karl VI. mit spanischen Emigranten, Mitgliedern seines früheren Hofstaats, und träumte von den goldenen Tagen seiner Jugend in Barcelona. Sein ganzes Leben konnte er nicht verstehen, warum Spanien seine Liebe so wenig erwidert hatte.

Leopold I. war in der Hoffnung gestorben, daß das Weltreich seiner illustren Vorfahren den Angriff Frankreichs überstehen und das große habsburgische Erbe keinen Schaden leiden würde. Aber als sein Sohn Karl sieben Jahre später als Kaiser nach Wien zurückkehrte, waren die Bande mit Spanien durch die zwischen den Alliierten und Frankreich ausgearbeiteten Friedensbedingungen bereits zerschnitten. Selbst wenn Leopold länger gelebt hätte, hätte es wohl kaum eine andere Lösung des Konflikts gegeben. Die Jahre 1709 bis 1714 bestätigten nur auf einer breiteren Skala die Erfahrungen, die Österreich schon bei früheren Koalitionen gegen Frankreich gemacht hatte. Josephs Tod 1711 war dynastisch gesehen ein Unglück, aber es war nur mehr der Anlaß und die Entschuldigung für die Seemächte, sich aus den eingegangenen Verpflichtungen zurückzuziehen, bevor die Kosten eines Weltkriegs ihrer wirtschaftlichen Stärke weiteren Schaden zufügten.

Die nun doch vorgenommene Teilung Spaniens kam dem 1701 von Wratislaw und Wilhelm III. ausgehandelten Projekt sehr nahe. Österreich übernahm, wenn auch ungern, die spanischen Niederlande und bekam außerdem die so begehrten italienischen Besitzungen zugesprochen. Die Verträge von Utrecht und Rastatt wurden von der Ostpartei am Wiener Hof befriedigt als Siege verbucht, hatten sie sich doch immer für die Konsolidierung der Monarchie an der Donau eingesetzt, auch wenn dabei die alten dynastischen Bindungen an Spanien geopfert werden mußten.

Leopold I. war dagegen immer für die Union mit Spanien und ein unerbittlicher Feind Frankreichs gewesen, und es war sein Glück, daß England und Holland in ihm einen zwar kostspieligen und oft unbequemen, aber doch willkommenen Alliierten in ihrem Kampf gegen die französische Übermacht auf dem Kontinent sahen. Ihre Kredite und Subsidien glichen die Diskrepanz zwischen der wirtschaftlichen und militärischen Potenz Frankreichs und der Armut der Habsburger aus.

Nur das drohende Unheil im Osten konnte Leopold I. 1664 und 1683 dazu bewegen, seine Aufmerksamkeit von Frankreich abzuwenden. Während er sich mit ganzem Herzen dem Kreuzzug gegen den Islam widmete, war er überzeugt, daß Gott ihn nicht nur hier, sondern auch in seinem Kampf gegen Frankreich unterstützen werde. Denn beleidigte diese christliche Macht nicht ständig Gott, indem sie die Türken dazu ermunterte, ihre christlichen Nachbarn zu überfallen, derweil sie ohne jedes Recht in fremde Provinzen einfiel? Die Gründung der Heiligen Liga war der adäquate Audruck für Leopolds kämpferische Frömmigkeit, so wie sich in der Liga von Augsburg seine Entschlossenheit manifestierte, alles zu verteidigen, was zu seinem Erbe gehörte.

Leopold I. ist oft als ein unentschlossener Monarch charakterisiert worden, dabei stehen seine politischen Entscheidungen durchaus in einem logischen Zusammenhang, und er besaß feste Ansichten über seine Pflichten als christlicher Kaiser und Habsburger. Auch war er bereit, die volle Verantwortung für die getroffenen Entscheidungen zu tragen. Freilich zögerte er oft, bevor er sich entschied, und zwar immer dann, wenn keine der Alternativen eindeutig den Interessen seines Hauses oder seines Glaubens dienten. Ließen ihm jedoch die Ereignisse allem Anschein nach keine Wahl, dann agierte er schnell und bestimmt. Aber sein tiefes Vertrauen in die Vorsehung verstärkte eher seinen eingewurzelten Sinn für Vorsicht, und der Erfolg vieler seiner Unternehmungen konnte ihn darin nur bestätigen. Er besaß die glückliche Veranlagung, in den Ereignissen, die ihn zum Handeln zwangen, nicht das Wirken des blinden Zufalls zu erblicken, sondern die sichtbaren Teile von Gottes unsichtbarem Plan.

Obwohl der katholische Glaube ohne Zweifel die Politik Leopolds I. entscheidend beeinflußte, darf man deshalb nicht annehmen, daß dieser Mann sich von seinen jesuitischen Beichtvätern und klerikalen Freunden beherrschen ließ.[4] Emmerich Sinelli, Kardinal Buonvisi und vor allem Marco d'Aviano übten zwar einen großen persönlichen Einfluß auf den Kaiser aus, aber integer, wie sie waren, vermieden sie es sorgfältig, ihren Einfluß zu mißbrauchen. In diesem

Punkt waren sie wesentlich gewissenhafter als viele von Leopolds weltlichen Beratern oder als einige Mitglieder seiner Familie. Leopold I. berief auch niemals Kleriker auf Ministerposten. Daß ihr Einfluß sich in Grenzen hielt, beweist allein die Tatsache, daß die Kirchenmänner am Hof, die als Söhne Roms gewöhnlich der Ostpartei angehörten, es nicht fertigbrachten, den Kaiser dazu zu bringen, Frieden mit Frankreich zu schließen und sich allein auf den Kreuzzug gegen den Islam zu konzentrieren.[5]

Erst nach 1683 war es Leopold I. nicht mehr möglich, sich wie bisher auf die antifranzösische Politik zu konzentrieren. Die südöstlichen Ebenen, die untere Donau und die Balkanstaaten fesselten Österreichs Aufmerksamkeit mit der Aussicht auf einen Machtzuwachs, dem kaum eine Regierung hätte widerstehen können. Das „befreite" Ungarn mußte nun auch regiert werden, auch wenn die Ungarn selbst ganz anders darüber dachten. Schritt für Schritt veränderte der Osten die Politik in Wien, bis sich schließlich auch die Monarchie von Grund auf änderte.

Der Regierungsstil der Habsburger war zwar traditionsbedingt sehr kosmopolitisch angelegt, aber dennoch stellte nun die Herrschaft über das lockere Konglomerat östlicher Nationalitäten mit einer Vielfalt religiöser Bekenntnisse und sprachlicher und kultureller Traditionen die Monarchie vor eine schwierige Aufgabe. Andererseits half diese Aufgabe, den Verlust Spaniens zu verschmerzen, indem der imperiale Ehrgeiz des Hauses Österreich in eine andere Richtung gelenkt wurde.

Die Regierung Leopolds I. umfaßte also sowohl das Ende des alten habsburgischen Familienunternehmens als auch den Beginn der neuen Macht an der Donau. Diese erwies sich 1705 immerhin schon als so stabil, daß sie einen langen Krieg und einen neuen Aufstand in Ungarn ohne großen Schaden überstand.

Nach der Vertreibung der Türken aus dem zentralen Donaubecken erlebten die Erbländer eine Periode der Sicherheit und des wirtschaftlichen Aufschwungs. Die Kolonisierung der neu hinzugewonnenen Gebiete führte zu einem Zuwachs der ländlichen Bevölkerung, die damals noch die Basis jeder Gesellschaft bildete, und dieser Zuwachs ging weiter, trotz Seuchen und Kriegen zu Beginn des 18. Jahrhunderts. Eine rege Bautätigkeit legt Zeugnis ab von dem relativen Wohlstand dieser letzten Jahre seiner Regierung; denn es wurden nicht nur Kirchen, Klöster und Paläste erbaut, sondern auch Bauernhäuser, Marktstädte, Straßen und Brücken. All dies konnte unmöglich von einer Gesellschaft geleistet werden, der eine habgierige Regierung jeden Spargroschen abknöpfte.

Die Rolle, die Leopold I. selbst bei der Bildung der neuen Großmacht spielte, war einerseits bescheiden, andererseits von grundlegender Bedeutung. Mit wenigen Ausnahmen leisteten die Männer seiner Wahl ihm gute Dienste, besonders seine Soldaten und Diplomaten. Ergebenheit und Treue gingen ihm über alles, und er verstand sie zu belohnen, auch wenn es sich manchmal um fachlich nicht gerade hervorragende Leute handelte. Seine Neigung, allzu leicht zu vertrauen, und seine profunde Unkenntnis in Gelddingen schufen allerdings für Korruption an seinem Hof die besten Voraussetzungen. Es ist eigentlich überraschend, wie wenige seiner Mitarbeiter dies ausnutzten.

Zum Kummer mancher seiner Nachfahren war Leopold I. aber keineswegs ein Apostel des „Dranges nach Osten“, eines deutschen Nationalismus oder etwa der „Vereinigten Staaten von Europa“.

Es geschah jedoch in seinem Namen, daß sich die österreichische Monarchie so weit wie nie zuvor in den Balkan hinein erstreckte, nach Albanien, Zentralserbien, Bosnien und in die Walachei. Und es war Kaiser Leopold I., um den sich die deutschen Publizisten als ihren „deutschen Kaiser“ scharten, nachdem die französischen Demütigungen ihrem Selbstbewußtsein schwer zugesetzt hatten. Denn Leopold I. war es, der immer wieder zum Kampf gegen den ehrgeizigen Ludwig XIV. aufrief, während er zugleich die christliche Einheit in dem heldenhaften Kampf gegen die Türken verkörperte.

Die territoriale Ausdehnung im Osten war nicht nur die Folge der hier errungenen militärischen Erfolge, sie war auch die Folge der systematischen Eliminierung aller Alternativen, die damals zur habsburgischen Herrschaft bestanden. In dieser Hinsicht handelte Leopold I. nicht unähnlich seinem Großvater Ferdinand II., der sich Böhmen zwischen 1620 und 1627 in der gleichen Art unterworfen hatte. 1705 gab es allerdings erst unausgereifte Pläne, wie man das Eroberte sinnvoll in das bestehende System eingliedern könnte. Diese Pläne zu systematisieren und zu verwirklichen blieb den Kindern Leopolds I. und deren Nachfahren vorbehalten.

Nachwort

„Das Denkmal Leopolds I. steht im Herzen Wiens. Es ist nicht das Standbild eines Imperators zu Pferd, geschmückt mit Reliefmedaillons seiner Taten, nicht das Standbild eines Imperators zu Fuß, dem die vier Herrschertugenden huldigen, es ist überhaupt kein Standbild, denn Kaiser Leopold kniet, unbemerkt von den vielen Leuten, die ihren Geschäften zu oder in vergnüglichem Müßiggang über den Graben gehen, in frommer Demut vor dem Herrn. Ludovico Burnacini hat die Pestsäule, die nach siebenjähriger Arbeit 1693 vollendet wurde, entworfen; die Statue des Kaisers stammt von der Hand des Paul Strudel. Leopold I. mit dem grotesk vorspringenden Kinn war kein schöner Mann, und seine Erscheinung wirkt auf den ersten Blick recht kümmerlich, wenn wir die Bildnisse seines Vetters und Schwagers, des Sonnenkönigs, danebenstellen. Aber wenn wir die Gesichtszüge des Kaisers näher betrachten, wächst unser Interesse an der darunter verborgenen Persönlichkeit, der Kaiser tritt uns menschlich näher und fesselt uns durch die ungeschmeichelte Wiedergabe, durch die Wahrheit, während die Schönheit des Halbgottes Louis Quatorze, von gewandten Höflingen idealisiert, uns nach kurzer Betrachtung gelangweilt wegschauen läßt."

So beginnt der schöne Essay aus der Feder des Nestors der österreichischen Geschichtswissenschaft, des heute vierundneunzigjährigen Heinrich Benedikt; ein Essay, veröffentlicht 1962 in dem von Hugo Hantsch herausgegebenen Sammelwerk „Gestalter der Geschicke Österreichs", das die ein Jahrzehnt vorher in einer Vortragsreihe der Wiener Katholischen Akademie 1951 bis 1953 gehaltenen Vorträge enthält. So sind schon rund drei Jahrzehnte vergangen seit Heinrich Benedikt jenen Essay über Kaiser Leopold I. niedergeschrieben, an dessen Beginn er die Aufforderung an die Österreicher gestellt hat, sich eingehender mit der Gestalt jenes Kaisers und mit seinem Zeitalter zu beschäftigen. Erst das nun in deutscher Übersetzung vorliegende Buch eines in den Vereinigten Staaten von Amerika lehrenden Historikers gibt uns endlich eine zusammenfassende Darstellung der langen und für die österreichische, die deutsche und die europäische Geschichte so bedeutsamen und ereignisreichen Regierungszeit Leopolds I. und füllt damit eine lange schmerzlich empfundene Lücke.

Auf die Frage „Warum fesselte dieser Kaiser so wenig das Interesse der Historiker?" gibt der Autor, Professor John P. Spielman, selbst die Antwort:

„Vermutlich war er ihnen zu sanft und zu passiv, zog er es doch in der Regel vor, Entscheidungen aus dem Weg zu gehen und sich nach den Umständen zu richten." An einer anderen Stelle nennt er Leopolds Handschrift „unleserlich", und es kann wohl kein Zweifel daran bestehen, daß die berüchtigte Schrift Leopolds, die wohl mit Recht immer wieder als die am schwersten zu entziffernde in der langen Reihe der Schriften von Angehörigen des Hauses Österreich gilt, sowie die altertümlich-schwerfällige, mit lateinischen, spanischen, italienischen und französischen Brocken durchsetzte Sprache des so überaus umfangreichen erhaltenen schriftlichen Materials von der Hand Leopolds auf die Historiker auch eher abschreckend gewirkt hat.

Vielleicht aber gibt es auch noch einen anderen, tieferen Grund für das geringe Interesse an Kaiser Leopold I. Die Geschichtswissenschaft, und ganz besonders die deutschsprachige, hat sich seit mehr als einem Jahrhundert sehr eingehend mit dem Problem des sogenannten „Absolutismus", mit der Frage der Ausbildung des modernen, zentralistischen und bürokratischen Fürstenstaates befaßt. Unter diesem Gesichtspunkt hat einer der bedeutendsten und mit Recht auch heute noch gerühmten deutschen Verfassungs- und Sozialhistoriker, Otto Hintze, schon vor einem halben Jahrhundert beim Vergleich der staatlichen Entwicklung in Österreich und Preußen festgestellt, daß in Österreich bereits Ferdinand II. (der Großvater Leopolds I.) in der ersten Hälfte des 17. Jahrhunderts mit dem Sieg am Weißen Berge 1620, der „Verneuerten Landesordnung" von 1627 und der Schaffung eines stehenden Heeres unter Wallenstein jenes Stadium erreichte, das in Preußen dann erst der „Große Kurfürst" in der zweiten Jahrhunderthälfte in der Auseinandersetzung mit seinen Landständen um den „miles perpetuus", das stehende Heer, durchzusetzen vermochte; während dann im 18. Jahrhundert erst Maria Theresia (die Enkelin Leopolds I.) durch ihre Reformen mit der in Preußen bereits unter König Friedrich Wilhelm I., dem Enkel des „Großen Kurfürsten", erreichten Entwicklung gleichzog. Mit anderen Worten; gerade während der Regierungszeit Leopolds I. und seiner Söhne verwandelte sich der österreichische Vorsprung in einen Rückstand.

Nun lassen sich für dieses Phänomen gewiß primär überpersönliche, durch die äußeren Umstände bedingte Ursachen als Erklärung anführen. In erster Linie ist dabei wohl die Tatsache zu nennen, daß, wie in dem vorliegenden Werk eindrucksvoll gezeigt wird, schon allein die geographische Lage der österreichischen Länder eine energische, nur in eine Richtung zielende Außenpolitik unmöglich machte und immer wieder zum Zweifrontenkrieg zwang. Die habsburgischen Landesfürsten dieser Länder hatten zudem dynastische Bindungen und Verpflichtungen; und sie waren zugleich Kaiser des Heiligen Römischen Reiches und Könige von Ungarn, trugen also die Kronen von zwei politischen Gebilden, in denen sich der Herrscher, hier als Kaiser, dort als König, nie vollständig und endgültig gegenüber den deutschen Reichsfürsten einerseits, den ungarischen Ständen andererseits durchsetzen konnte und wo es nicht zur

Ausbildung des „absolutistischen“ Fürstenstaates“ kam. Die Weichenstellungen in dieser Richtung aber waren schon vor dem Regierungsantritt Leopolds I. erfolgt und können ihm daher auch nicht angekreidet werden. Doch soll gewiß weder übersehen noch bestritten werden, daß sowohl der so lange regierende Leopold I. wie auch sein gleichfalls lange regierender jüngerer Sohn Karl VI. sich nur selten zu energischem, entschiedenem Handeln durchringen konnten und schwerwiegende Entscheidungen gerne vor sich herschoben oder ihnen auszuweichen suchten; während dem wohl entschlußfreudigeren und temperamentvolleren Joseph I. nur sechs kurze Regierungsjahre vom Schicksal vergönnt wurden.

Nun hat sich aber wohl nach der Übersteigerung der zentralistischen Tendenzen in den totalitären Systemen des 20. Jahrhunderts in der historischen Betrachtung und Bewertung insofern ein Wandel vollzogen, als uns heute der zentralistisch-bürokratische Machtstaat nicht mehr als absoluter Gipfelpunkt und einziges Ziel der neueren Geschichte der europäischen Nationen erscheint. Dementsprechend kann auch die Bedeutung von Herrscherpersönlichkeiten nicht mehr allein daran gemessen werden, ein wie großes Stück sie ihre Staaten dem nie völlig erreichbaren und zugleich ja auch für ihre Untertanen kaum erstrebenswerten Ziel des absolutistischen Fürstenstaates, dem „dominium absolutum“ des Landesfürsten, näher brachten. Gewiß lag eine derartige Tendenz auch in der Absicht Leopolds I. und seiner beiden Söhne und Nachfolger. Aber daß sie diese Tendenz nicht mit unerbittlicher und rücksichtsloser Konsequenz durchsetzen konnten, war für ihre Länder insgesamt doch wohl keineswegs nur von Nachteil.

Was aus jener fernen Zeit des österreichischen Barock heute noch lebt und weiter wirkt, ist doch vor allem das kulturelle Erbe.

Gerade auf diesem Gebiet aber kann man Kaiser Leopold I. wohl kaum die Anerkennung versagen. Er war ein großer Freund der Künste und Wissenschaften, Liebhaber und Sammler von Büchern und Verfasser von Gedichten in italienischer Sprache. Sein Hauptinteresse aber galt der Musik, und auf diesem Gebiet ist er nicht nur ein überaus großzügiger und sachkundiger Mäzen und Förderer, sondern auch selbst ein eifriger und schöpferischer Musiker und Komponist gewesen. Im Zuge der Neubewertung der Barockmusik sind in den letzten Jahren auch die Schöpfungen dieses wohl bedeutendsten Komponisten in der Reihe der musikalischen Mitglieder des Hauses Österreich zu neuen Ehren gekommen. So ergibt sich die eigentümliche Tatsache, daß ein „nicht zum Herrschen geborener“ Kaiser des 17. Jahrhunderts nun noch zu einer posthumen Karriere als Komponist im letzten Viertel des 20. Jahrhunderts gelangt.

Wien, im Jänner 1981 *Adam Wandruszka*

Bibliographie

Abkürzungen:

HHSA	Haus-, Hof- und Staatsarchiv, Wien
AGS	Archivo Simancas, Valladolid
ÖNB	Österreichische Nationalbibliothek, Wien
FRA	Fontes rerum austriacarum, hg. v. d. Historischen Kommission der Akademie der Wissenschaften in Wien
AÖG	Archiv für Österreichische Geschichte
MIÖG	Mitteilungen des Instituts für Österreichische Geschichtsforschung
MÖS	Mitteilungen des Österreichischen Staatsarchivs
Feldzüge:	Feldzüge des Prinzen Eugen von Savoyen, hg. v. d. Abteilung für Kriegsgeschichte der k. u. k. Kriegsarchive, 20 Bde., Wien 1876–92.

Bibliographien: Karl und Mathilde Uhlirz, Handbuch der Geschichte Österreichs und seiner Nachbarländer Böhmen und Ungarn, 4 Bde., Wien–Graz–Leipzig 1927–44; Alphons Lhotsky, Österreichische Historiographie; Anna Coreth, Österreichische Geschichtsschreibung in der Barockzeit, Wien 1950; Nana Eisenberg, Studien zur Historiographie über Kaiser Leopold I., MIÖG, 51, 1937.

Zur Quellenforschung: Leopolds Korrespondenz ist nur bruchstückhaft entziffert und publiziert worden. Die besten Sammlungen sind: Onno Klopp (Hg.), Corrispondenza epistolare tra Leopoldo I imperatore ed il P. Marco d'Aviano Capuccino, Graz 1888; A. F. Pribram und M. L. von Pragenau (Hg.), Privatbriefe Kaiser Leopolds I. an den Grafen F. E. Pötting, 1662–1673, FRA, 2. Reihe, Bde. 56–57, Wien 1903–04; Max Dvórak (Hg.), Briefe Kaiser Leopolds I. an Wenzel Euseb Herzog in Schlesien zu Sagan, Fürsten von Lobkowitz, 1657–1674, AÖG, 80, 1894; Joseph Fiedler, Die Relationen der Botschafter Venedigs über Deutschland und Österreich im 17. Jahrhundert, FRA, Diplomataria et Acta, 26–27, Wien 1867.

Zur Geschichte Österreichs: Erich Zöllner, Geschichte Österreichs, 2. Aufl., Wien 1961; Hugo Hantsch, Die Geschichte Österreichs, 2 Bde., 3. Aufl., Graz 1962. Beide Werke bieten eine exzellente Bibliographie. Adam Wandruszka, Das Haus Habsburg, Wien 1978; Friedrich Heer, Das Heilige Römische Reich, München 1977; Victor-L. Tapié, Les États de la Maison d'Autriche de 1657 à 1790, 2 Bde., Paris 1961.

Über Leopold I: Oswald Redlich, Weltmacht des Barock, Österreich in der Zeit Kaiser Leopolds I., 4. Aufl., Wien 1961; in diesem Werk wird nur die Zeit von 1648 bis 1700 behandelt. Die letzten Jahre beschreibt Redlich in: Das Werden einer Großmacht, Österreich von 1700 bis 1748, 3. Aufl., Wien 1942. In beiden Büchern wird starkes Gewicht auf die Rolle Österreichs in Europa gelegt, und Redlich starb, bevor er sein Werk über die innenpolitischen Entwicklungen vollenden konnte. Reinhold Baumstark, Kaiser

Leopold I., Freiburg i. B. 1873; dieses Buch ist seit dem 18. Jahrhundert der einzige Versuch einer vollständigen Biographie Leopolds I.

Über das Regierungssystem: Thomas Fellner und Heinrich Kretschmayr, Die österreichische Zentralverwaltung von Maximilian I. bis zur Vereinigung der österreichischen und böhmischen Hofkanzlei (1749). Der 1. Band, Wien 1907, gibt einen allgemeinen historischen Überblick und enthält einige informative Listen der Amtsinhaber. Etwas allgemeiner gehalten ist F. C. Helbling, Österreichische Verfassungs- und Verwaltungsgeschichte, Wien 1956.

Vgl. auch Alfred Francis Pribram, Die Niederösterreichischen Stände und die Krone in der Zeit Kaiser Leopolds I., MIÖG, 14, 1893. Leider gibt es über die anderen Stände der Erbländer keine vergleichbare Arbeit. Über die Behörden der Krone liegen dagegen mehrere Arbeiten vor: Henry F. Schwarz, The Imperial Privy Council in the Seventeenth Century, Cambridge 1943; Oscar Regele, Der österreichische Hofkriegsrat 1556–1848, Wien 1949; Adam Wolf, Die Hofkammer unter Leopold I., Sitzungsberichte der philosophisch-historischen Classe der kaiserlichen Akademie der Wissenschaften, II, Wien 1854; L. Gross, Die Geschichte der deutschen Reichshofkanzlei 1559–1806, Wien 1933. Über die Finanzverwaltung vgl. Eduard Holzmair, Geld und Münze unter Kaiser Leopold I., MIÖG, 60, 1962; Josef Fischer, Die Neueinrichtung des innerösterreichischen Kammerreferats in Wien im Jahre 1665–1666, MIÖG, Zusatzband II, 1929; Theodor Mayer, Das Verhältnis der Hofkammer zur ungarischen Kammer bis zur Regierung Maria Theresias, MIÖG, Zusatzband 9, 1913–15; vgl. auch Alfred Francis Pribram, Materialien zur Geschichte der Preise und Löhne in Österreich, 2 Bde., Wien 1938. Eine Übersicht über die wirtschaftlichen Trends gibt Stanislaus Hoszowski, Central Europe and the Sixteenth- and Seventeenth-century Price Revolution, in: Economy and Society in Early Modern Europe, New York 1972, Hg. Peter Burke.

Über den Hof: Jürgen Freiherr von Kruedener, Die Rolle des Hofes im Absolutismus, Bd. 19 der „Forschungen zur Sozial- und Wirtschaftsgeschichte", Stuttgart 1973. Die besten zeitgenössischen Schilderungen des Wiener Hofes sind in den Berichten der venezianischen Gesandten enthalten und in: Alfred F. Pribram (Hg.), Aus dem Berichte eines Franzosen über den Wiener Hof in den Jahren 1671 und 1672, MIÖG, 12, 1891; Esaias Pufendorf, Bericht über Kaiser Leopold, seinen Hof und die österreichische Politik 1671–1674, hg. v. Karl G. Helbig, Leipzig 1862; Heinrich Ritter von Srbik, Abenteurer am Hofe Kaiser Leopolds I., Alchemie, Technik und Merkantilismus, in: Archiv für Kulturgeschichte, 8, 1910; vgl. auch Herbert Hassinger, Johann Joachim Becher 1635–1682, Wien 1951.

Biographien über die Diener Leopolds I.: Alfred F. Pribram, Franz Paul Freiherr von Lisola 1613–1674, Leipzig 1894; Max Braubach, Prinz Eugen von Savoyen, 5 Bde., Wien 1963–65; Grete Mecenseffy, Im Dienste dreier Habsburger, Leben und Wirken des Fürsten Johann W. Auersperg, 1615–1677, AÖG, 114, Teil 2, 1938; Adam Wolf, Fürst Wenzel Lobkowitz, erster geheimer Rath Kaiser Leopold I., 1609–1677, Wien 1869.

Über das kulturelle Leben: Oswald Redlich, Über Kunst und Kultur des Barock in Österreich, AÖG, 115, 1943; Ann Tizia Leitich, Vienna Gloriosa, Wien 1947, reich illustriert; Robert A. Kann, A Study in Austrian Intellectual History from Late Baroque to Romanticism, New York 1960; die ersten beiden Teile sind Leopolds Regierung und Abraham a Sancta Clara gewidmet. Über Kunst und Architektur siehe Emerich Schaffran, Kunstgeschichte Österreichs, Wien 1948. Über Musik siehe Guido Adler, Einleitung zur Ausgabe der Compositionen Kaiser Ferdinands III., Leopolds I., Josephs I., Prag 1892, und: Musikalische Werke der Kaiser..., Wien 1893.

Über die Kirche: Die österreichische Kirche ist nicht mit der Aufmerksamkeit behandelt worden, die sie verdient. Eine vorzügliche Einführung in die Riten und Symbolismen der damaligen Epoche gibt Anna Coreth, Pietas Austriaca, Ursprung und Entwicklung barocker Frömmigkeit in Österreich, Wien 1959. Über das Verhältnis Leopolds I. zur Kirche siehe S. J. Miller und J. P. Spielman, Cristóbal de Rojas, Irenecist and Cameralist 1626–1695, Philadelphia 1962; Max Immich, Papst Innozenz XI., 1676–1689, Berlin 1900; hier wird die päpstliche Politik sehr gut erläutert. Siehe auch Nuntiaturberichte vom Kaiserhofe Leopolds I., AÖG, 103, 1913, und 106, 1919.

Über Ungarn und das Nationalitätenproblem: Jean Bérenger, La question des nationalités dans l'Autriche du XVIIe siècle, in: Bulletin de la Société d'Histoire Moderne, 4. Reihe, Nr. 9, 1974. Die meisten Geschichten Ungarns sind aus dem nationalen Gesichtswinkel geschrieben und beschäftigen sich wenig mit den Problemen der regierenden Dynastie oder der Nichtmagyaren innerhalb des Königreichs. C. A. Macartney, Hungary, A Short History, Edinburgh 1962; Denis Sinor, A Short History of Hungary, London 1959.

Über die Zrinyi-Rebellion siehe E. Lilek, Kritische Darstellung der Ungarisch-Kroatischen Verschwörung, 4 Bde., Celje 1928–30; Georg Wagner, Der Wiener Hof, Ludwig XIV. und die Anfänge der Magnatenverschwörung, MÖS, 16, 1963. Zahlreiche und meist tendenziöse Bücher sind über die Rákóczi-Rebellion erschienen. Die beste der neueren Arbeiten ist Béla Köpeczi, La France et la Hongrie au début du XVIIIe siècle: Étude d'histoire des relations diplomatiques et d'histoire des idées, Budapest, Akademiai Kiadó, 1971.

Über Siebenbürgen siehe Ladislas Makkai, Histoire de Transsylvanie, Paris 1946; Gunter Rothenberg, The Austrian Military Border in Croatia, 1522–1747, Urbana, Illinois, 1960.

Über die Türken und die Belagerung Wiens: Walter Stürminger, Bibliographie und Ikonographie der Türkenbelagerungen Wiens, 1529 und 1683, Graz 1955. Den Zeitraum 1683 bis Karlowitz betreffend siehe Otto Brunner, Österreich und die Walachei während des Türkenkrieges von 1683–1699, MIÖG, 44, 1930. Die beste Studie über Johann III. Sobieski stammt von Otto Forst-Battaglia, Jan Sobieski, König von Polen, Zürich 1946. Vergl. auch Onno Klopp, Das Jahr 1683 und der folgende große Türkenkrieg bis zum Frieden von Carlowitz, 1699, Graz 1882; trotz seines Alters ist dies Werk immer noch sehr informativ.

Über die spanische Thronfolge: Einen guten Überblick über die spanische Politik zur Zeit Karls II. gibt John Lynch, Spain under the Habsburgs, 2 Bde., Oxford 1966, 1969. Detaillierter, aber weniger kritisch ist die Arbeit von de Maura, Vida y reinado de Carlos II., 3 Bde., Madrid 1942. Über die diesbezügliche französische Politik siehe A. Legrelle, La diplomatie française et la succession d'Espagne, 6 Bde., Braine-le-Comte 1895–99; vgl. dazu Arnold Gaedeke, Die Politik Österreichs in der spanischen Erbfolgefrage, 2 Bde., Leipzig 1877.

Über die österreichisch-französischen Beziehungen: Pierre Goubert, Louis XIV and Twenty Million Frenchmen, New York und London 1972; Heinrich Ritter von Srbik, Wien und Versailles 1692–1697, zur Geschichte von Straßburg, Elsaß und Lothringen, München 1944. Leider gibt es über Leopold I. nichts, das zu vergleichen wäre mit Ragnhild Hatton, Louis XIV and His Fellow Monarchs, in: Louis XIV and the Craft of Kingship, hg. v. John C. Rule, Columbus, Ohio 1969.

Anmerkungen

Kapitel I

1 (Eucharius Gottlieb Rinck), Leopolds des Grossen Rom. Kaysers wunderwürdiges Leben und Thaten, Leipzig 1709; eine andere Ausgabe desselben Werkes erschien 1713 in Köln. Nana Eisenberg, Studien zur Historiographie über Kaiser Leopold I., MIÖG, Bd. 51, 1937, S. 359–413. Alphons Lhotsky, Österreichische Historiographie, Wien 1962, S. 93ff. Anna Coreth, Österreichische Geschichtsschreibung in der Barockzeit, 1620 bis 1740, Wien 1950, siehe bes. S. 68–78.

2 Adam Wandruszka, Das Haus Habsburg, Wien 1978. Vgl. auch Grete Mecenseffy, Habsburger im 17. Jahrhundert. Die Beziehungen der Höfe von Wien und Madrid während des Dreißigjährigen Krieges, AÖG, Bd. 121, 1955.

3 Über die Reformation in Österreich siehe G. Loesche, Geschichte des Protestantismus im vormaligen und im heutigen Österreich, Wien 1930; Grete Mecenseffy, Geschichte des Protestantismus in Österreich, Graz 1956; Hugo Hantsch, Geschichte Österreichs, 4. Aufl., 2 Bde., Graz 1959, I, S. 251f.

4 V.-L. Tapié, Die Völker unter dem Doppeladler, Graz 1975, S. 102ff. Erich Zöllner, Geschichte Österreichs, 2. Aufl., Wien 1961, S. 211–221.

5 Anna Coreth, Pietas Austriaca, Ursprung und Entwicklung barocker Frömmigkeit in Österreich, Wien 1959: siehe besonders die Einführung: Die Pietas als Herrschertugend.

6 Ebd., S. 10. Im 17. Jahrhundert wurde der Bibelstelle „Per me reges regnant et legum conditores iusta decernunt" (Sprüche VIII : 15) große Bedeutung beigemessen.

7 Ebd., S. 17–30. Die Abendmahlsfeiern wurden zu jener Zeit in Spanien und Österreich besonders wichtig genommen. Fronleichnam war ein wichtiger kirchlicher Feiertag, und die Verfasser von lateinischen Epigrammen spielten gerne mit dem Wort „Eucharistia": Hic Austria, hec Austria, usw.

Kapitel II

1 V.-L. Tapié, Die Völker unter dem Doppeladler, Graz 1975, S. 124ff. Die Diskussion über die Folgen des Krieges ist noch immer im Gang, da die Statistiken keine hundertprozentige Gültigkeit haben. Wahrscheinlich ist der Bevölkerungsschwund in manchen Gebieten übertrieben worden, während die am schlimmsten betroffenen Gegenden nur sehr unvollständige Angaben oder überhaupt keine vorgelegt haben.

2 Erst in letzter Zeit ist die Struktur der österreichischen Gesellschaft und Wirtschaft im 17. Jahrhundert genauer untersucht worden. Die Beiträge zur Bevölkerungs- und Sozialgeschichte Österreichs, hg. v. Heimold Helczmanovski für das österr. zentrale Amt für Statistik, Wien, München 1973, enthalten zwei wichtige Arbeiten über die Epoche: Kurt Klein, Die Bevölkerung Österreichs vom Beginn des 16. bis zur Mitte des 18. Jahrhunderts; Michael Mitterauer, Zur Familienstruktur in ländlichen Gebieten Österreichs im 17. Jahrhundert.

3 Franz Fischer, Die blauen Sensen, Sozial- und Wirtschaftsgeschichte der Sensenschmiedezunft zu Kirchdorf-Michaeldorf bis zur Mitte des 18. Jahrhunderts, FGÖ, Bd. IX, 1966.
4 Um einen Überblick über die Komplexität der landwirtschaftlichen und mineralischen Produktion in Österreich zu gewinnen, siehe Erich Zöllner, Geschichte Österreichs, Wien 1961, S. 275–287.
5 William McNeill, Europe's Steppe Frontier 1500–1800, Chicago 1964. McNeill versucht den Erfolg der Habsburger bei der Verwaltung dieser Gebiete entlang einer immer noch offenen Grenze zu erklären. Zumindest in Südosteuropa sollte man die österreichische Monarchie nicht am französischen Verwaltungsmodell messen, sondern an dem, was zu jener Zeit die Türken, Polen und Russen auf dem administrativen Sektor leisteten.
6 L. Gross, Die Geschichte der deutschen Reichshofkanzlei, 1559–1806, Wien 1933.
7 Über die Tiroler Erbfolge siehe Hugo Hantsch, Geschichte Österreichs, 3. Aufl., Graz 1962, II, S. 23–25.
8 Das Standardwerk über die Zentralverwaltung ist noch immer Thomas Fellner und Heinrich Kretschmayr, Die österreichische Zentralverwaltung, Bd. I, Abt. I, Wien 1907, welches die Verwaltung von Maximilian I. bis 1749 behandelt und in chronologischer Reihenfolge anführt, wer die leitenden Posten in diesem System besetzte.
9 Ebd., S. 53–57. Die Geheime Konferenz hatte sich wahrscheinlich aus den Diskussionen über außenpolitische Angelegenheiten, die ja zu den „geheimsten Sachen" zählten, die nur mit wenigen Auserwählten besprochen werden durften, entwickelt.

Kapitel III

1 Ein sechstes Kind wurde Ferdinand III. von seiner dritten Frau, Eleonora Gonzaga von Mantua, am 30. Dezember 1654 geboren: Maria Anna, die 1678 Johann Wilhelm von Pfalz-Neuburg heiratete und 1691 starb.
2 Georg Mentz, Johann Philipp von Schönborn Kurfürst von Mainz, 2 Bde., Jena 1896, 1899, I, S. 70ff.
3 Joseph Fiedler (Hg.), Die Relationen der Botschafter Venedigs über Deutschland und Österreich im 17. Jahrhundert, FRA, Bd. XXVI und Bd. XXVII, Wien 1867, I, S. 5f.
4 Rinck, Leopold des Grossen, S. 76f., 81ff.
5 ÖNB Albertina, Musiksammlung. Mehr als hundert Kompositionen Leopolds sind uns erhalten geblieben, viele als komplette Partituren.
6 Leopold Wilhelms Kollektion wurde nach seinem Tod zum großen Teil verstreut. Viele flämische Meister befinden sich heute in den verschiedenen europäischen Sammlungen. Die Breughels blieben jedoch im Familienbesitz und befinden sich heute im Kunsthistorischen Museum in Wien.
7 Es wäre sicher nicht schwer zu beweisen, daß Leopold I. eine Persönlichkeit mit ausgeprägtem Ödipuskomplex war, auch wenn aus seiner Kindheit wenig Details und wenn, dann oft unzusammenhängende bekannt sind. Tatsache ist, daß Leopold den Tod seines Vaters in seinem „Krakauer Kalender" kommentarlos nur durch Angabe der genauen Stunde und des Alters des Verstorbenen vermerkte. Vgl. Erwin Sicher, Leopold I of Austria: A Reappraisal, Diss. University of Southern California, 1970.
8 Samuel J. Miller und John P. Spielman, Cristóbal de Rojas y Spínola, Cameralist and Irenecist (1626–1695), in: Berichte der Amerikanischen Philosophischen Gesellschaft, Neue Reihe, Bd. 52, Abt. 5, Philadelphia 1962.

9 Grete Mecenseffy, Im Dienste dreier Habsburger, Leben und Wirken des Fürsten Weikhard Auersperg (1615–1677), AÖG, Bd. 114, Abt. 2, Wien 1938.

10 Eduard Holzmair, Geld und Münze unter Kaiser Leopold I., MIÖG, Bd. 60, 1962, S. 238–250.

11 Alfred Francis Pribram, Die Niederösterreichischen Stände und die Krone in der Zeit Leopolds I., MIÖG, Bd. 14, 1893, S. 589–652. Leider gibt es nur wenig ähnlich detaillierte Arbeiten über andere Provinzen, die das Bild vervollständigen würden, aber wahrscheinlich war die Situation in allen Erbländern sehr ähnlich, etwas weniger wirr in dem besser verwalteten Böhmen und am schlimmsten in Ungarn.

Kapitel IV

1 Gunther E. Rothenberg, The Austrian Military Border in Croatia, 1522–1747, Urbana, Illinois 1960.

2 Der Handel mit christlichen Sklaven war ein wichtiger Faktor der türkischen Wirtschaft. Gewöhnlich handelte es sich dabei um Frauen, die Männer wurden bei Überfällen in der Regel getötet. Gegen Ende des Jahrhunderts waren die Sklavenmärkte von Konstantinopel so von christlichen Frauen überflutet, daß die Händler schon um die Preise fürchteten. Vgl. Erich Zöllner, Geschichte Österreichs, S. 276.

3 Siehe Erwin Sicher, a. a. O. Im allgemeinen haßte Leopold jede Art von Gezänk und ging ihm, wenn immer möglich, aus dem Wege.

4 Alfred Francis Pribram und Moritz Landwehr von Pragenau, Die Privatbriefe Kaiser Leopolds I. an den Grafen F. E. Pötting, 1662–1673, FRA, Bde. 56, 57, Wien 1903. Vgl. auch Bd. I, Einführung und Berichte aus den Jahren 1662–1663.

5 Über die Beziehungen zwischen Österreich und der Türkei in dieser Zeit siehe Thomas M. Barker, Double Eagle and Crescent (Doppeladler und Halbmond), Albany 1967. (Erscheint im Jahre 1982 im Verlag Styria.)

6 H. Forst, Die deutschen Reichstruppen im Türkenkriege 1664, MIÖG, Zusatzband 6, Wien 1901, S. 634–648.

7 Georg Wagner, Der angebliche kaiserliche „Türkentribut" nach der Schlacht von Mogersdorf 1664, MIÖG, Bd. 72, Wien 1964, S. 409–441. Wagner stellt die These auf, daß es sich bei den im Vertrag von Vasvár festgelegten Zahlungen um keinen Tribut, sondern um einen „Austausch von Geschenken" mit den Türken gehandelt habe.

8 Zitat nach O. Redlich, Weltmacht des Barock, S. 192–193, Anm. 4. Vgl. auch Pribram und von Pragenau, Privatbriefe, I, S. 83, Anm. 2.

Kapitel V

1 Über Ludwig XIV. siehe die ausgezeichnete Biographie von John B. Wolf, Louis XIV, New York 1968, und John C. Rule (Hg.), Louis XIV and the Craft of Kingship, Columbus, Ohio 1969. In diesem Werk sind besonders die Essays von John C. Rule, Louis XIV, Roi-Bureaucrate, und von Ragnhild M. Hatton, Louis XIV and his Fellow Monarchs, empfehlenswert.

2 G. Mentz, Johann Philipp von Schönborn, S. 111, Anm. 3; S. Miller und J. Spielman, Cristóbal de Rojas y Spínola, S. 21: Rojas wurde dazu angehalten, das Thema diskret in Madrid zur Sprache zu bringen, während er 1663 offensichtlich wegen Wirtschaftsverhandlungen in Madrid war.

3 Leopold I. an von Pötting, am 18. Februar 1665: „bin ich entschlossen kein primo ministro oder valido zu haben", in: Pribram und von Pragenau, Privatbriefe, I, S. 105.
4 Vgl. Andreas Liess, Wiener Barockmusik, Wien 1946, und speziell über die Feste von 1666 bis 1668: Marc Antonio Cesti, Il pomo d'oro, in: Denkmäler der Tonkunst in Österreich, Graz 1959.
5 ÖNB, Musiksammlung, 16885. Leopold I: Aliquos cantilenarum modi inserti operi dramatico „il pomo d'oro".
6 Der Text des Vertrages ist nachzulesen in Arsène Lagrelle, La diplomatie Française et la succession d'Espagne, 2. Aufl., 6 Bde., Braine-le-Comte 1895–1899, I, S. 518.
7 Leopold an von Pötting, am 14. Dezember 1669. Leopold warnt hier von Pötting, daß von der Affäre viel Aufhebens gemacht werden würde: ...„y no cumple mi serbitio que se able mucho de los motibos, que tube para ello...", Pribram und von Pragenau, Privatbriefe, II, S. 56.
8 Oswald Redlich, Das Tagebuch Esias Pufendorfs, schwedischen Residenten am Kaiserhofe von 1671 bis 1674, MIÖG, Bd. 37, Wien 1916, S. 575. Als Klagen über Leopolds Begünstigung Hochers, eines Bürgerlichen, laut wurden, soll Leopold I. gesagt haben, er habe genug Adlige und könne sich so viele machen, wie er wolle, aber so erfahrene und talentierte Leute wie Dr. Hocher seien rar, und weder er noch das Reich könne es sich leisten, auf sie zu verzichten.
9 Redlich, Weltmacht des Barock, S. 108.
10 Ebd., S. 109f. Vgl. Redlichs Veröffentlichung von Pufendorfs Tagebüchern und der Bericht von 1672, zit. s. o., Anm. 8.

Kapitel VI

1 Vgl. Thomas von Bogyay, Grundzüge der Geschichte Ungarns, Darmstadt 1967, S. 105–118; W. McNeill, Europe's Steppe Frontier, Chicago 1964, S. 147f.; C. A. Macartney, Hungary, A Short History, Edinburgh, 1962, S. 85f.
2 Herbert Hassinger, Die erste Wiener Orientalische Handelscompagnie, 1667–1683, in: Vierteljahrheft für Sozial- und Wirtschaftsgeschichte, Bd. 35, 1942, S. 1–53.
3 Oswald Redlich, Weltmacht des Barock, S. 202f. Meine Darstellung bezieht sich auf die von Redlich gesammelten Fakten, weniger auf seine Interpretation der Unruhen in Ungarn.
4 Zwar befanden sich keine Ungarn im Ausschuß, aber wenigstens kannte sich einer der Mitglieder, Dr. Christoph Abele, im ungarischen Recht aus und zitierte es in seinem Votum bezüglich der Todesstrafe für Nádasdy. Johann Graf Mailáth, Geschichte des österreichischen Kaiserstaates, 5 Bde., Hamburg 1834–50, IV, S. 93.
5 Leopold an von Pötting, am 2. Dezember 1671: „Ich hab es nit gern getan, allein ne Hungari possunt credere Germanis omnia condonari, illos solum plecti", in: Pribram und von Pragenau, Privatbriefe, II, S. 202.
6 O. Redlich, Das Tagebuch Esias Pufendorfs... MIÖG, Bd. 37, S. 588.
7 Ebd.
8 Siehe M. Bucsay, Geschichte des Protestantismus in Ungarn, Stuttgart 1959.
9 O. Redlich, Weltmacht des Barock, S. 222; auch: Das Tagebuch von Esias Pufendorf, S. 590f. Emmerich Sinelli äußert an einer Stelle den Wunsch, eher als „jene anderen" nach Ungarn geschickt zu werden.
10 ÖNB, Musiksammlung, 16054: Leopold I., Missa pro defunctis, Anno 1673. Obwohl kein genaues Datum bekannt ist, kann man annehmen, daß Leopold dieses Requiem komponiert hat.

11 A. F. Pribram, Ein Habsburg-Stuartisches Heiratsprojekt, MIÖG, Bd. 29, 1908, S. 423–466.

Kapitel VII

1 Es gab damals mehrere Gerüchte, die besagten, der Kaiser sei vergiftet worden, und ein italienischer Abenteurer namens Borri behauptete, er habe ihn geheilt. Diese Geschichte ist wahrscheinlich erfunden; man weiß bis heute nicht, um welche Krankheit es sich gehandelt hat. Vgl. Mailáth, Geschichte des österreichischen Kaiserstaates, IV, S. 98ff.

2 Obwohl Leopold I. in der Öffentlichkeit streng auf die Einhaltung der Trauer achtete, nahm er es gelegentlich als Privatmann nicht so genau. Als im März 1666 der Fasching wegen Hoftrauer abgesagt werden mußte, schrieb er an von Pötting: „doch haben wir etliche Festl in camera gehabt, dann es hilft dem Todten doch nicht wann man traurig ist...", in: Pribram und von Pragenau, Privatbriefe, I, 210.

3 Leopold erwähnte diesen Vorfall nur einmal in einem Brief an von Pötting vom 9. September 1671. Zufrieden äußert er sich hier über die ihm von den Stadtvätern entgegengebrachte Herzlichkeit bei der Einweihung der von ihnen an Stelle der alten Synagoge erbauten Kirche: ebd., II, S. 185. Vgl. Carl Weiss, Geschichte der Stadt Wien, 2 Bde., 2. Aufl., Wien 1882–83, II, S. 228ff. Die Unruhen innerhalb der jüdischen Gemeinden, die auf die messianische Bewegung des 1666 zum Islam konvertierten Sabbatai Sevi zurückzuführen waren, mögen ebenfalls bei diesem Entschluß eine Rolle gespielt haben.

4 Vgl. Adam Wolf, Fürst Wenzel Lobkowitz, erster geheimer Rath Kaiser Leopold I., 1609–1677, Wien 1869. Über die Rolle, die Lisola dabei spielte, vgl. Alfred Francis Pribram, Franz Paul Freiherr von Lisola, 1613–1674, und die Politik seiner Zeit, Leipzig 1894.

5 O. Redlich, Weltmacht des Barock, S. 139.

6 Das lebendigste zeitgenössische Porträt Hochers befindet sich in Esias Pufendorfs Tagebuch: O. Redlich, Das Tagebuch Esias Pufendorfs..., S. 574–576.

7 Montecuccoli war auch ein Theoretiker des Kriegshandwerks und hat drei Bücher darüber geschrieben: Tratato della guerra, 1641; Dell'arte militare, 1653; und Della guerra col Turco in Ungheria, 1670. Er war eine sehr vielschichtige Persönlichkeit, ein Mann, der laut Pufendorf, trotz vielerlei Gelegenheiten, sich zu bereichern, bis zu seinem Lebensende arm blieb.

8 O. Redlich, Weltmacht des Barock, S. 155–156.

Kapitel VIII

1 Zwischen 1680 und 1739 erschienen mehrere Darstellungen der ungarischen Rebellionen in Frankreich und in der holländischen Republik: Histoire des troubles d'Hongrie, 6 Bde., Paris 1680; Histoire des revolutions d'Hongrie, 6 Bde., Den Haag 1739. Beide Werke enthalten Memoiren von einem Niclos Bethlen, das letztgenannte Werk auch Memoiren von Franz II. Rákóczi über die Ereignisse bis zum Jahr 1711. Eine gründliche und vorurteilsfreie Arbeit über die ungarische Geschichte und besonders über die Zeitspanne 1671–1703 steht noch aus.

2 Vgl. I. Huditá, Histoire des relations diplomatiques entre France et la Transylvanie au XVII ème siècle, Paris 1927.

3 S. Miller und J. Spielman, Cristóbal de Rojas y Spínola, S. 33–41.

4 Thomas M. Barker, Double Eagle and Crescent, Albany 1967, S. 103f. Das Lied „O du lieber Augustin“ stammt aus der Zeit, da Wien von der Pest heimgesucht wurde: Ein betrunkener Spielmann fand sich, als er aus seinem Rausch aufwachte, auf einem Leichenhaufen wieder und begann auf seiner Dudelsackpfeife zu spielen, um zu zeigen, daß er noch lebte.

5 Die Beschwerden der Bauern, die Leopold I. am 22. November 1679 in Prag vorgelegt wurden, sind zusammen mit dem Robotpatent abgedruckt in: Günther Franz, Quellen zur Geschichte des Bauernstandes in der Neuzeit, Darmstadt 1963, S. 157–165.

6 O. Redlich, Weltmacht des Barock, S. 230f.

7 Fellner und Kretschmayr, Österreichische Zentralverwaltung, S. 89–91.

8 Ebd.

Kapitel IX

1 T. Barker, Double Eagle and Crescent, S. 136f. und S. 400, Anm. 17.

2 Das grundlegende Werk über die Rolle Konstantinopels in der französischen Politik ist von Kurt Köhler, Die orientalische Politik Ludwigs XIV.: ihr Verhältnis zum Türkenkrieg von 1683, Leipzig 1907. Vgl. auch Onno Klopp, Das Jahr 1683 und der folgende große Türkenkrieg bis zum Frieden von Carlowitz, 1699, Graz 1882.

3 Die beste Arbeit über Polen unter Sobieski stammt von Otto Forst von Battaglia, Jan Sobieski, König von Polen, Einsiedeln–Zürich, 1946. Eine Kurzfassung dieser ausgezeichneten Biographie befindet sich in Kap. 24 der Cambridge History of Poland dess. Autors.

4 Vgl. A. N. Kurat, The Ottoman Empire under Mehmed IV, in: New Cambridge Modern History, V, S. 500–518. Vgl. auch T. Barker, Double Eagle and Crescent, S. 55–63.

5 Einige dieser Einheiten wurden vom Palatin und den katholischen Magnaten zum Schutz vor den Kuruzzen weiter unter Sold behalten.

6 Reinhold Lorenz, Reisen des Kaisers Leopold I. und des Kurfürsten Max Emanuel im Türkenjahr 1683, in: MIÖG, Bd. 52, 1938, und R. Miller, Die Hofreisen Kaiser Leopolds I., in: MIÖG, Bd. 55, 1967. Einer der ausführlichsten Berichte über die letzten Tage vor der Belagerung stammt vom hessischen Gesandten Justus Passer, hg. v. Ludwig Vauer: Bericht des hessen-darmstädtischen Gesandten Justus Eberhard Passer an die Landgräfin Elisabeth Dorothea über die Vorgänge am kaiserlichen Hofe und in Wien von 1680–1683, in: AÖG, Bd. 37, 1867.

7 T. Barker, Double Eagle and Crescent, S. 244f. Barker schätzt, daß zirka 60.000 Menschen Wien und Umgebung verließen, aber dies ist sicher übertrieben; denn die Bevölkerung in der befestigten Stadt betrug kaum mehr als die Hälfte. Bei den Flüchtlingen handelte es sich hauptsächlich um Beamte, Adlige, Diplomaten und reiche Bürger.

Kapitel X

1 O. Redlich, Weltmacht des Barock, S. 332.

2 Über die militärischen Operationen während der Belagerung siehe T. Barker, Double Eagle and Crescent, Kap. 8.

3 Paul Wentzcke, Feldherr des Kaisers: Leben und Taten Herzog Karls V. von Lothringen, Leipzig 1943.

4 T. Barker, Double Eagle and Crescent, S. 306, vgl. auch S. 427, Anm. 71. Angesichts der Distanz, die er in kürzester Zeit zurücklegen mußte, entschloß sich Sobieski vernünftigerweise, auf die Infanteriemassen zu verzichten und mit seiner Kavallerie vorzupreschen.

5 Richard F. Kreutel, Übers. und Hg., Kara Mustafa vor Wien, Das türkische Tagebuch der Belagerung Wiens 1683, verfaßt vom Zeremonienmeister der Hohen Pforte: Bd. I der Reihe: Osmanische Geschichtsschreiber, Graz 1955, S. 107.

6 Ebd., S. 110. Der Autor des türkischen Tagebuchs setzte den Zeitpunkt, da der Wesir den Entschluß zur Flucht gefaßt hatte, auf „eine Stunde und eine halbe vor Sonnenuntergang" fest. Er bemerkt später, daß der Wesir sich im Dunkeln verirrte, noch bevor er die Raab erreicht hatte.

7 T. Barker, Double Eagle and Crescent, S. 341, 432f., Anm. 19.

8 Ebd., S. 341f., und O. Redlich, Weltmacht des Barock, S. 263f.

9 T. Barker, Double Eagle and Crescent, S. 363f; O. Redlich, Weltmacht des Barock, S. 266; Walter Stürminger, Bibliographie und Ikonographie der Türkenbelagerungen Wiens 1529 und 1683, Wien–Graz, 1955, S. 63. Der Verbleib von Kara Mustafas Kopf ist weiterhin ungeklärt. Als Belgrad ein paar Jahre später an die Österreicher fiel, wurde ein Totenschädel, der angeblich der des Wesirs sein sollte, nach Wien geschickt, und noch immer wird das grausliche Relikt im Wiener Stadtmuseum zur Schau gestellt. Ich folge bei meiner Darstellung dem Bericht Barkers, der mir der wahrscheinlichste zu sein scheint; denn die Pforte erwartete noch immer von ihren Agenten, daß sie Beweise für die ausgeführten Befehle des Sultans vorlegen konnten.

Kapitel XI

1 AGS: Estado, 3925. Manuel de Liras Antwort auf den Friedensappell des Papstes datiert vom 9. Mai 1683. Vgl. auch O. Redlich, Weltmacht des Barock, S. 271.

2 AGS: Estado, 3924. Consultas del consejo del estado, 2. und 30. Dezember 1683. Spaniens Ohnmacht angesichts der französischen Stärke frustrierte offensichtlich den spanischen Staatsrat, der davon besessen war, die Niederlande vor dem Zugriff Ludwigs XIV. zu schützen. So schwankten die Räte in dem Vertrauen, der Kaiser würde ihnen helfen, und der resignierenden Erkenntnis, daß sie ohne Alliierte sogar einen Krieg durchstehen müßten, hin und her.

3 O. Redlich, Weltmacht des Barock, S. 275.

4 F. Schevill, The Great Elector, Chicago 1947. Vgl. auch Ferdinand Fehling, Die europäische Politik des Großen Kurfürsten 1667–1688, Leipzig 1910.

5 Friedrich Kleyser, Der Flugschriftenkampf gegen Ludwig XIV. zur Zeit des pfälzischen Krieges, Berlin 1935. O. Redlich, Weltmacht des Barock, S. 271, Anm. 3, bringt zusammenfassend die Urteile des 19. Jahrhunderts über Leopolds I. Entscheidung, welche hauptsächlich negativ waren.

6 Onno Klopp war der Herausgeber der Korrespondenz zwischen Leopold I. und Marco d'Aviano: Corrispondenza epistolare tra Leopoldo I imperatore ed il P. Marco d'Aviano Capuccino, Graz 1888. Nach den Briefen an von Pötting, hg. von Pribram und von Pragenau, ist dies die wichtigste gedruckte Kollektion von Privatbriefen Leopolds. Die Entzifferung der unleserlichen Handschrift Leopolds hat sich als unüberwindliches Hindernis herausgestellt.

7 O. Redlich, Weltmacht des Barock, S. 285.

8 Ebd., S. 286f.

Kapitel XII

1 Otto Brunner, Österreich und die Walachei während des Türkenkrieges von 1683–1699, MIÖG, Bd. 44, 1930, S. 265ff.
2 Viele Offiziere in der preußischen Armee teilten die antifranzösischen Ansichten des Kronprinzen Friedrich.
3 O. Redlich, Weltmacht des Barock, S. 289f. Vgl. auch A. F. Pribram, Österreich und Brandenburg 1685–1686, Innsbruck 1884.
4 Die Berichte über diese Audienz sind vage. Vgl. O. Redlich, S. 298, und Leopolds Brief an Marco d'Aviano vom 4. Juni 1686, in: Klopp, Corrispondenza, S. 103.
5 Über Details bei der Belagerung Budas und des Feldzugs gegen Süleimans Entsatzarmee vgl. O. Redlich, Weltmacht des Barock, S. 198–205.

Kapitel XIII

1 Unter den 1688 festgenommenen Türken befand sich ein gewisser Osman Aga von Temeschwar, dessen sensationelle Beschreibung seiner Gefangenschaft viele aufschlußreiche Details über die Kriegszone enthält: Richard F. Kreutel und O. Spies (Hg. und Üb.), Der Gefangene der Giauren, Bd. 4 der Reihe Osmanische Geschichtsschreiber, Graz 1962.
2 O. Redlich, Weltmacht des Barock, S. 415.
3 Angesichts der fast einmütig negativen Schilderungen Caraffas ist es schwierig zu verstehen, warum Leopold I. ihn als ersten nominierte, vielleicht, weil er Caraffas Abneigung den Magyaren gegenüber teilte und erst später entdeckte, wie gefährlich der Mann war. Vgl. Denis Sinor, History of Hungary, London 1959, S. 214; V.-L. Tapié, Die Völker unter dem Doppeladler, Graz 1975, S. 147f.
4 Caraffa vertrat in seinen ersten Berichten die Ansicht, daß die Verschwörung sich nur infolge der kaiserlichen Toleranz den Malkontenten gegenüber so ausbreiten konnte: Mailáth, Geschichte des Österreichischen Kaiserstaates, IV, S. 226.
5 Über die Arbeit der Kommissionen und des Reichstags von 1687–1688 vgl. O. Redlich, Weltmacht des Barock, S. 419–435.
6 Der Text des Krönungseides ist nachzulesen bei D. A. Macartney, The Habsburg and Hohenzollern Dynasties in the Seventeenth and Eighteenth Centuries, New York, 1970, S. 85f.
7 Die entscheidende Frage der Gesetzesauslegung wurde nicht exakt beantwortet. Josephs Krönungseid enthielt lediglich die Feststellung, daß „der König und die versammelten Stände über die Auslegung und Anwendung der Gesetze sich zu einigen hätten"; ebd., S. 82.
8 Denis Sinor, History of Hungary, S. 214f.
9 V.-L. Tapié, Die Völker unter dem Doppeladler, Graz 1975, S. 151ff.
10 Zit. nach O. Redlich, Weltmacht des Barock, S. 415.
11 Darin bezog sich die Kommission wahrscheinlich auf Leopolds Robotpatent von 1680 für Böhmen.

Kapitel XIV

1 Richard Place, The Self-Deception of the Strong, France on the Eve of the War of the League of Augsburg, French Historical Studies, Bd. 4, Nr. 4, 1970, S. 459–473.
2 O. Klopp, Corrispondenza, S. 179f.

3 O. Redlich, Weltmacht des Barock, S. 332f. Leopolds Beichtvater hatte wahrscheinlich in dieser Angelegenheit wenig zu sagen, denn gewöhnlich versuchte Leopold I., öffentliche Angelegenheiten und private Sünden im Beichtstuhl auseinanderzuhalten.

4 O. Klopp, Corrispondenza, S. 191.

5 HHSA, England, Hofkorrespondenz, 1689–1690.

6 Leopold bekam 100.000 Dukaten dafür, daß er Victor Amadeus II. das Recht zusprach, sich selbst „königliche Hoheit" zu nennen. Leibniz, der zu jener Zeit gerade in Wien war, notierte in einem Brief an Sophie von Hannover, daß das Geld „Wundergeld" genannt wurde, weil es so unerwartet in größter Bedrängnis aufgetaucht war. Vgl. Onno Klopp, Das Jahr 1683, S. 466.

7 Max Braubach, Prinz Eugen von Savoyen, 5 Bde., Wien 1963–1965, I, S. 160f.

8 Onno Klopp, Der Fall des Hauses Stuart und Succession des Hauses Hannover in Großbritannien und Irland im Zusammenhange der europäischen Angelegenheiten von 1660–1714, 14 Bde., Wien 1875–88, siehe bes. Bde. V und VI über die hannoveranische Politik der 1680er Jahre.

9 O. Redlich, Weltmacht des Barock, S. 348.

Kapitel XV

1 Zit. nach Max Braubach, Prinz Eugen, I, S. 197, 408, Anm. 332.

2 Pierre Goubert, Louis XIV and Twenty Million Frenchmen, New York 1970, London 1972.

3 Heinrich Ritter von Srbik, Wien und Versailles, 1692–1697, München 1944.

4 Der neue Wiener Nuntius, Tanara, der ein gebürtiger Pole war, korrespondierte mit dem französischen Gesandten in Warschau, d'Esneval. Einen weiteren Kanal für die geheime Korrespondenz mit Frankreich boten die hannoveranischen Delegierten, die über die Kurfürstenwürde für ihren Herzog verhandelten. Am interessantesten war jedoch, was Abenteuer und Doppelagenten wie der „Comte de Sanis", ein gebürtiger Perser, und der Schriftsteller und Juwelenhändler Jean-Baptiste Tavernier auf diesem Gebiet leisteten. Vgl. Srbik, Wien und Versailles, S. 45–83.

5 O. Redlich, Weltmacht des Barock, S. 371.

6 Ebd., S. 437f. Otto Brunner, Österreich und die Walachei während des Türkenkrieges von 1683–1699, MIÖG, Bd. 44, 1930, S. 265–323.

7 Leopold hatte nicht auf die Bestätigung der Nachricht gewartet. Die Urkunde zu Eugens Ernennung war bereits einige Tage, bevor klar wurde, daß Friedrich August die Wahl gewinnen würde, ausgestellt worden. Vgl. Max Braubach, Prinz Eugen, I, S. 244–247.

8 Über den genaueren Hergang der Schlacht vgl. Feldzüge, II, S. 144–154.

9 O. Redlich, Weltmacht des Barock, S. 479.

Kapitel XVI

1 Die beste Arbeit über die Regierung Karls II. ist von Duque de Maura, Vida y reinado de Carlos II, 2. Aufl., 2 Bde., Madrid 1954. Vgl. auch Adalbert, Prinz von Bayern, Das Ende der Habsburger in Spanien, 2 Bde., München 1929, und Ludwig Pfandl, Karl II. (in Spanisch: Carlos II.), Madrid 1947. Einen guten, wenn auch kurzen Überblick über die Epoche bietet auch John Lynch, Spain under the Habsburgs, 2 Bde., Oxford 1966–69, II, S. 229–280.

2 Zit. nach O. Redlich, Weltmacht des Barock, S. 380. Offensichtlich waren die Österreicher genauso überrascht wie die Franzosen über die Bereitwilligkeit, mit der die Spanier die bayerische Kandidatur begrüßten, obgleich es noch keine Vereinbarung betreffend Max Emanuel und die spanischen Niederlande gab.
3 O. Klopp, Corrispondenza, S. 321. Leopold I. war zwar sehr enttäuscht über das Testament, konnte sich aber damit trösten, daß Frankreich auch nicht zum Zuge gekommen war, während die bayerische Thronfolge Aussichten auf eventuelle Heiratsverbindungen eröffnete, die die spanische Krone wieder an die Habsburger bringen könnten.
4 Über den genauen Hergang dieser Sitzungen siehe Arnold Gaedeke, Die Politik Österreichs in der spanischen Erbfolgefrage, 2 Bde., Leipzig 1877.

Kapitel XVII

1 Pierre Goubert, Louis XIV and Twenty Million Frenchmen, schildert überzeugend Leopolds damalige Popularität.
2 Über österreichische barocke Architektur siehe Ann T. Leitich, Vienna Gloriosa, Weltstadt des Barock, Wien 1963, und Fred Hennings, Das Barocke Wien, 2 Bde., Wien 1965.
3 „Rat der Greise“: O. Redlich, Das Werden einer Großmacht, Österreich von 1700 bis 1740, 3. Aufl., Baden bei Wien 1938, II.
4 Wilhelm Bauer, „Der Ehren-Ruff Teutschlands“ von Wagner von Wagenfels, MIÖG, Bd. 41, 1926, S. 257–272.
5 Arnold Berney, Die Hochzeit Josephs I., MIÖG, Bd. 42, 1927, S. 64–83.
6 Villars schrieb Louis XIV., daß „alle, die den Kaiser näher gut kennen, sagen, daß dieser Fürst noch nie innerlich so erregt gewesen ist“: zit. nach Max Braubach, Prinz Eugen, I, S. 305.
7 HHSA, 45. England, Weisungen. Leopold an Goess, am 29. Januar 1701: „... wir auf dem toto nicht zu beharren begehren; wir stehen aber sehr an, ob davon in der allianz etwas zu melden, der zeit rathsamb seye.“
8 Über die Forderung der Alliierten betreffend die „Kautionsstädte“ siehe R. M. Hatton, Louis XIV and his Fellow Monarchs, in: Louis XIV and the Craft of Kingship, hg. v. John. C. Rule, Columbus, Ohio, 1969, S. 172f.
9 HHSA 45. England, Weisungen. Leopold an Wratislaw, am 9. März 1701: Der Kaiser will sich zufriedengeben mit „den Niederlanden und den in Italien zur Cron Spanien gehörig gewesenen Länder“.

Kapitel XVIII

1 Über Eugens Sorgen in Italien siehe Feldzüge, Bde. III und IV: siehe auch Max Braubach, Prinz Eugen, I, S. 331f.
2 O. Redlich, Das Werden einer Großmacht, II; Max Braubach, Prinz Eugen, I, S. 353–358.
3 M. Grunwald, Samuel Oppenheimer und sein Kreis, Wien 1953.
4 Eugen an Guido Starhemberg, am 27. Juni 1703. Feldzüge, V, Anhang 83.
5 C. A. Macartney, The Habsburg and Hohenzollern Dynasties, S. 87f.
6 Über die französischen Pläne siehe F. E. de Vault und J. J. G. Pelet, Mémoires militaires relatifs à la succession d'Espagne sous Louis XIV, 11 Bände, Paris 1835–62.

7 Zit. n. Redlich, Das Werden einer Großmacht, S. 25. Über die Aufstände und ihre militärischen Folgen siehe Feldzüge, V, S. 463–499.
8 Bela Köpeczi, La France et la Hongrie au début du XVIIIe siècle; Étude d'histoire des relations diplomatiques et d'histoire des idées, Budapest 1971.
9 Feldzüge, VI, S. 524.

Kapitel XIX

1 Ferdinand Menčik, Die letzten Tage Kaiser Leopolds I., MIÖG, Bd. 19, 1898, S. 518–520.
2 Fellner und Kretschmayr, Zentralverwaltung, S. 275ff. Es gab keinen Wechsel in der Hofkammer (Gundaker Starhemberg), im Hofkriegsrat (Eugen von Savoyen), im Hofrat (Graf Öttingen) und in der Reichskanzlei (Graf Schönborn war im Februar 1705 Vizekanzler geworden). Bucellini wurde am 3. Juni von Seilern in der österreichischen Hofkanzlei abgelöst, aber Seilern hatte ohnedies schon lange Bucellinis Arbeit erledigt. Prinz Salm nahm Graf Harrachs Platz als Obersthofmeister am 15. Juni ein; der böhmische Kanzler Graf Wrbna wurde am 6. Juni 1705 von Graf Wenzel Kinsky abgelöst, aber Leopold hatte Kinsky schon am 29. Mai 1704 mit diesem Amt betraut.
3 Über die verschiedenen Pläne für ein Grabmal siehe ÖNB Bildarchiv, Albertina, ALB 55.046–55.049.
4 Victor S. Mamatey, Rise of the Habsburg Empire 1526–1815, New York, 1971, S. 68.
5 Anna Coreth, Pietas Austriaca, S. 7, vertritt die Auffassung, daß die neuen Orden – Jesuiten, Kapuziner, Karmeliter und Piaristen – es waren, die die geistige Brücke zwischen der Dynastie und dem Volk herstellten.

Personenregister